MORE books

Nataša Dragnić

ZWISCHEN SCHRITTE

Roman

MORE books

Über die Autorin:

Nataša Dragnić wurde in Split, Kroatien, geboren. Nach dem Studium der Germanistik und Romanistik in Zagreb schloss sie dort eine Ausbildung als Diplomatin ab. Seit 1994 lebt sie in Erlangen und ist als freiberufliche Fremdsprachen- und Literaturdozentin tätig. Für ihre Werke erhielt sie Preise und Stipendien im In- und Ausland. Ihr Debütroman *Jeden Tag, jede Stunde* (DVA, 2011) wurde in 28 Sprachen übersetzt. Nach *Immer wieder das Meer* (DVA, 2013) und *Der Wind war es* (ars vivendi, 2016) erschien im August 2017 ihr vierter Roman *Einatmen, Ausatmen* (ars vivendi). Mehrere ihrer Kurzgeschichten erschienen in der Sechs-Sterne-Reihe (ars vivendi), herausgegeben von Rafik Schami.

www.natasa-dragnic.de

Über das Buch:

Nach dem tödlichen Unfall ihres Sohnes Michael ist Brigitte Weichmanns Leben aus den Fugen. Der Schmerz, die Gewissensbisse und ihr Bedürfnis zu verstehen, was geschehen ist, treiben sie fort von ihrem Mann Hans. In Frankreich reist sie von Stadt zu Stadt. Nirgends kommt sie zur Ruhe – bis sie in Dijon beim Besuch einer Selbsthilfegruppe auf Christian trifft. Der begeisterte Buchhändler ist seit sechs Monaten geschieden und leidet schwer unter der Trennung von seiner alkoholkranken Frau Sylvie.

Vorzeitig verlässt das ungleiche Paar das Treffen. Die beiden freunden sich an. Er dreizehn Jahre jünger als sie, gefühlsbetont, eine Leseratte. Sie ein Kopfmensch, zurückhaltend, unnahbar. Kann man ein gemeinsames Leben aufbauen, wenn der Verlust das Einzige ist, das zusammenhält? Und was macht Christian, als Sylvie plötzlich wieder auftaucht?

Zwischenschritte

für Aaaaaaaaaaaandyyyyyyyyy

1.

Mein Sohn … tot.

Ja. Das könnte sie sagen.

Mon fils … mort.

Das hat sie noch nie gesagt. Nicht dass ihr ausgerechnet heute danach wäre, nach so einem Satz. Schon der Gedanke daran sticht ihr in die Augen, sodass sie blinzeln muss, mehrmals, ganz schnell. Aber weinen – nein, sie weint nicht. Jeder weiß, dass Brigitte Weichmann nie weint. Nicht einmal bei Beerdigungen. Nicht einmal bei der Beerdigung des eigenen Sohnes. Hans wollte ihre Hand halten, sie umarmen. Dieser Narr! Als würde er sie nicht kennen. Als wären sie nicht achtundzwanzig Jahre verheiratet gewesen. Als würden Umarmungen in ihr Leben gehören. Als hätten sie das nötig, sie beide.

Brigitte wird unruhig, sie ist bald an der Reihe. Bald wird sie sagen müssen, wer sie ist und warum sie hier ist, wen oder was sie verloren hat. Auf Französisch. Sie glättet ihren Rock. Noch einmal und noch einmal. Diese Fremdsprache ist ihr schon seit Langem nicht mehr fremd, ganz im Gegenteil. Nach all den Jahren des Lernens ist sie jetzt zu Hause angekommen. So fühlt sie sich an, diese Sprache, die zuerst Michael gehört hatte. Und weil sie ihm gehörte und er sie so sehr liebte, wollte Brigitte sie auch: sie haben, sie leben, durch sie weitermachen, weitermachen können. Irgendeine Verbindung musste doch bestehen bleiben! Aber darüber muss sie nicht sprechen, das ist unwichtig, für diese unbekannten trauernden Menschen ist das unwichtig.

Auch für Michael.

Oder?

Vielleicht könnte sie einfach aufstehen und gehen. Und die Antiquitätenmesse besuchen. Einen Spiegel kaufen. In Clermont hatte eine Frau ihr Spiegelbild verloren, ihre Fähigkeit, sich selbst zu sehen. Sie nannte es ihre ganz persönliche Blindheit. Brigitte hat lange darüber nachgedacht. Und jetzt will sie, muss sie einen Spiegel haben. So tun, als wäre sie deswegen überhaupt hier.

Drei Leute haben sich bis jetzt vorgestellt. Einmal tote Mutter, achtzig Jahre, einmal Beinamputation, einmal Scheinschwangerschaft. Warte mal, bis du das Kind tatsächlich hast, will Brigitte der jungen Frau zurufen. Brigitte darf es nicht sagen, aber sie wollte nie Kinder, man bekommt sie dennoch, wenn man heiratet. Hans. Hans war ihr erster Mann, ihr erster Liebhaber. Wenn man verheiratet ist, muss man Kinder in die Welt setzen, vor allem auf dem Land, vor allem, wenn man so reich ist wie Hans. Das Geschäft braucht eine neue Generation. Also ist Michael gekommen. Der sich nie für Hans' Möbelfabrik interessiert hat. Der einmal gesagt hat, er braucht Kunst in seinem Leben, keine Massenware.

Michael.

Hans hat es nicht verstanden, Hans liebte sein Geschäft, hat immer gedacht, seine Möbel wären etwas Besonderes.

Aber Michael, nein, er nicht.

Michael.

Sein Gesicht ist das Erste, was ich sehe, bevor ich morgens die Augen aufmache. *Son visage est la première chose.*

Das ginge auch. Das ist schön. *Son visage.* Das ist vielleicht zu schön. Wie kommt sie auf solche Sachen? Sie ist keine Dichterin. Das könnte sie womöglich aufschreiben, aber sagen – nein, besser nicht. Lächerlich. Es ist immer besser, bei den Tatsachen zu bleiben. Hans würde ihr zustimmen. Oder doch nicht?

Que je vois.

Hans hat keine Ahnung von dieser Sprache, hat sich über ihre teuren Französischstunden lustig gemacht. Aber Hans hat sich verändert. Er ist weicher geworden. Er hat sogar geweint. Gleich danach hat er ununterbrochen geweint. Ist in Michaels altes Zimmer gegangen, hat sich auf das Bett gelegt, in dem Michael seit Jahren nicht mehr schlief. *Quand j'ouvre mes yeux.* Lächerlich. Erbärmlich. Sie musste weg, das war ihr sofort klar. Als sie sich von ihm verabschiedet hat, hat er auch geweint. Hat in den wenigen Tagen so viel abgenommen, dass er kaum noch zu erkennen war. Hat sie angefleht, bei ihm zu bleiben. Er machte ihr Angst mit seinem Theater. »Michael hätte das Geschäft sowieso nicht übernommen, du findest schon jemanden«, sagte sie zu ihm und wunderte sich über seinen verständnislosen Blick. Sie zuckte nur mit den Achseln, und weg war sie. Frankreich hatte gerufen! Sie hat ihn nicht einmal umarmt. Diese Augen, sie konnte ihm nicht in die Augen sehen. Es ist ihr bis dahin nie aufgefallen, dass er Michaels Augen hatte. Ja, genau so. Nicht umgekehrt. Was er jetzt wohl macht? Ob er nach einem Jahr immer noch heult? Hans. Ihr Hans? Hat sie ihn je so genannt? So über ihn gedacht?

Oder ist es richtig: *que je voie*?

Diese Unsicherheit irritiert sie.

Und dieser Raum gefällt ihr nicht. Er ist so hässlich und kahl und unsentimental, dass er ihr eigentlich gefallen müsste. Tut er aber nicht, sie weiß nicht, warum. Eine Fensterwand zum Hinterhof. Zwölf Stühle im Kreis, weitere in einer Ecke gestapelt. Und ein Tisch neben der Tür, für die Erfrischungen. Zwei Bilder ohne Rahmen, die aussehen wie von Kindergartenkindern gemalt. Das war es schon.

Mein Sohn ist tot.

Das könnte es schon gewesen sein.

Mon fils est mort.

Ja, das ist klar und gefühllos und wahr. Das kann man sagen. Das kann sie sagen. Da sticht nichts mehr. Das Verb macht den Unterschied. Vergessen ist *son visage* und das grammatikalische Dilemma.

Son visage, wie könnte sie es vergessen.

Vielleicht sollte sie tatsächlich einfach aufstehen und gehen. Wie üblich. Und die Antiquitätenmesse besuchen. Ein wenig Schönheit um sich könnte sie jetzt gut gebrauchen, Schönheit und Vergangenheit.

Und nach dem Spiegelbild Ausschau halten.

Sie beobachtet ihre hektische Hand beinahe mit Verachtung. Wenn sie wenigstens einen Fleck auf dem Rock entdecken könnte, dann würde sie es verstehen, dieses Gefühl, diesen Drang. Diese unermüdlichen Bewegungen.

Brigitte hebt den Kopf, den Blick, genau in dem Moment, als die Tür aufgeht und ein Mann hereinkommt – verspätet oder verirrt, das weiß sie nicht, und das ist ihr auch egal.

Er bleibt an der Tür stehen. Etwas stimmt nicht mit ihm.

Er ist jung.

Er ist kein Michael.

Niemand ist Michael.

Man hätte denken können, nach einem Jahr auf der Suche hätte das selbstverständlich sein müssen.

Der junge Mann ist ihr egal.

Denn bei nächster Gelegenheit wird sie aufstehen und gehen. Und sich einen Spiegel aus dem achtzehnten Jahrhundert kaufen. Auf der Messe. Vielleicht. Etwas Goldenes, etwas Altes, etwas Unvergängliches.

Das hilft. Dieser Gedanke hilft ihr.

Etwas finden zu können, das verloren schien, das hilft.

Christian starrt die langen schwarzen Haare an, er ist so erschrocken, dass er mitten im Atemzug stehen bleibt. Es dauert eine gefühlte Ewigkeit, bis er unter den langen schwarzen Haaren auch die breiten Schultern und massigen Oberarme wahrnimmt – und er wieder beruhigt atmen kann.

Ein Augenblick der Angst.

Ein Augenblick der Hoffnung.

Er schleicht sich an den Kreis in der Mitte des Raumes heran wie ein Kind, das denkt, nur weil es sich wünscht, nicht bemerkt zu werden, wird es auch unbemerkt bleiben. Schon von der Tür aus hat er drei freie Stühle wahrgenommen, hat mit der Wahl gekämpft, sich dann auf den gesetzt, leise, sanft, zu dem der Weg am kürzesten war. Dennoch sind jetzt alle Blicke auf ihn gerichtet. Er lächelt. Es fällt ihm ein, was jemand einmal über ihn gesagt hat, und er fragt sich, ob Schatten lächeln können.

Egal. Alles egal – vor allem das.

»Entschuldigung«, flüstert er.

»Wie bitte?«, schreit ein alter Mann ihm gegenüber. Die Frau nebenan neigt den Kopf zu dem des Mannes und schreit ihm ins Ohr. »Entschuldigung. Er hat Ent-schul-di-gung gesagt. Alles gut!« Sie lächelt in die Runde, entschuldigt sich ihrerseits. »Unser Kater hat uns verlassen.« Ihre Augen sind rot und feucht. Sie tätschelt die Hand des Mannes. »Aber zuerst flog uns der Papagei davon, weißt du noch?« »Nein, als Erstes verschwand der Goldfisch, so schön goldig war er …« »Nein, der Papagei war der Erste, dann kam der Fisch, den mochte ich nicht, der hat mich nie angeschaut, nie.« Die Frau sieht den Mann an, als hätte er eine rote Pappnase aufgesetzt. »Unsinn, er hat dich geliebt, er hat dich vermisst, wenn du weg warst, wenn du verreist warst, hat er fast geweint.« Sie tätschelt weiter, immer schneller. Christian denkt, das muss wehtun. Die dünne Haut wird immer röter und hahnenkammähnlicher. Schließlich sieht der Mann sie auch an. »Er hat geweint? Wirklich? Das hast du nie gesagt, warum hast du mir das nicht gesagt? Dann hätte ich ihn auch beweinen können, als er uns davongeschwommen ist …« Er fängt an zu weinen. Christian wünscht sich, unsichtbar zu sein. »Er wusste auch so, dass du ihn lieb hattest, er wusste das …« »Und was war mit dem Hamster? Und mit der Tigerkatze? Haben die mich auch …?« Die Frau lächelt verlegen, aber doch andeutungsweise glücklich in die Runde verstörter Gesichter: »Wir waren schon immer mit unseren kleinen Kindern gesegnet, so ein Glück, so viel Liebe.« Sie schüttelt den Kopf und schließt die Augen. Und die faltige Haut am Handrücken kann sich endlich erholen, zur Blässe zurückkehren.

Christian sieht sich um und trifft auf den Blick der Frau neben sich. Sie hebt die Augenbrauen, ihr Gesicht ist ernst. Christian verzieht den Mund.

»Guuuuuuuuuuut, feiiiiiiiin.« Der Mann im dunkelblauen Jackett schlägt sich laut auf die Oberschenkel und steht mit Schwung auf. »Jaaaaaaaa, wir machen dann eine kleine Pause, drüben stehen Kaffee, Tee und Croissants. Ja, ein tiefes Durchatmen ist jetzt genau das Richtige!«

Christian braucht weder Kaffee noch Tee noch Croissants, und mit seinem Atem ist jetzt wieder alles in Ordnung, danke sehr. Er ist unentschlossener und unsicherer denn je, was diese Aktion betrifft. Es war die Familie, die ihn dazu überredet hat. Die Mutter hat sogar geweint, hat den verbotenen Namen in sein Ohr geflüstert, vielleicht kommt dann alles wieder in Ordnung, hat sie gesagt, und Christian hat nicht verstanden, was sie damit meint. Was soll denn bitte schön wieder in Ordnung kommen, und wie denn bitte schön? Er hat zugestimmt, um all die mitleidigen Blicke nicht mehr ertragen zu müssen und in Ruhe gelassen zu werden, wenigstens für einen Augenblick. Sie sind so viele, und er steht allein vor ihnen, da hat er keine Chance. Und alle lächeln ihn breit an und versichern, nur sein Bestes im Sinn zu haben. Wie kann man da Nein sagen? Wobei das Beste für jeden von ihnen etwas anderes bedeutet, das ist ihm klar.

Und jetzt das. Ein Irrenhaus, was ihn nicht im Geringsten überrascht. Er steht auf, geht zum Tisch, bleibt aber plötzlich stehen. Verwirrt ist er.

»Sie sind zum ersten Mal hier.«

Die Frau, die neben ihm saß, reicht ihm eine Tasse Kaffee, schwarz. Er nimmt sie, ohne zu zögern, entgegen und nickt. Die Frau ist älter, das sieht er jetzt, und groß, sehr groß und blond, sehr blond und sehr streng in ihrem Rock und ihrer Bluse – also alles gut, er muss keine Angst haben.

»Ich auch.« Sie lächelt nicht. Sie sieht nicht freundlich oder zuvorkommend oder verlegen aus. Sie hat ein offenes Gesicht, hart, aber offen. »Ich heiße Brigitte.« Sie spricht ihren Namen deutsch aus, überhaupt fällt ihr deutscher Akzent sofort auf, auch wenn sie fließend spricht. Sie gibt ihm nicht die Hand, doch sie ist voller Erwartung: Sie will seinen Namen wissen und sie will, dass er den Kaffee austrinkt – und schon ist er überfordert. »Also gut. Verstehe.« Sie dreht ihm den Rücken zu, geht aber nicht weg.

»Ich heiße Christian. Und ich trinke keinen Kaffee«, sagt Christian schnell, hofft, das klingt so witzig, wie er sich das vorgestellt hat. Vielleicht kann er das auch später in der Runde sagen. Denn die zu erwähnen, deren Name nicht genannt werden darf, das ist ausgeschlossen. Das schafft er nicht. »Ich bin ein notorischer Teetrinker.« Ihr Rücken ist hochgezogen und angespannt. Christian fragt sich, wen sie wohl verloren hat. Ihren Wellensittich? Böse, böse – aber das hilft manchmal. Manchmal muss man gemein sein, daran glaubt Christian. Und solange sie nicht Gedanken lesen kann … Und irgendwie muss er sich vor diesem Rücken schützen, diesem Rücken, der ihm plötzlich deutscher vorkommt als Thomas Mann. Deutscher sogar als Goethe. Auch wenn das alles nicht stimmt, nicht so richtig, da beide Kosmopoliten waren.

Vor so vielem muss er sich schützen.

Langsam dreht sie sich wieder zu ihm, nimmt ihm die Tasse aus der Hand, stellt sie auf den Tisch. Eine Frau, die Entscheidungen nicht scheut, denkt er nicht ganz ohne Neid. Sie schaut ihn ernst an. Vielleicht kann sie doch …

»Ich muss hier weg. Kommen Sie mit?«

Christian lässt sich von ihr durch den Raum, zur Tür, aus dem Gebäude führen, als wären sie durch eine Schnur miteinander verbunden. Als wäre sie die goldene Gans und er die älteste der drei gierigen Schwestern. Er lächelt. Wo wäre er ohne Bücher und Geschichten, und wenn jetzt noch der Plan, sein großer Plan, sein Wunsch in Erfüllung gehen würde, dann hätte das Leben wieder einen Sinn.

Und sie-deren-Name-und-so-weiter wäre vergessen.

Ja genau.

»So. Lassen Sie uns die Sonne genießen«, sagt sie und sieht ihn an, wieder so offen, wieder so hart und ernst.

»Wir könnten Kuchen essen.«

»Ich esse keine Kuchen, aber bitte schön. Ich nehme einen Kaffee, der hier war unzumutlich.«

»Unzumutbar«, sagt er ohne Nachdenken. »Entschuldigung«, fügt er sofort hinzu.

Sie nickt. »Nein, das ist in Ordnung.« Und nach einer kurzen Pause wiederholt sie: »Unzumutbar.«

Er führt sie, er spürt ihr Fremdsein, sie wehrt sich nicht. Schweigend erreichen sie den Park und das Café und setzen sich draußen hin, sie in die Sonne, er in den Schatten. Das Rieseln des Wassers in der Fontäne füllt ihr Schweigen. Lange schwarze Haare gehen vorbei, aber nein, keine Angst, alles andere falsch, völlig falsch.

Nachdem sie die Bestellung aufgegeben haben, lehnt Christian sich in seinem Stuhl zurück und schließt die Augen. Als wäre er allein. Oder mit dem besten Freund beisammen. Er überlegt schon, was er den

Eltern und den Geschwistern und all den anderen, die sich berufen fühlen, sich in sein Leben einzumischen, sagen soll. Dankbar ist er ihnen nicht. Er schafft es aber nicht, sie loszuwerden. Als wären sie Fliegen und er ein offener Honigtopf, vergebens ruft er nach einem Deckel, einem dunklen Ort. Vielleicht sollte er doch wegziehen. Wegen allem. Bücher verkaufen kann man überall.

Als er die Augen aufmacht, ist er nicht auf ihr spöttisches Lächeln vorbereitet.

»Was?« Fast war ihm ihr Rücken lieber.

»Zwei Stück Kuchen – nicht schlecht.« Sie trägt keine Sonnenbrille, und sie blinzelt gegen das grelle Licht.

Christian zuckt mit den Schultern.

»Wie alt sind Sie?«

»Warum?«, fragt er zurück.

»Einfach so.«

»Ist doch egal.« Zu schroff, zu schroff. Gemein manchmal, ja, aber auch nur in Gedanken, schroff nicht, nein, weder in Gedanken noch mit Worten.

»Ja. Wahrscheinlich.«

Dann kommen seine Torten und sein Johannisbeersaft und ihr Kaffee mit Milch, und er ist abgelenkt.

»Wie heißt das?« Sie zeigt auf den Saft.

»*Jus de cassis*.«

Sie schließt kurz die Augen, als hätte sie es wissen müssen. Dann herrscht wieder Schweigen.

»Und? Schmeckt's?«

Er nickt, sein Mund ist voll.

»Gut. Schön.«

Er isst gierig, als hätte er nicht gefrühstückt.

Die Mandelblättchen im Käsekuchen lässt er sich nicht auf der Zunge zergehen, er schluckt sie einfach hinunter. Wenn seine Mutter das wüsste! Das Wasser plätschert, die Vögel setzen sich mit Nachdruck auseinander. Die Magnolie vor der Konditorei ist dabei, ihre Blüten zu verlieren. Oder lässt sie sie los? Ein großer Unterschied. Das weiß Christian, denn er hat einen Verlust erlitten und lässt nicht los, und beides schmerzt ihn. Die Bemühungen, das Richtige zu tun, immer und immer wieder, schmerzen auch. Hieße wegziehen fliehen? Fliehen kann man, entkommen nicht. Es muss an all den Büchern liegen, dass er so ausgesprochen weise ist. Er grinst mit vollem Mund.

»Also, wie alt?«

»Woher kommen Sie?«

»Aus Deutschland. Und Sie?«

Er sieht sie argwöhnisch an.

»Aus Dijon. Dijon ist meine Stadt. Und die meiner Eltern und Großeltern.« Er wundert sich über seine Worte. Es hört sich so an, als wäre er besonders stolz darauf.

»Schön.«

»Und was machen Sie hier?« Er hört die Feindseligkeit in seiner Stimme, kann es aber nicht mehr ändern.

»Ich bin auf die Durchreise.«

Er nickt, korrigiert sie diesmal nicht. Denn etwas hört sich nicht richtig an in ihrer Aussage, etwas, das nichts mit der Grammatik zu tun hat. Es ist keine Lüge, lediglich eine Ablenkung. Wie eine falsche Fährte in einem Krimi. Er sieht sie mit Interesse an. Keine Ähnlichkeit. Nein, gar keine. Aber sein Interesse wächst.

»Ihre Stadt riecht besonders.«

»Das ist die zweitausendjährige Geschichte.«

Sie sieht ihn unbeteiligt an.

»Und das viele Grün natürlich. Vor allem jetzt im Mai.«

Sie trinkt einen Schluck, ihre linke Hand streicht über den Rock, mehrmals, obwohl da nichts ist. Er starrt ihre Hand an, als erwarte er, hypnotisiert zu werden.

»Also?«

»Also was?«

»Also, wie alt?«

Das ist es nicht wert, der Widerstand, denkt er, die Kraft hat er nicht, er sollte besser haushalten.

»Fünfunddreißig.« Ein tiefes Seufzen, als wäre er von sich selbst enttäuscht.

Sie nickt, den Blick auf die unsichtbaren Vögel gerichtet.

Älter, als sie dachte. Sie hat gehofft, er wäre in Michaels Alter. Das tut sie immer, bei allen jüngeren Männern, immer denkt sie an Michael, auch wenn keine Ähnlichkeit vorhanden ist. Sie hatte ihn lange nicht gesehen – zwei Jahre lang nicht. Und dann kam der Unfall, und dann war es zu spät. Wie ist es dazu gekommen? Wie konnte es dazu kommen? Zwei Jahre! München war gar nicht so weit weg von ihnen. Theoretisch hätte er sie jedes Wochenende besuchen können. Er musste nicht ans Meer fahren, wenn er sich nach Wasser sehnte – sie hatten doch den See vor der Haustür. Den berühmten Starnberger See. Er musste nicht ans Meer fahren, um zu ertrinken. In der Fremde. Wenn es wenigstens ein französisches Meer gewesen wäre, das hätte sie noch verstehen können. Vielleicht. Michael war in Frankreich vernarrt, sie konnte seine Besessenheit nie nachvollziehen.

Und jetzt ist sie hier. Den Sohn verloren, Frankreich gewonnen. Sie könnte schreien – aber Brigitte Weichmann schreit nicht. Und auf Französisch zu schreien, das wäre eine völlig neue Sprache, so kommt ihr das vor. Fast ein Jahr ist sie schon unterwegs. Am Anfang … Nein, das ist vorbei, der Anfang ist vorbei. Beide Anfänge sind vorbei. Wie schnell das manchmal geht. Und manchmal kommt es einem endlos vor. Und dann ist es doch vorbei. Und das ist gut so. Sie glaubt fest daran. Meistens.

Brigitte zwingt sich, den jungen Mann anzusehen. *Jus de cassis.* Das muss sie sich merken. Sie starrt ihn fast an. Nicht weil sie auf Ablenkungen steht, nein, lediglich weil sie ein ehrlicher Mensch ist. So ehrlich, dass es wehtut, dass es allen wehtut. Aber sie glaubt daran, an die Ehrlichkeit. Und höflich ist sie auch. Und er sitzt ihr hier gegenüber. Jung, aber nicht genug. Fünfunddreißig. Immer noch jung, schon alt genug. Und Michael ist gar nicht ertrunken. Es war ein Unfall. Er hat sich an einem Felsen den Schädel zu Brei zerschlagen, hat sich alle Knochen gebrochen. So hat man ihr berichtet. Sie weiß es nicht. Sie war nicht dabei. Sie war seit beschämend vielen Jahren nicht dabei, bei nichts, was Michael gemacht hat. Das hat sie Hans gesagt. Ein Fremder war er, sie kannten ihn nicht, nicht mehr, überhaupt nicht. Hans meinte, das stimme nicht, aber er wusste es im Grunde auch. Sie hatten ihren Sohn schon Jahre vor dem Unfall verloren. Warum ist sie damals nicht auf die Suche nach ihm gegangen? Warum jetzt erst – wo sie ihn nicht mehr finden kann? Kann man überhaupt etwas finden? Und warum kann sie sich dennoch nicht schämen? Die Zeit war nicht ihre Freundin. Und Michaels auch nicht und Hans' auch nicht. Vielleicht liegt es in der Familie. Vielleicht liegt es an der Zeit selbst. Vielleicht ist das eine geschlossene Gesellschaft, und vielleicht hilft da kein Geld, und Beziehungen helfen auch nicht. Und vielleicht sind Tränen alles, was bleibt, aber das glaubt sie nicht. Um sicherzugehen, müsste sie Hans fragen.

Der erste Gedanke ist: »Wer ist denn Hans?« Sie denkt ihn auf Französisch. *Mais qui est Hans*? H spricht sie zwar nicht aus, aber dennoch ist sie keine Französin. Ein Jahr ist eine lange Zeit. Oder auch nicht. Manchmal scheint es, als gäbe es gar keine Zeit, was natürlich Unsinn ist. Keine Zeit! Von wegen. Manchmal ergeben Gedanken, erste oder nicht, keinen Sinn. Manchmal ist das Leben so einfach, wenn auch verstörend.

Und wenn man blind für das eigene Spiegelbild wird, was dann?

»Und Sie?«

Brigitte sieht den Mann ihr gegenüber abwesend an. Sie träumt nicht. Seit Michaels Tod träumt sie nicht mehr. In keinem Zustand. Und sie weiß ganz genau, dass dieser Mann keine Antworten für sie hat. Weder zu Hans noch zum Leben noch zu der Zeit. Von Michael gar nicht zu sprechen.

»Wie bitte?«

»Wie alt sind Sie?«

Doch, seine Stimme ist herausfordernd, amüsiert und herausfordernd. Oder liegt es einfach an der Sprache? Als wäre das wichtig! Und was geht sie das an?

»Achtundvierzig.«

Sie trinkt einen Schluck, der Kaffee ist schon kalt, sie bestellt noch einen.

»Sie sehen jünger aus.«

Nein, er kokettiert nicht, er ist aufrichtig überrascht. Als wäre das von Bedeutung! Sie hat nicht vor, sich zu bedanken. Es ist nicht sein Verdienst. Es ist nicht ihr Verdienst. Sie wünscht sich oft, sie wäre tot. Sehr oft, manchmal mehrmals am Tag. Als wäre der Wunsch nichts Besonderes. Als wäre er ihre Nahrung, ein Mahlzeitersatz. Sie wendet den Blick von ihm, sucht nach den Vögeln, die währenddessen durch andere, größere ersetzt worden sind. Man sagt, jeder ist ersetzbar, niemand ist unersetzlich, sagt man. Wenn er ihr wenigstens die zwei Antworten geben könnte! Zur Zeit, zu den Tränen. So schwierig sollte das nicht sein.

»Ich muss bald gehen. Die Arbeit ruft.«

Er lächelt, und sie hofft, es ist eine schöne Arbeit, etwas, das ihm große Freude macht. Das überrascht sie, denn Freude hat noch nie eine Rolle in ihrem Leben gespielt. Pflicht. Das ja. Pflicht und Verantwortung der Öffentlichkeit gegenüber. Der Familie. Der Tradition. Es Scheiße zu nennen, dazu ist sie noch nicht bereit. Aber *merde*, das könnte sie sagen, das ist einfach ein Wort, ein Wort, kein Gefühl. Kein Verbot. Keine Erziehungsfrage. Einfach ein beliebiges Wort. Die Sprache ist schon ein Wunder, man fühlt sich anders in einer Sprache, die nicht die Muttersprache ist: freier, freier und reicher.

Bis man sich erinnert, dass der Sohn tot ist. *Mort.*

Mort oder tot oder verunglückt oder gestorben. Egal.

Er verlangt die Rechnung. Brigitte lässt ihn machen. Denn sie hat Geld, und in ihrer, einige sagen »verdrehten« Logik, heißt das: Wenn sie kann – muss sie nicht. Ihr Mann ist vermögend, also ist sie es auch. Das hat sie vor vielen, vielen Jahren so beschlossen. Bis dass der Tod uns scheidet. Die Frage ist nur, wessen Tod.

Hans scheint so weit weg zu sein, auch er könnte tot sein.

Hans, dem sie plötzlich sein H gestohlen hat.

Hans. Natürlich erinnert sie sich an ihn. Hans war ihr Mann. Dass er das immer noch ist, das kann sie nicht mit Überzeugung behaupten. Michaels Vater, Vater und Erzeuger, das weiß sie mit absoluter Sicherheit. Es hat immer nur Hans gegeben. So ist das in ihrer Welt. Das Geld hat daran nichts geändert. Und jetzt ist Hans vielleicht auch tot, und sie weiß es nicht, und wer weiß, wann und ob überhaupt sie es erfahren wird. Wie sollte man sie finden können? Keiner weiß, dass sie das Land verlassen hat. Also wie? Über eine Anzeige oder eine Suchmeldung im Radio. Ja, wenn sie nur Zeitungen lesen würde, deutsche oder französische! Und Radio hat sie noch nie gemocht, zu viel Musik, zu viel Ablenkung. Das weiß Hans. Oder hat er alles vergessen? Aber wenn er tot sein sollte, macht das sowieso keinen Unterschied.

Die Gedanken ein Wald.

Ein Wald am See. Am Wasser, am tiefen Wasser.

»Ich habe eine kleine Buchhandlung, hier in der Nähe.«

Sie hätte nie gedacht, dass sie sich so darin verlieren, sich selbst abhandenkommen könnte!

Er ist schon aufgestanden, hat seinen Geldbeutel bereits in die Hosentasche gesteckt. Da ist etwas in seinem Blick, Brigitte kann es nicht deuten, das konnte sie nie, sie behauptet sogar, dass es unmöglich ist, die Blicke anderer Menschen zu verstehen. Sie fragt immer nach, sie will sichergehen, sie ist eine Frau der Klarheit. Als gäbe es so etwas überhaupt! Klarheit, von wegen!

»Kann ich mitkommen?«, fragt sie, als würde man das von ihr erwarten, als würde dieser Mann das von ihr erwarten.

»Lesen Sie gern?«, fragt er zurück mit der Zuversicht, die Antwort zu kennen.

»Nein, ich lese nicht«, gesteht sie ohne Reue, unwillig, ihm etwas vorzumachen.

Er ist verwirrt, das sieht sie. Er macht eine Geste, unterbricht diese aber, gibt auf.

»Kann ich trotzdem mitkommen?«

Als wäre eine Buchhandlung, seine Buchhandlung, ein Ort der Antworten. Andererseits hat sie es noch nie probiert.

»Also, kann ich?«

Vergessen ist die Antiquitätenmesse. Es gibt solche und solche Spiegel. Und dann gibt es Spiegelbilder. Und plötzlich denkt sie, dass diese nichts mit einem Spiegel zu tun haben müssen.

Er zuckt mit den Schultern und verlässt den Tisch, langsam, nicht wütend, sie kann ihn mühelos einholen. Schweigend lässt sie sich von ihm führen, wieder einmal. Und schon sind sie da, es sind nicht viele Schritte – hundertachtundfünfzig, um genau zu sein, sie zählt mit –, sie kennt den Weg, die Gegend, fünf Tage sind eine lange Zeit für eine nicht allzu große Stadt – und ihr Hotel liegt um die Ecke.

Er schließt die Tür auf, dreht das »Geschlossen«-Schild um. Überall Bücher, keine Leerstellen. Ein kleiner Arbeitsbereich mit Computer und Kasse. Am Fenster eine winzige Leseecke.

Brigitte weiß, dass sie etwas sagen sollte, aber ihr fällt nichts ein. Außer Banalitäten. Bücher sind nicht ihr Ding. Bücher sind Michaels Ding. Waren. Ja. Nach einem Jahr, immer noch, dreht sich alles um ihn. Sie schafft es nicht, von ihm in der Vergangenheit zu denken.

»Ich liebe alte Filme, alte Musicals.« Das muss reichen. Ihr Leben ist nicht leer. Ganz im Gegenteil, erst die Musik macht das Leben lebenswert, sagt man.

Und Möbel. Möbel sind die Beständigkeit der Welt, von Brigittes Welt.

Sie setzt sich auf die Bank in die Ecke, die offensichtlich für Kinder gedacht ist. Christian macht den Computer an, tut so, als wäre sie gar nicht da. Ein Stapel Bücher wartet auf dem Tisch darauf, sortiert zu werden. Oder verschickt. Was weiß sie schon vom Buchgeschäft!

Dann entdeckt sie ein Regal mit CDs. Hörbücher, denkt sie und steht auf, geht darauf zu, als würde sie Bücher zwar nicht lesen, aber hören, ja sicher, pausenlos! Dass es dann doch Musik-CDs sind, überrascht sie. Sie sucht Christians Blick, hebt die Augenbrauen.

»Jedes Buch braucht seine Musik«, sagt er ganz selbstverständlich, und Brigitte ist erleichtert, sie ist sich sicher: Seine Arbeit ist sein Leben. Vielleicht nicht ganz so theatralisch, aber beinahe. Das freut sie. Sie wünscht ihm nur das Beste. Er ist nicht Michael und wird es nie sein oder werden, aber sie wünscht ihm ein wunderbares Leben. Und wenn sie eine Heulsuse wäre, dann würde sie jetzt ... Aber nein.

Und theatralisch sein zu können, zu dürfen, wenn auch nur manchmal, das tut gut. Das bringt Michael näher. Fast könnte sie ihn ... Aber nur fast. *Mon fils.*

Die Tür geht auf, eine junge Frau tritt ein. Sie hat große Augen, die niemanden außer Christian sehen. Brigitte kann nicht einmal schmunzeln. Sie glättet ihren Rock.

»Ich gehe dann, danke schön.«

An der Tür dreht sie sich um, trifft auf seinen Blick, er lächelt. Brigitte lächelt nicht zurück, das lenkt ab.

Sie verlässt den Laden mit dem Gefühl, ein Geheimnis mit diesem jungen Mann zu teilen. Lächerlich.

Im Hotel wird sie gleich nach der nächsten Stadt suchen.

2.

Das Telefon klingelt ununterbrochen, Christian versucht Ruhe zu bewahren. Er geht nicht ran. Er weiß, wer es ist. Er kümmert sich um seine Bücher. Bücher. Wenn es sie nicht gäbe! Lange, lange Zeit war er überzeugt, es gebe nichts anderes auf der Welt als Bücher, und nichts anderes könne einen glücklich machen, so glücklich machen. Ein Buch, ein Leben, eine Welt. Zwei, drei Jahre lang, als seine Stimme brach, dachte er dann, der Sex sei die Spitze jeder männlichen Existenz, aber das ging vorbei und wurde zu einem angenehmen Zeitvertreib, mal wie ein Glas Wein, manchmal wie Sekt, manchmal sogar wie Champagner – aber immer nur eine Nebensache.

Doch ein Buch!

Vor drei Jahren hat er sich für eine eigene Buchhandlung entschieden, was hitzige Diskussionen in der Familie entfachte. Dabei ging sie das gar nichts an! Sie waren nicht einmal beleidigt, als er ihnen das ins Gesicht sagte, sie haben einfach weitergeredet, sich gestritten, haben gar nicht mitbekommen, dass er gegangen war – und zwar nicht einmal leise. Aber das ist die Familie. Seine Familie. Es gibt auch normale, hat er gehört, aber das Glück hat er nicht.

Von der Straße drängt sich ein schrilles Lachen zu ihm herein, für einen Augenblick denkt er, sie ist es. So viel Angst, so viel Hoffnung. Erbärmlich, einfach erbärmlich.

Doch die Buchhandlung!

Seine Buchhandlung. Die-deren-Name-und-so-weiter hat das verstanden. Sie hatte nicht viel von ihm begriffen, hat ihn nie erfasst, aber das hat sie verstanden und ihn mit einem Lächeln wortlos unterstützt – und nach ihrer Flasche gegriffen.

Seine Buchhandlung. Seine Nabelschnur zum Leben, hat seine Mutter gesagt und ein wenig geweint.

Seine Buchhandlung, seine Regeln: Er verkauft nicht alle Bücher. Die Bücher oder Autoren, die er nicht mag, aus welchem Grund auch immer, werden nicht einmal bestellt. Das sei ja Wahnsinn, hat sein Vater geschrien, so führe man kein Geschäft. Aber Christian weiß es besser. Er will nur das weitergeben, was er selbst liebt, Bestsellerlisten hin oder her, preisgekrönt oder nicht – er entscheidet, und nur er allein. Wenn er dann im Laden steht, ist er ausschließlich von Freunden umgeben, von Liebe, Zuneigung, schönen Worten, Geschichten, die ein Licht in sich tragen, von interessanten Gesichtern, die das Leben lieben. Keine Möchtegerns, keine Pseudointellektuellen, keine Egomanen – die können sich irgendwo anders wichtigmachen, nicht bei ihm, nicht auf seinen Regalen.

Seine Buchhandlung. Und als eines Tages die-deren-Name-und-soweiter ihn fragte, warum er immer Musik beim Lesen höre, war alles vollkommen klar: Jedes Buch habe eine passende Musik, trage sie in sich, man müsse sie nur finden, ihr lauschen, sie erkennen. So sind auch CDs in seinen Laden gekommen, und selten verlässt ein Buchkäufer Christians Buchhandlung ohne die das Buch am einfühlsamsten unterstützende Musik. Daher auch der Name *Livres en concert.* Am Anfang waren seine Kunden skeptisch, trauten sich nicht; es sei doch kein Bungeesprung, hat Christian gescherzt und CDs verschenkt wie andere Leseproben. Sie sollten einfach mal reinhören, ermutigte er sie, Worte würden stärker und Charaktere tiefer und Emotionen! ja, die Emotionen würden sie durchfluten, versprach er seinen Buchliebhabern. Wie die Fantasien beim Sex, flüsterte er einem älteren Mann ins Ohr, und der grinste über das ganze Gesicht und kaufte noch zwei Bücher – und dazu einmal Tschaikowsky und einmal Miles Davis. »Ich kann beim Lesen keine Musik hören«, hat eine Studentin gesagt. »Die Lieder lenken mich ab, ich fange an, auf den Text zu achten oder mitzusingen, und das war es dann mit dem Lesen!« Christian hat gönnerhaft gelacht. Klar, so gehe es ihm auch, meinte er, und deswegen habe er nur Instrumentalmusik zu bieten, reine Musik, himmlische Musik, die das Buch wachküsst und zum Tanz auffordert, jungfräuliche Noten, die sich als Buchstaben verkleiden, sodass sich nicht nur die Augen sattsehen können, auch die Ohren fühlen sich beglückt und befriedigt. Die Studentin lachte verlegen, wurde sogar rot im Gesicht und verließ den Laden mit zwei Büchern und einem Mozart. Aber dann, vor sechs Monaten. Seitdem verzichtet er auf Musik, auf das, was er seine Musik nennt, hört sie nicht mehr, kann nicht – verkauft sie nur noch.

Seine Buchhandlung. Sein gelebter Traum. Und das Geschäft läuft gut, noch nicht so, wie er sich das wünscht, aber besser, als die Optimisten in seiner Familie es befürchtet haben. Für das Zimmer in seiner neuen, noch gewöhnungsbedürftigen Wohngemeinschaft, für die Nebenkosten und den Laden reicht es. Und hungern wird er auch nie müssen, wenn er jeden Tag der Woche bei einem anderen Familienmitglied isst. Was er seit sechs Monaten tatsächlich tut. Aber nicht aus finanziellen Gründen, nein. Vor sechs Monaten, als … Nein. Da will er nicht hin.

Das Telefon klingelt, wieder einmal, und Christian bedankt sich diesmal beim Schöpfer für die Ablenkung.

Nicht ohne die Hoffnung, dass dies der Anruf ist, auf den er seit Wochen wartet.

Seit fünf Tagen fragt Brigitte sich jetzt immer wieder, warum sie ausgerechnet dieses Hotel, so kalt und weiß und violett, überall violette Details, ausgesucht hat. Brigitte kann sich vorstellen, dass viele das charmant finden, sehr modern. Sie nicht. Sie findet an nichts Gefallen. Und das Zimmer, so abweisend, in bestimmten Momenten auch feindselig, das Zimmer treibt einen zum Ausgehen, glücklicherweise ist das Wetter schön. Und die Möbel, sie hat sie am ersten Abend schon unter die Lupe genommen: Nie würde Hans erlauben, dass solche Unebenheiten und Unzulänglichkeiten und Unstimmigkeiten seine Fabrik verlassen, nicht einmal, wenn es um ein Hotel geht. »Da steht mein Name drauf«, hat er immer gesagt, ihr Hans, ehemals ihr Hans, ein Sinnbild der Präzision und Gewissenhaftigkeit, ein Geschäftsmann durch und durch. Und mit der Zeit hat auch sie eine Liebe für die Eleganz von Metall und Leder und die Anschmiegsamkeit von Holz und Naturstoffen in sich entdeckt, ist ihrem Büro und den langweiligen Zahlen immer öfter ferngeblieben, wollte ein Teil bei der Entstehung eines Stuhls oder eines Bettes sein. Hans hat sich gefreut, denn auch er wusste, dass nichts selbstverständlich war.

Mon fils.

Wie ein anderes Leben. Aber die Frau im Spiegel ist merkwürdigerweise immer noch sie, Brigitte, das ernsthafteste Mädchen und die seriöseste Frau in der Gemeinde – obwohl jetzt eine Deserteurin, eine Flüchtige. Eine Verschwundene.

Mort.

Sie setzt sich aufs Bett und öffnet ihre ziemlich zerfledderte Frankreichkarte, auf der zwanzig Städte rot eingekreist sind. Da war sie bereits, da will sie nicht noch einmal hin. Da gibt es nichts zu finden. Ein Himmel, der ihr egal ist. Häuser, die sie langweilen. Plätze, die auch voll leer sind. Bäume, die keine Schatten werfen. Gesichter, die alle falsch sind. Vielleicht gibt es nirgendwo etwas zu finden, nicht mehr.

Und jetzt fünf Tage Dijon, und schon hat sie genug. Die Selbsthilfegruppe war eine Enttäuschung, der Raum eher aus- als einladend, die

Teilnehmer vorwiegend unberührt und distanziert auch in ihrem eigenen Schmerz, vom Leiter gar nicht zu sprechen. Dieses Jackett. Nicht einmal angelächelt haben sie sie, als sie reinkam und sich als die Neue vorgestellt hat. Und den ersten Mann hat sie gar nicht verstanden, aber er hat ständig nach seinem fehlenden Bein gegriffen, das hat ihr geholfen. Dieser Dialekt, eine Sprache in der Sprache.

Dagegen auf den Straßen – so viele Studenten überall! So viel Zukunft! So viele junge Männer, einige noch richtige Buben. Und jeder hätte Michael sein können, Glatze hin oder her. Michaels Glatze war nicht der Rede wert, nur eine Laune, ein Möchtegern-Statement. Wahrscheinlich gegen sie gerichtet, gegen Hans und sie. Mit Glatze hat sie ihn nicht gekannt, also ist sie nicht real, nicht wichtig. Seine Augen sind wichtig, die Augen haben ihn zu ihrem Michael gemacht. Wann hat er aufgehört, ihr Michael zu sein? War er es je gewesen? Sie steht auf und holt sich ein Glas Wasser. Nie aus der Flasche trinken. Nie. Sie glättet den Rock mit abgehackten Bewegungen, dreimal.

Hans' tränenvolle Augen, die ihm von einem Blick auf den anderen nicht mehr gehörten.

Das Fenster geht zum Theater hinaus, das eigentlich die Oper ist, nicht dass man es erkennen könnte, die Fassade, die Treppe, die Säulen sieht sie nicht. Aber man versichert ihr, drinnen schaut es schön aus, sehr klassizistisch, sehr schwarz. Selbst erleben wird sie es sicher nicht, weder vom Theater noch von der Oper hält sie viel. Kein Wunder, dass Michael gerade …

Sie atmet laut aus. Die goldenen Zeiger auf ihrer goldenen Uhr zeigen: Es ist fünf. Plötzlich denkt sie an den Spiegel aus dem achtzehnten Jahrhundert. Wie konnte sie ihn vergessen, den Womöglichen!

Le miroir. Als könnte er ihr die Antworten geben. Das Leben. Ihren Sohn. Wiedergeben. *Le miroir* ist nichts als eine Geschichte, und von Geschichten hält sie nicht viel. Von Schönheit und Harmonie aber schon.

Das Bild im Spiegel.

Plötzlich hat sie Hunger. An der Rezeption ist zu viel los. Also wird sie morgen nach der Rechnung fragen müssen. Sie richtet den Rock, streicht über die Bluse. Sie kommt sich vor wie der einzige Mensch auf dem Planeten. Sie zögert keinen Augenblick. *Se voir dans le miroir.* So ein Unsinn.

Als sie die Tür öffnet, bimmelt keine Glocke, und sie fängt an, ihre Schritte zu zählen, viele werden es nicht werden.

Wieso ist er nicht überrascht, sie zu sehen!

Christian klappt das Buch zu, steht auf. Die leise Musik lässt er laufen. Diese Musik berührt ihn nicht, diese Musik kann er ertragen. Seit sechs Monaten. Seit sechs Monaten spielt er nur Musik, die er gar nicht hört, so gleichgültig ist sie ihm, diese Musik. Es gibt auch solche, Gott sei Dank.

Er lächelt.

»Nicht viele Leute hier lächeln«, sagt sie und tut es selbst auch nicht. Christian lacht, er spürt, wie sich das Lachen über sein ganzes Gesicht ausbreitet. Er spürt die Dehnung der Muskeln. Sie bleibt an der Tür stehen.

»Also doch ein Buch?«, fragt er.

»Ich habe Hunger. Und dann will ich einen Spiegel auf der Antiquitätenmesse kaufen.«

Christian wundert sich nicht, er schaut lediglich auf die Uhr.

»Ich kann warten.«

»Ich dachte, Sie haben Hunger.«

Sie zuckt kaum merklich mit den Achseln und steht weiterhin Wache.

»Eine halbe Stunde, ist das in Ordnung?«

Sie nickt, geht langsam zur Sitzecke. Christian weiß nicht, was er jetzt tun soll, lesen wäre unhöflich, alles andere hat er schon erledigt. Er wünscht sich fiebrig einen Kunden, jetzt, genau jetzt. Er bleibt hinter seinem Tisch, starrt den Bildschirm an, bewegt die Maus, als würde er etwas suchen. Bis ihm einfällt, dass er seit einer Stunde nicht nach dem Stand vom Crowdfunding gesehen hat. Keine Veränderung. Es wird wieder Zeit für eine größere Aktion, aber nicht jetzt, jetzt kann er das nicht.

Jetzt muss er an die Antiquitätenmesse denken.

Das letzte Mal war er auf der Messe, als er nach einem Ring gesucht hat. Einem Ring? Nein, dem Ring, dem Ehering. Und er hat ihn gefunden, den schönsten Ring auf der Welt, so einmalig und vielversprechend. Er will ihn nie mehr sehen. Den Atemberaubenden. Der schwer auf ihm lastet, an den er nicht denken möchte.

Er sieht Brigitte an, er braucht Hilfe. Sie scheint in ein Bilderbuch vertieft zu sein, das Haar verdeckt ihr das Gesicht. Er spürt eine Zerbrechlichkeit in ihr, die nicht zu rechtfertigen ist, die den Beschützer in ihm weckt. Aber auch eine Ruhe, die ihm guttut.

Er widmet sich wieder dem Bildschirm, prüft die E-Mails, obwohl keine neuen angezeigt werden –, aber er kann warten, er kann gut warten und noch besser schweigen.

Schweigen passt gut zu Büchern. Und die Musik ist nur eine andere Form der Wortlosigkeit.

»Hier ist nicht viel los.«

»Heute ist ein ruhiger Tag.«

Ihr Blick wandert über die Regale und Bücherrücken, die große CD-Sammlung.

»Können Sie davon leben?«

Er sieht sie an, verletzt ist er, diese Direktheit gefällt ihm nicht. Vielleicht ist ein gemeinsames Essen keine gute Idee.

»Offensichtlich, oder?«, antwortet er brüsk.

»Sie könnten eine reiche Frau haben, oder ein Erbe, oder einen reichen Geschäftspartner, oder ihre Familie unterstützt Sie. Nichts ist selbstverständig.«

Mit jedem ihrer Worte wird er wütender. Und verletzter. Und unwilliger, mit ihr zu Abend zu essen oder sie je wiederzusehen.

»Oder wie sagt man das?«

Er antwortet ihr nicht. Dabei ist *Rien ne va de soi* eine seiner Lieblingsaussagen. Das ärgert ihn noch mehr.

»Und was haben Sie verloren? Takt? Freundlichkeit? Gesellschaftsfähigkeit?«, fragt er.

Er steht auf, sein Gesicht läuft rot an. Sie sitzt ruhig in ihrer Ecke und betrachtet ihn, und das macht ihn noch wütender. Er wartet darauf, dass sie sagt, sie sollte jetzt besser gehen.

Warten auf Feingefühl.

Nur noch die Bücher haben sich etwas zu sagen.

Warten, ohne sie anzusehen.

»Wollen wir jetzt?« Sie steht auf, glättet ihren Rock, zweimal, dreimal. Sie ist so ruhig, dass Christian sich mit all seinen Gefühlen wie ein kleiner Junge vorkommt. Er will ihr dieses und jenes sagen, laut und mehrmals. Am Ende nimmt er die Schlüssel, greift nach der Jacke und macht ihr die Tür auf. Sie bedankt sich nicht und verlässt den Laden, schaut zu, wie er absperrt, die Jacke anzieht, sich durch die Haare fährt.

»Was?!« Er breitet die Arme aus.

»Ich könnte Ihre Mutter sein, ich darf Sie das fragen.«

Und er muss lachen, natürlich muss er lachen.

»Mathe ist nicht Ihre Stärke, was?«

Sie schüttelt den Kopf. »Ein Jahr mehr oder weniger, was macht das schon? Alles ist möglich.« Sie sagt nicht, dass sie länger als jahrelang die Bücher des Familienunternehmens Weichmann geführt hat.

Sie gehen Richtung Place de la Libération. Ständig grüßt er jemanden, das ist seine Stadt, jeder kennt ihn oder gehört zur Familie im engeren oder weiteren Sinne des Wortes. Ein Leben wie ein offenes Buch, es hat ihn nie gestört.

Aber da! Nein, doch nicht. Schritte zu groß, Haare zu lang. Diese Erleichterung überrascht ihn jedes Mal. So vieles versteht er nicht.

Hier ein *Salut*, da ein *Salut*, niemand bleibt stehen. Brigitte wird auch in Augenschein genommen, mehr oder weniger auffällig.

»Sie haben eine schöne Stadt. Sie erinnert mich an Deutschland.«

»Wirklich? Aber ja, sie ist schön.«

»Ich mag die Blumenkästen überall.«

Sie atmet tief ein.

»Selbstverständlich.«

»Wie bitte?«

»So sagt man das. Selbstverständlich.«

Sie wiederholt es dreimal, fährt mit der Hand über ihren Rock, als wäre das eine Zauberformel für das Gedächtnis.

Sie gehen weiter, die Gassen werden enger. Er erzählt nichts, verrät keine Geheimnisse, weder von noch über Dijon, er ist kein Reiseführer. Er liebt seine Stadt auf eine eher zurückgezogene Art und Weise. Aber zwei Dinge muss er ihr zeigen – weil sie eben kein Geheimnis sind.

»Wo gehen wir hin?«

»Zu *la chouette*. Und dann zum *Jacquemart* und seiner Familie.« Er trifft ihren ahnungslosen Blick, er spürt eine Unruhe in ihr steigen. »Alles hier um die Ecke.«

»Ich bin kein Tourist. Ich halte nicht viel …«

»Keine Sorge. Ich bin auch kein Guide.« Sie ist nicht überzeugt. »Sie werden sehen, vertrauen Sie mir.« Er selbst ist über diese Worte überrascht.

Und schon stehen sie vor der Eule.

»Hier, Sie berühren sie mit der linken Hand, und ihr Wunsch geht in Erfüllung. So sagt man.«

Sie faltet die Hände am Rücken, wie ein Kind.

»Es kann doch nichts passieren. Seien Sie mutig!«

Sie schüttelt den Kopf.

»Das ist alles Unsinn. Ich glaube nicht an solche Kindereien.«

»Sie müssen nicht daran glauben, das ist eine Tradition, ein Ritual.«

»Dann hat es noch weniger Sinn. Lassen Sie uns weitergehen.« Ihr Blick ist hart. »Ich habe Hunger.«

Sie macht ein paar Schritte, dreht sich dann nach ihm um, er steht immer noch da, sieht sie aber nicht mehr an. Er streckt die linke Hand aus und legt sie auf den kalten Stein. Er schließt die Augen, hat Angst vor seinem Wunsch. Als sich in seinem Kopf ein Bild langsam formt, ein Gesicht, ein Lächeln, die langen schwarzen Haare – zieht er die Hand panisch zurück, als wäre er von der Eule angegriffen worden – der armen, schnabellosen Eule, die nur noch ein abgegriffener Schatten ihrer selbst ist.

Brigitte wartet auf ihn.

Als sie vor der Kirche stehen, berührt er leicht ihren Oberarm, um sie anzuhalten.

»Da oben, sehen Sie? Unser *Jacquemart*.«

Sie legt den Kopf in den Nacken.

»Ich sehe nichts. Was soll da sein?« Ihre Stimme klingt irritiert.

»Unser alter Glockenschläger! Und seine Familie«, ruft er begeisterter, als er sich fühlt.

»Ach so, verstehe.«

Das ist alles.

Also geht er weiter. Das wird ein Abend werden!

Als er merkt, dass nur seine Schritte zu hören sind, bleibt er stehen und dreht sich um. Sie betrachtet weiterhin die Kirche, ihr Nacken muss schon schmerzen.

»Brigitte?«

Ganz langsam senkt sie ihren Kopf, ganz langsam nähert sie sich ihm und sagt: »Die Türme.« Und geht weiter.

Christian ist verwirrt. So schweigen sie eine Weile, vielleicht noch länger.

»Wo gehen wir hin?«

Er ist froh, dass es vorbei ist.

»Worauf haben Sie Lust?«

»Auf etwas Deftiges«, sagt sie. »Und ich lade Sie ein.«

Er überlegt.

»Und keine Widerrede.«

Bald erreichen sie das Restaurant.

»Draußen oder drinnen?«

»Drinnen.«

Da sind sie die einzigen Gäste. Sie wählt einen Tisch am Fenster. Sie setzen sich einander gegenüber. Sie bestellen.

»Das wird ein wenig dauern«, sagt die Bedienung.

»Macht nichts«, meint Brigitte und, als die Kellnerin außer Hörweite ist, fügt sie hinzu: »Oder?«

»Nein, kein bisschen.«

Sie nickt.

Er beobachtet, wie sie mit dem Besteck spielt, das überrascht ihn, das passt nicht zu ihr, zu ihrem Rock, ihrer Bluse.

»Und jetzt? Worüber wollen wir reden?«

Plötzlich ist er völlig erschöpft. Er trinkt sein Wasser, spürt ihren Blick auf sich. Zu Worten fehlt ihm die Kraft. Ein Fehler, das ist es. Die Einsamkeit seines Zimmers wäre jetzt das Richtige. Keine Musik, nein, Musik erträgt er nicht. Aber ein Buch, das geht immer. Er liest mehrere Bücher gleichzeitig, er hat sie überall strategisch platziert, im Buchladen, neben seinem Bett, bei den Eltern. Und dann ist da noch eines, das er bei sich trägt. Das hat er aber vorhin im Laden vergessen. Nicht dass er jetzt lesen könnte, aber dennoch. Ein Buch ist wie ein leises Versprechen. Ein Buch und ein Tee und die gedämpften Stimmen der Mitbewohner – die ihn so oft auch unsichtbar vor dem Wahnsinn retten.

»Also schweigen wir?«

»Ich höre Ihnen gerne zu.«

»Ich würde mich aber lieber mit Ihnen unterhalten. Ich brauche kein Publikum.«

Christian schließt kurz die Augen, ganz kurz.

»Sie sind müde. Zu müde zum Reden?«

Er räuspert sich.

»Woher kommen Sie?«

»Ach ja, die Frage aller Fragen.«

»Dann eben nicht.«

»Und was ist Ihr Verlieren?«

»Verlust«, sagt er automatisch.

Danach schweigen sie und warten auf das Essen, das tatsächlich lange braucht. Ab und zu wirft er dann einen Blick auf ihren Mund, der sich beim Kauen kaum bewegt.

»Es tut mir leid«, flüstert er.

Es ist gut, dass sie nie weint. Sehr gut ist das. Denn jetzt wäre ein günstiger Moment dafür, für die Tränen. Denn sie hat die Antwort nicht. Alles ändert sich, im Nu ist man heimatlos. Wurzellos. Denn was ist schon Heimat? Denn *mon fils* …

Der Braten schmeckt sehr gut. Die Kartoffeln auch. Sie ist satt. Und sie hat das Gefühl, dieser Mann ihr gegenüber ist wichtig. Er soll bei ihr bleiben, bis morgen, morgen ist sie dann weg. Aber bis morgen. Sie ist von der Unschuld ihrer Gedanken und Wünsche überzeugt. Sie ist eine alte, verheiratete Frau, vielleicht ist sie Witwe, das weiß sie nicht, aber sie kann ausschließlich in den Kategorien des Anstands denken.

»Morgen fahre ich weiter.«

»Morgen schon? Genug von der burgundischen Gastfreundlichkeit? Von der famosen Selbsthilfegruppe? Oder war es nur zum Spaß?«

So viele Worte für so viel Müdigkeit.

»Ich bin nicht krank. Und auch nicht verrückt.« Sie sieht ihn dabei nicht an, denn es könnte sein, dass sie lügt. Sie weiß es nicht. Wer kann das schon mit absoluter Sicherheit sagen. Gedanken sind eine Sache, Worte eine ganz andere. »Was ist schon Wahrheit?«

»Ich verstehe nicht.«

Ja, er ist verwirrt, das kann sie hören.

»Ich bin zu alt für dieses Leben.«

»Was ist in Sie gefahren?«

Seine Augen sind dunkelbraun, beinahe schwarz.

»Der Tod.« Sie konnte nicht widerstehen. Sonst ist sie nicht so, aber jetzt, sie musste das sagen, das passte so gut. *La mort*. Das ist die Wahrheit. Und dann wieder nicht, denn tot ist jemand anderer. Und dieser andere kommt ihr immer näher, und das ist wunderbar. »Aber das Essen ist gut, es hat gut geschmeckt.«

Sie schaut aus dem Fenster. Sie muss sich von so vielem ablenken. Auch von seinem Gesicht, es ist sanft und ungeschützt, sie will es berühren, sie, die nicht auf Berührungen steht, die sie vermeidet, wenn möglich – es ist öfter möglich, als man denkt. Dann fällt ihr ein, während sie die zahlreichen Leute im Vorgarten beim Essen beobachtet, wo sie ihn getroffen hat und was das bedeutet, bedeuten muss.

»Es tut mir leid«, sagt sie, immer noch aus dem Fenster blickend.

»Darin sind wir offensichtlich gut«, seine Stimme ist wohlwollend, er ist nicht böse oder verletzt. Also schaut sie ihn an. Er ist jung, aber auch wieder nicht, er ist warm in seinem Leiden. Sie nicht. Sie sei kalt, hat Hans gesagt. Sie weiß es nicht. Sie ist, wie sie ist, und so war sie immer schon, und Hans kennt sie nicht anders, also ist sein Vorwurf albern, und sie sind keine albernen Menschen, Hans und sie, was fällt ihm nur ein. Er hat kein Recht, ihr Vorwürfe zu machen. Das kann sie nicht gebrauchen. Ihn gänzlich zu vergessen wäre schön, täte gut, sei es auch nur für einen Augenblick.

»Und was wird dann aus Ihrem Spiegel?«

Sie schüttelt den Kopf.

»Es wird andere Messen geben. Frankreich ist ein altes Land voller alter Sachen und alter Möbelstücke.« Sie denkt an jenes verloren gegangene Abbild.

»Aber unsere Messe ist die beste, nirgendwo kann man so viele wahre Schätze finden.«

»Gibt es auch andere?«

»Wie bitte?«

»Andere Schätze als wahre?«

Sein Blick ist beharrlich.

»Sie machen sich lustig über mich.«

»Dazu bin ich nicht fähig. Ich bin sehr einfach genäht.«

»Gestrickt. Man sagt gestrickt.«

Sie nickt. Es stört sie nicht, von ihm korrigiert zu werden.

»Ich war schon überall gewesen in Ihrem Land.«

»Überall? Wo denn? Und wie kommt's?«

»Der Anfang war tödlich.«

Da, sie hat es gesagt. Sie hat es ausgesprochen. Und es ist gut, dass er es nicht versteht.

»Sie hatten einen Unfall?«

Sie glättet den Rock, dann die Bluse. Diesmal sind auch die Ärmel dran.

»Sie wollen jetzt sicher so schnell wie möglich nach Hause.«

Er schüttelt den Kopf, lässt sich aber Zeit.

»Wieso sprechen Sie so gut Französisch?«

Das ist eine leichte Frage, dennoch muss sie achtsam sein.

»Ich lerne es schon seit Jahren. Einmal die Woche zwei Stunden Unterricht.« Sie macht eine Pause, trinkt einen Schluck. Sie darf sich nicht verraten. »Und ich bin schon ein Jahr unterwegs.«

»Allein? Das muss schwierig sein, oder?«

»Sie haben keine Ahnung, wie schwer. Aber dann plötzlich war es das nicht mehr.«

Er sieht sie an, seine Gesichtszüge sind entspannt, seine Augen zwar müde, aber nicht unzufrieden, das kann sie klar sehen, und das berührt etwas in ihr, irgendwo in ihr, dieser Ort ist weit weg, sie kennt ihn nicht, sie lässt es sein, sie besteht nicht darauf, ihn zu entdecken, herauszufinden, was das bedeutet. Es sind einfach Momente, die gehen auch vorbei. Und es genügt, dass er da ist, dieser Ort. Dieser Augenblick.

»Noch ein Glas Wein?«

Seine Stimme ist seltsam, seltsam vorsichtig, fast lauernd, aber sie lässt sich nicht stören. Sie nickt. Ja, noch ein Glas wäre genau richtig. Danach vielleicht noch eine zweite Flasche. Der Wein, ja, das ist gut.

»Ist was? Auf einmal ist Ihr …«

Brigitte schüttelt entschlossen den Kopf, ihre junge Vorliebe für Wein ist kein Thema, soll kein Thema werden, es ist irrelevant. Und es ändert nichts, absolut gar nichts. Ihr Leben wie eine Truhe auf dem Dachboden, voller Staub, ja, überall Staub und Abwesenheit. Wie kann etwas, das so abwesend ist, so eindeutig abwesend ist –, so allumfassend präsent sein, so einnehmend, so lebendig.

Wie gut, wirklich gut, dass sie nie weint.

Sie ruft die Kellnerin, meidet seinen Blick. Bis der Wein kommt, schweigen sie.

»Morgen fahre ich weiter.«

»Haben Sie schon gesagt. Aber nicht, warum.«

Seine Hände liegen auf dem nackten Tisch, eine Tischdecke wäre ihr lieber. Ihrem ersten Impuls weicht sie aus. Danach ist es nicht schwierig, ihre Hände im Schoß festzuhalten.

»Ich habe schon alles gesehen, die Gruppe gefällt mir nicht. Es wird Zeit.«

»Vielleicht brauchen Sie lediglich einen prächtigen Spiegel und gute Gesellschaft.«

Das glaubt sie nicht, sagt aber nichts, wartet ab, was noch kommt. Zuerst nichts, sie schaut also wieder aus dem Fenster, der Ausblick langweilt sie aber schon. Offensichtlich hat sie sich in ihm getäuscht.

»Fahren Sie dann nach Hause?«

»Nein.«

»Wo wäre zu Hause?«

»Am Starnberger See. In Bayern.«

»Ach, wo der König ertrunken ist.« Er findet das lustig, sie weiß nicht, warum. Er hat nichts getrunken, nur Wasser, also kann es daran nicht liegen.

»Was ist daran so erfreulich?« Sie hört selbst sehr deutlich, wie kalt ihre Stimme ist, keine Spur vom Wein, der so warm in ihrem Magen schaukelt.

»Nichts, natürlich nichts. Ich habe an meine Klassenfahrt dorthin gedacht, meine erste Auslandsreise, die war lustig. Und dann all die Schlösser, nicht dass es uns hier daran mangelt, nein, aber seine sind absolut verrückt! Doch das gefällt mir, ich mag ihn. Ein Künstler durch und durch.« Er trinkt sein Glas leer, bestellt kein weiteres.

»Verrückt? Das mögen Sie?«

»Ja, wahrscheinlich weil ich selbst so langweilig normal bin.«

»Was soll an normal langweilig sein? Ich bin auch normal.« Sie besteht darauf. Auch wenn Hans gesagt hat, es sei nicht normal, dass sie einfach so wegfährt und nicht um ihren Sohn weinen kann – und ihn verlässt, ihren Mann verlässt. Nicht einmal angerufen hat sie ihn in all diesen Monaten, ein Jahr wird es bald sein. Ob Hans' Leben auch auf dem Dachboden stattfindet? In einer sprichwörtlichen Truhe?

»Nur in Büchern kann normal aufregend werden«, sagt Christian, und sie muss lachen, sie lacht laut, lehnt sogar den Kopf nach hinten, lacht unüberlegt, ausgelassen.

»Was?!«

Sie lacht weiter, sie will nicht aufhören zu lachen.

Ihr Leben, so zart, so staubig, lastet auf ihr, so schwer.

Christian weiß nicht, was er tun soll. Aufstehen und sie da sitzen lassen will er nicht, auch wenn er es gerne täte. Er hat Angst vor all dem Wein, den sie so ungezwungen, so selbstverständlich in sich hineinkippt. Und dann lacht, so lacht – er verzichtet freiwillig auf nähere Bestimmungswörter. Aber besser sie lacht, als dass sie weint. Das Lachen kann man immer teilen, es macht meistens sogar Spaß, beim Weinen ist das nicht der Fall. Nein. Christian ist es zu oft danach: Beim Lesen hat er häufig Tränen in den Augen. Aber auch sonst. Manchmal sogar vor Angst, sie-deren-Name-und-so-weiter gesehen zu haben: Wie ein Peitschenhieb trifft ihn ein ähnlicher Arm, ein ähnlicher Rücken.

»Das tut gut«, sagt sie und wischt sich die Augen. Christian sieht aber keine Freude, keine Fröhlichkeit in ihnen, und das ist traurig, das ist so traurig. Er muss ihre Schulter berühren. Er muss sie berühren, ihre Hände sind in ihrem Schoß, glätten wieder den perfekt glatten Rock, also hat er die Wahl zwischen der Schulter und dem Oberarm. Eine Schulter ist weniger intim, weniger persönlich, und somit die richtige Entscheidung in diesem Fall. Er legt die Finger auf den seidigen Stoff. Das weckt eine flüchtige Erinnerung, er kann sie nicht halten, ein Gefühl, das sofort verflogen ist, noch früher als sofort.

»Ich lache so selten. Und Sie? Ich glaube, Sie lachen gerne und oft. Habe ich recht? Als ich in Nizza war, gab es in der Gruppe einen Mann, der ununterbrochen gelacht hat, er konnte nicht einmal reden, so sehr war er mit dem Lachen beschäftigt. Ich bin nicht mehr hingegangen. Ich habe nicht verstanden …«

»Sie waren in Nizza in einer Selbsthilfegruppe?«

»Nur einmal. Immer nur einmal.«

Sie tut so, als wäre seine Hand nicht auf ihrer Schulter, und Christian kann es nicht deuten. Er ist zu müde für jegliche Deutungen. Was weiß er schon von ihr! Fremde, zwei Fremde sind sie, das ist es. Und kein gemeinsames Abendessen kann daran etwas ändern. Auch ihr Trinken nicht. Später, in seinem Zimmer, wird das alles noch unwichtiger sein.

Er freut sich auf diesen Augenblick.

»Sie sind nett«, sagt sie klar und direkt und anscheinend ohne Hintergedanken, und er weiß, dass sie seine Hand doch spürt, und er zieht sich zurück, er zieht seine Finger zurück, und plötzlich weiß er nicht mehr, ob er sie bewegt hat, ob er seine Finger auf ihrer Schulter bewegt hat, er wird panisch, er weiß nicht, ob er sie gestreichelt, ihre Schulter unter der seidigen Bluse liebkost hat. Soll er sie fragen? Er fühlt sich auf einmal wie ein Teenager, der sich in seine junge Lehrerin verliebt und bei jedem ihrer Blicke errötet und schwitzt und am Rande der Ohnmacht steht. Wie so oft ist Christian über die Wege der Gedanken verwundert, sein Gehirn ist ihm wie immer ein Rätsel. Allmählich schwindet seine Hoffnung, sie irgendwann, ir-gend-wann doch verstehen zu können.

»Wollen wir gehen?«, fragt sie, und schon hebt sie die Hand und gibt der Kellnerin ein Zeichen.

Und statt glücklich zu sein, dass der Abend endlich vorbei ist und er endlich allein mit seinem Buch in der musiklosen Stille seines Zimmers Ruhe wird finden können – will er nicht. Er will nicht, dass sie geht. Er will noch einmal ihre Bluse berühren, was an der Seide liegt, an diesem Stoff, der süchtig macht. Das will er, er will seine Sucht ausleben.

Er ist verwirrt. Vielleicht ist er krank. Vielleicht ist die Sorge seiner Mutter, seines Vaters, seiner Geschwister, seiner Freunde doch berechtigt. Also doch gestört, beschädigt, verkrüppelt. Er weigert sich, seine Sehnsucht, die Lust nach Weichheit, nach Sanftheit anzuerkennen. Er spürt sie, er will sie und dann doch nicht – und dann doch wieder. Er hat davor Angst. Vielleicht braucht er tatsächlich Hilfe. Er denkt an seine Mutter, die seinetwegen so oft weint.

Sie bezahlt währenddessen, lobt das Essen, zählt die Scheine und legt sie auf den Tisch, und schon steht sie auf, und Christian hat mehrere unterschiedliche Alter gleichzeitig – ist nur nicht fünfunddreißig.

»Christian?«

Er will sie nicht ansehen, so lange nicht, bis er wieder erwachsen ist.
»Christian, was ist los? Ist Ihnen schlecht?«
Und er denkt, er schreit, ja, mir ist schlecht, und ich werde gleich kotzen müssen, und er sagt nichts, er nickt nicht einmal, er kann nicht.
Sie setzt sich wieder zu ihm, er sieht, wie sie ihren Rock glättet, wie sie zweimal, dreimal schroff über den Rock fährt, und er muss feststellen, dass ihm ihr Name entfallen ist. Einfach so. Er sieht sie an, völlig außer sich, völlig verwirrt und verfremdet. So viel Angst hat er vor sich selbst. Vor den anderen in sich selbst. Vor langen schwarzen Haaren hinter jeder Ecke.

»Ich bin es, Brigitte, Brigitte Weichmann.«
Sie muss es sagen, sie weiß, sie muss es sagen in aller Deutlichkeit. Und zwar nicht, weil er ihren Namen vergessen hat, nein. Etwas ist mit Christian passiert, etwas ist in ihm ver-rückt, etwas ist ihm abhandengekommen, und sie will für ihn da sein. Sie will sich auch von ihrem Rock ablenken. Von seiner unschuldigen Hand auf ihrer Schulter. Ja, davon auch.
Wird sie je den Staub in ihrem Leben loswerden?
Er nickt. Er nickt und macht den Mund auf und dann wieder zu, und sie lächelt, nur ein wenig, aber immerhin. Lachen stehe ihr nicht, hat ihr Vater immer gesagt. Also wurde nicht gelacht, anfangs nur in seiner Anwesenheit nicht, später auch in seiner Abwesenheit. Schnee von gestern, denkt sie, der aber immer noch die ganze Erde gefroren hält.
»Ich weiß«, sagt Christian endlich, endlich sagt er etwas.
Und Brigitte muss sich zum zweiten Mal an diesem Tag über sich selbst und eine gewisse Poesie in ihren Gedanken wundern. Michael würde sich darüber freuen. So gerne würde sie das mit ihm teilen, wenn er noch am Leben wäre.
Wenn er noch am Leben wäre, hätte sie ihm nichts zu sagen. Er würde nicht rangehen, wenn er ihre Nummer sähe. Würde sagen, er hätte

keine Zeit. Würde weit, weit und noch weiter weg vor ihr fliehen. In den Tod, wenn es sein müsste. Und es musste, offensichtlich. Michael. *Mon fils est …*

Und das hier ist Christian und hat nichts mit Michael zu tun. Außer dass sie beide Bücher lieben. Mehr weiß Brigitte über Christian nicht. Zweimal, dreimal über den Rock. So. Endlich glatt und makellos wie eh und je.

»Ich weiß«, sagt Christian noch einmal und steht auf.

Brigitte denkt, er will jetzt so schnell wie möglich nach Hause, in sein Zimmer, zu seinen Büchern. Das denkt sie, aber dann auch wieder nicht. Denn da hat es diese Hand auf der Schulter gegeben, und sie denkt jetzt etwas anderes, aber sagt nichts, tut nichts. Zu trinken gibt es auch nichts mehr.

»In Marseille hat ein Mann alle seine Bücher bei einem Hausbrand verloren. Ein ganzes Zimmer voller Bücher. Nur Asche ist übrig geblieben. Er bewahrt sie in einer Kiste auf.«

Brigitte steht geschwind auf, wartet nicht auf seinen Kommentar, will keine Fragen beantworten. Sie verlassen das Gasthaus ungesehen, unverabschiedet. Er geht vor, aber ein wenig seitlich, er will den Kontakt zu ihr nicht verlieren. So kommt es ihr vor. So könnte es einem Außenstehenden vorkommen, das denkt sie. Sie gehen zwischen den Tischen vor dem Restaurant hindurch, sie folgt ihm und zählt nicht, sie findet keine Ruhe, und Schritte sind wichtig, wenn sie allein ist. Er sagt nichts, und sie fragt nichts, und sie geht ihm einfach nach. Auch wenn sie sich sicher ist, dass er nicht weiß, wohin er geht, wohin er gehen will. Ihr ist alles recht. So weit ist sie heute, dass ihr nichts mehr etwas ausmacht. Solange sie nicht allein ist. Solange er bei ihr bleibt. Sie erinnert sich an das Gefühl von früher am Tag, das Gefühl der Wichtigkeit, seiner Wichtigkeit in ihrem Leben.

An einem der Außentische lacht eine Gruppe Studenten, sie will sie nicht ansehen.

So viele Geschichten der Trauer. Sie hat sie alle gehört. Sie kann sie nicht vergessen. Man kann lachen, auch wenn man traurig ist. Diese Studenten verletzen sie heute Abend. Heute Abend ist viel los.

Christian dreht sich immer wieder halb zu ihr, vermeidet aber den Augenkontakt.

»Wo gehen wir denn hin?«, fragt sie dann doch, aber nicht, weil sie es wissen will, sie will lediglich seine Stimme wieder hören.

Abrupt bleibt er stehen, sie läuft beinahe gegen ihn. Rechtzeitig kann sie noch ausweichen. Ihre Handrücken berühren sich leicht, und Brigitte spürt ein Verlangen nach Wein, nach einem Schluck nur, aber es muss sein. Sonst weiß sie nicht, was passieren wird.

»Ich wollte Sie zum Hotel begleiten.«

Seine Stimme verrät nichts.

»Ist Dijon nachts gefährlich?«

Ihre Stimme will nichts verraten.

Er zuckt mit den Schultern und sieht sie an.

»Ich bin Ihnen natürlich dankbar, aber ich will Sie nicht länger in Ansprache nehmen.«

Sie sehen sich an. Blicke, die sich bemühen, nichts zu sagen.

»Ich begleite sie. Und es heißt Anspruch, in Anspruch nehmen.«

Eine Geschichte trauriger als die andere.

Und dann ist da auch noch ihre. Staubig. Ohne Abbild. Die hat noch keiner gehört.

Christian findet es selbstverständlich, eine Frau bis zur Tür zu begleiten, so ist er erzogen worden. Und er braucht Bewegung und viel Luft. Immer wieder ist er vom Gefühl des Erstickens überrumpelt. Seit sechs Monaten. Manchmal steht er am Fenster, am offenen Fenster, und ringt nach Luft. Die Mutter redet auf ihn ein, kocht Tee und schickt ihn zum Arzt, er weigert sich. Es würde nichts bringen. Nicht einmal der beste Arzt der Welt hat so ein großes Fenster, das ihm die

Atemzüge ermöglichen könnte, die er benötigt. Zum Leben. Zum Überleben.

Sie-deren-Name-und-so-weiter. Ein Name wie eine zugezogene Schlinge.

Es ist ein angenehmer Maiabend, der Lust macht aufs Durchhalten, aufs Sein. Das überrascht ihn, Lust hat sich in den letzten Monaten rar gemacht, ist weitergezogen auf der Suche nach besseren Aussichten.

Und außerdem, diese Frau. Diese Frau tut ihm leid. Und dann wieder nicht. Sie ist stolz und so unvorstellbar gefasst, und dann wieder nicht, und er versteht es nicht. Er weiß nichts über sie.

Sie gehen nebeneinander, er denkt an ihre Schulter. Viel könnte er über sie nicht sagen, sie ist knochig und doch rund, knochig rund ist sie, weich. Die Seide, so zart.

Sie gehen nebeneinander, Brigitte denkt an seine Hand auf ihrer Schulter und wie alles schnell vorbei war und sie sich dennoch ganz genau daran erinnern kann, auch wenn es nichts zum Sicherinnern gibt.

Noch ein paar Schritte, und sie werden seine Buchhandlung erreichen. Er denkt an das Buch, das er drinnen liegen gelassen hat, sein Mitnehm-Buch. Der Titel fällt ihm nicht ein, er kann es nicht glauben, dass er nicht weiß, dass er vergessen konnte, welches Buch es ist. Er ist so mit seiner Verwunderung beschäftigt, dass er sie nicht hört, nicht beim ersten Mal.

»Christian?« Ihre Stimme ist belegt, als würde etwas Schweres auf ihr lasten. Zwei Flaschen Wein womöglich. Böse, böse, wieso ist er so gemein, wenn sie vor ihm steht.

Er sieht sie an, entschuldigt sich nicht. Sie spricht seinen Namen falsch aus, so, als wäre er eine Frau.

»Ich habe mein Buch drinnen vergessen. Macht es Ihnen was aus…?«

Sie schüttelt den Kopf. Sie sieht auf einmal viel kleiner aus, als wäre sie auf einmal barfuß, als hätte sie ihre Schuhe mit sehr hohen Absätzen verloren, für den Prinzen irgendwo unterwegs liegen gelassen. Nur hat sie keine getragen.

»Und Sie dürfen das ›n‹ am Ende nicht aussprechen, das ist falsch, das bin nicht ich. Das könnte meine Schwester sein, meine Cousine, meine Mutter – aber nicht ich.«

»Verstehe. Ich wollte Sie nicht beleidigen.«

Christian schüttelt den Kopf.

Er holt seine Schlüssel aus der Hosentasche, findet sofort den richtigen und schließt die Tür auf. Er geht hinein, überzeugt, sie würde draußen auf ihn warten. Er holt das Buch vom Tisch, natürlich sind es Ernests Kurzgeschichten, er lächelt über sich selbst, überlegt kurz, ob er die Mails prüfen soll, vielleicht ist die Antwort schon da, vielleicht, aber er widersteht, er streckt den Arm aus, er ist schon in der Drehung, das Buch in der Hand, er will schon zurück, es ist dunkel, er macht den ersten Schritt. Sie steht vor ihm. Sie blickt zu ihm hoch. Ihre Augen sind groß und klar.

So sieht er sie. So spürt er sie.

Es gibt diesen einen Augenblick, in dem alles eindeutig ist und den man gerne verpasst, auch wenn man ihn wahrnimmt. Man lässt ihn verstreichen, ohne zu wissen, warum genau, und denkt nur in seltenen ausgeleuchteten Momenten daran – als wäre er ein Traum gewesen, eine Illusion oder lediglich ein Wunsch.

Christian räuspert sich, und es ist, als hätte er dadurch alle Lichter der Stadt eingeschaltet. Vertrieben sind die Geister und die Wahrheiten und die Erleuchtungen.

»Fast hätte ich Sie getreten«, sagt er, seine Worte fremder als seine Stimme.

Sie sagt nichts, sieht ihn auch nicht mehr an. Sie verlassen die Buchhandlung. Seine Schlüssel machen viel Lärm.

»Ich bin hier gleich um die Ecke.«

»Ich kenne das Hotel.« Seine Worte lächeln.

»Mir fehlt die Luft im Zimmer. Letzte Nacht habe ich gedacht, die Wände kommen auf mich zu.«

Er merkt, wie sie abwartet, ob er sie auslachen wird.

»Manchmal ist das so. Manchmal ist der Zeitpunkt einfach falsch.« Er ist sich nicht sicher, wovon er spricht. Ein Teil von ihm aber spricht immer von … ja. »Und die Luft ist wichtig, niemand weiß das besser als ich.«

Vor dem Eingang bleiben sie stehen. Brigitte, Ernest und er. Keiner sagt, wie schön der Abend war. Keiner bedankt sich. Keiner spricht von morgen.

Dann legt sie die Hand auf seine Schulter, ganz leicht, aber ohne Zärtlichkeit. Ihre Berührung ist keine Einladung. Ihre Berührung ist ihre Geschichte. Ihr Verlust. Christian versteht es nicht. Er weiß nichts über sie. Aber er erkennt eine Geschichte, wenn sie auf seiner Schulter landet. Eine, die er erst enthüllen muss, langsam und sanft, Schicht für Schicht.

»Gute Nacht«, sagt sie.

»Gute Nacht«, sagt er und beobachtet, wie sie gemächlich davongeht.

3.

Im Zimmer ist es warm, und es fehlt ihr wieder an Luft. Brigitte öffnet das kleine Fenster und sieht Christian noch um die Ecke biegen. Sie beobachtet auch seine Abwesenheit weiter, sie weigert sich, ihn loszulassen.

Brigitte ist es klar, wie lächerlich sie sich macht, aber keiner weiß es, keiner außer ihr, und sie stört es nicht. In der Minibar findet sie eine kleine Flasche Wein. Sie wird reichen müssen. Sie glättet den Rock und legt sich angezogen aufs Bett, glättet wieder. Weg mit den unsichtbaren Flusen. Brigitte wartet noch auf den Tag, an dem sie dafür zu müde sein wird. Viel Hoffnung hat sie nicht mehr.

Sie muss packen, es ist nicht viel, aber sie muss packen. Morgen will sie früh los.

Sie denkt unerwartet an das alte Ehepaar in der Selbsthilfegruppe, das mit all den Tieren. Heute Morgen hat sie nichts empfunden, war nur genervt und wollte da raus. Jetzt überrascht sie sich selbst, wie gut sie sich an jedes einzelne Tier erinnert. Wahrscheinlich gab es da noch einige mehr, sicher haben sie nicht alle erwähnt. Das ist traurig. Das ist unbeschreiblich traurig. Es war nicht richtig von diesem Wichtigtuer, sie zu unterbrechen und eine Pause anzuberaumen. Tiere sind auch wichtig. Tiere sind manchmal fehlende Kinder.

Brigitte hatte nie Tiere, nicht einmal als Kind durfte sie welche haben, ihr Vater wollte nichts davon hören, er hat sie nur angesehen, und sie hat seinen Blick und das Zimmer verlassen, nicht einmal eine Antwort war sie ihm wert. Bald gab sie auf und brachte sich selbst zu der Überzeugung, sie wolle ja überhaupt gar keine. Ihre Mutter nippte währenddessen an ihrem Sherry und schaute aus dem Fenster, aber keiner ist je gekommen, um sie zu retten, die arme Mutter. Ob sie auch Schritte gezählt hat? Oder Gläser? Oder etwas anderes?

Brigitte schließt die Augen und legt die Hände in den Schoß, streicht dabei zweimal, dreimal über den leichten Stoff ihres Rockes.

Wie sie sich angesehen haben, die zwei Alten heute in der Selbsthilfegruppe, als würden sie jedes nachfolgende Wort des anderen kennen oder wenigstens ahnen. Wie sie ihn angelächelt hat. Brigitte war es, als hätte sie nie zuvor Liebe gesehen, als wäre sie nie ihre Zeugin gewesen. Sie hat sich beim Zuschauen nicht wohlgefühlt, als täte sie etwas Verbotenes.

Plötzlich setzt sie sich im Bett auf, voller Panik, voller Ungläubigkeit: Sie hat vergessen, an Michael zu denken. Wie lange? Zwei Minuten? Eine Stunde? Sie hat vergessen, an Michael zu denken. Und morgen wird es ein Jahr sein, dass er sich an einem kroatischen Felsen den Körper gebrochen hat, einfach so, ohne ein Wort für sie. Ohne sich von ihr zu verabschieden. Hans würde jetzt sagen, sie solle damit aufhören. Aber Hans ist nicht hier, Hans ist Hans und ist nicht hier. Und Brigitte kann das alles denken, sie nimmt sich genüsslich die Freiheit, auch wenn sie weiß, dass das alles Unsinn ist, keiner ist da, um sie daran zu hindern. Sie kann sich alles so zusammenreimen, wie es ihr passt – und vor allem nicht passt. Sie kann Michael neu erfinden. Sie kann sich selbst neu erfinden, ihre Beziehung auch. Sie kann vergessen, was war, und sich an das erinnern, was nicht war, was nie war. Sie kann von der Wahrheit abrücken, sich vom Wahrheitsgebot entfernen, so weit, wie es ihr passt. Nur: Es passt ihr nicht so gut.

Sie glaubt nicht daran, dass der Mensch fähig ist, sich zu ändern. Auch wenn Hans plötzlich den Weg der Tränen für sich entdeckt hat. Und sie seit fast einem Jahr wie eine Wanderhirtin lebt. Eine Vagabundin. Eine Nomadin. Eine besitzerlose Katze. Allerdings ist Brigitte keine Katze, nein. Sie ist weder geheimnisvoll noch selbstsüchtig. Und auch wenn sie mehr über Michael nachdenkt als all die Zeit davor, heißt das noch gar nichts. Dass sie, zum Beispiel, über Nacht zu einer Mutter geworden wäre. Wie dem auch sei, der Mensch ändert sich nicht, daran glaubt sie.

Und sie glaubt an glatte Röcke. Ohne Staub.

Und sie glaubt an die Zahl der Schritte zwischen einem Punkt A und einem Punkt B.

Und sie glaubt an ihr Bild im Spiegel.

Und wer baut solche engen Fenster!

Und wer stellt nur eine Flasche Wein in die Bar! Wozu soll *eine* Flasche gut sein?!

Auf Christians Bett schläft jemand. Lange schwarze Haare, ihm stockt der Atem, sein Herz eine Kirchenglocke. Aber nein, natürlich nicht. Christian ist gleichzeitig enttäuscht und erleichtert. Es ist Marléne, seine jüngste Schwester, die im Herbst heiraten wird. Christians Freude darüber ist nicht eindeutig, er weiß nicht, was er denken soll. Heiraten ist nicht einfach, eine Ehe noch weniger. Eine Wundertüte.

Das hört sich besser an, als es sich anfühlt.

Christian flüchtet vor weiteren Gedanken dazu. Er klammert sich an Ernest. An Ernest und seine Frauen. Auf die ist Verlass.

Oh mon Dieu.

Christian hat sich von Brigitte nicht verabschiedet. *Oh mon Dieu.* Er ist einfach gegangen, hat sie gehen lassen. Nicht einmal eine Telefonnummer hat er von ihr. Und morgen will sie weiterfahren. Das alles hat er in einem einzigen Augenblick verstanden, als der erste Regentropfen seine Wange küsste und er dann auch noch dachte, dass er sie nicht geküsst hat, nicht einmal auf die Wange. Und dann wunderte er sich über diese Eingebung, vor allem über das »nicht einmal«, denn verstanden hat er es nicht, was soll das bedeuten? Sein Kopf voller vereinzelter Gedanken, die nicht einmal der Regen zu klären oder wegzuspülen vermochte.

Als er zu Hause ankam, war er rundum nass, der Frühlingsschauer hatte ihn lückenlos abgeküsst.

Und jetzt ist Marléne auf seinem Bett, und was soll er jetzt machen, und was macht sie hier?

Christian wünscht sich ein gedankenloses Leben.

»Marléne«, flüstert er mit Dringlichkeit in der Stimme. Mehrmals muss er ihren Namen rufen, bis sie ganz langsam, widerwillig, die Augen öffnet, ihn nicht erkennt, dann doch, ihn anlächelt.

»Christian«, sagt sie überrascht, verwundert, weiß offensichtlich nicht, wo sie ist.

»Was machst du hier?«

Sie setzt sich auf, schaut an sich hinunter, sieht ihre zerknitterte Kleidung.

»Was mache ich hier?«, fragt sie ihn dann und steht auf. Christian beobachtet sie schweigend, er ist erschöpfter als vor dem Abendessen, er hält die Augen kaum offen, es ist ihm, als würde er schon schlafen und als wäre Marléne – und nicht nur Marléne – lediglich ein Traum.

»Christian!«, ruft sie plötzlich. »Wo warst du so lange? Wo warst du den ganzen Tag? Wir haben nach dir gesucht, du bist nicht an dein Handy gegangen. Wie war es? Hat es dir gutgetan? Mama hat dich schon zum Mittagessen erwartet, dann zum Abendessen, wo warst du die ganze Zeit?«

Marléne steht vor ihm und fuchtelt mit den Armen, so wie sie es immer tut, wenn sie aufgeregt ist, schon als kleines Mädchen war sie immer in Bewegung. Immer wieder berühren ihn ihre Hände, sie legt sie auf seine Schultern, um sie dann sofort wieder weiterziehen zu lassen, zu seinen Oberarmen, sein Gesicht fasst sie auch an, packt seine Haare. Christian lässt sie gewähren, wartet ab, dass sie aufhört zu reden und sich beruhigt.

Als sie sich auf das Bett fallen lässt und ihn müde anschaut, sagt er: »Das war nichts für mich.« Er wartet kurz, sie geht nicht darauf ein. »Es ist spät, und ich bin müde, lass uns morgen darüber reden.« Er lächelt.

Marléne hat ihre Worte verloren, das findet er lustig, denn das passiert selten. Er hilft ihr beim Aufstehen, begleitet sie zur Tür.

»Hast du dein Fahrrad dabei?« Sie nickt. »Und wo ist dein Helm?«

Marléne zuckt mit den Schultern. Christian kehrt in sein Zimmer zurück, Marlénes Helm schläft auch auf seinem Bett, neben dem Kissen.

Er geht mit ihr hinunter, sie stehen auf der Straße, es regnet immer noch, aber schwach, lauwarme Regentropfen wie sanfte Liebesbekundungen auf seiner Haut. Sie tun ihm weh. Marléne sieht sich unsicher um, dann nickt sie, als wäre alles klar, setzt den Helm auf und umarmt ihren Bruder. »Da«, sagt sie und zeigt Richtung Kreisverkehr. Christian sieht mehrere Fahrräder, eines davon ist offensichtlich Marlénes.

»Gute Nacht, großer Bruder. Melde dich morgen unbedingt bei Mama. Sie wird wahrscheinlich kein Auge zumachen.«

»Gute Nacht, kleine Marléne.«

Marléne lächelt, das mag sie, das hat sie schon immer gemocht: die kleine Marléne zu sein gefällt ihr. Vielleicht ist Christian sich deswegen nicht im Klaren, was ihre Heirat angeht. Aber heute wird er das nicht mehr ergründen können.

Für heute genügt es, dass er nicht ertragen kann, eine gewisse Telefonnummer nicht zu haben.

4.

Brigitte wacht ohne Kopfschmerzen auf. Sie wacht auf mit einem seltsamen Gefühl im Mund, im Hals. Ein Geruch in der Nase, unbekannt, warm. Sie öffnet die Augen und sieht nicht das Zimmer, das Fenster links, die Tür rechts. Sie küsst jemanden, das sieht sie. Sie sieht, wie sie in den Armen eines Mannes liegt und ihn küsst. Und es ist nicht Hans. Sie kennt diesen Mann nicht. Oder kaum. Sie kennt seine Arme nicht, seinen Mund nicht, sie weiß nichts von seinem Geschmack. Und sie küsst ihn. Es gefällt ihr.

Dann klingelt der Wecker, und sie setzt sich im Bett auf, außer Atem und allein. Als sie daran denkt, dass sie noch nicht gepackt hat, fällt ihr ein, dass ihr erster Gedanke heute ein anderer war. Zum ersten Mal nach Michaels Tod war er nicht ihr erster Gedanke. Bevor sie an ihre Unfähigkeit zu weinen denkt, legt sie sich wieder hin. Brigitte glaubt nicht an die Möglichkeit des Neuen. Was neu ist, wird sofort schon alt oder gewöhnlich oder bekannt oder langweilig oder alltäglich oder fade oder belanglos.

Was für ein Tag. Und er hat noch nicht einmal richtig angefangen. Aber richtig angefangen hat er eigentlich schon. Brigitte lächelt. Das darf sie, wenn sie allein ist.

Sie hofft, der unbekannte Mann wird auch unbekannt bleiben.

Sie liegt auf dem Bett und läuft ihren Gedanken nach. Große Unordnung. Das kennt Brigitte nicht. Brigitte, die immer nur Blusen und Röcke trägt. Ordentlich. Geregelt. Also zieht sie die Decke glatt, bis sich keine Falten mehr abzeichnen, und kehrt zum Anfang zurück. Nein, nicht zu dem unbekannten Mann, zu seinen Armen. Nein. Sie kehrt zur Frankreichkarte zurück und sieht sich die rot eingekreisten Städte an. In Avignon hat eine Frau den Teddybären verloren, den ihr ihre zu früh verstorbene Mutter geschenkt hat, sie hat die ganze Zeit geweint und nach Bobo gerufen. An die Mutter selbst erinnerte sie sich nicht mehr, so lange her war das. Brigitte hat Michaels Namen seit einem Jahr nicht laut ausgesprochen. Sie will nicht nach dem Grund dafür suchen. Keine Spekulationen. Man geht einfach weiter. Brigitte geht einfach weiter. Ein Schritt, es ist immer nur ein Schritt nach dem anderen. Avignon, ja. Und in Toulon … nein, daran will sie nicht denken.

Brigitte betrachtet die roten Städte, so wenig ist ihr von ihnen im Gedächtnis geblieben. Auch die vielen jungfräulichen, rotlosen sieht sie sich an. Ihr Blick wandert, wandert in alle Richtungen, ihr Finger wandert auch, findet keinen Halt, zieht nach Dijon zurück. Brigitte kann sich nicht erinnern, ob sie sich schon für die nächste Stadt entschieden hat oder nicht. Gestern hat sie doch darüber nachgedacht, die Karte studiert, hat im Kopf schon den Koffer gepackt, die Rechnung bezahlt, ausgecheckt. Was ist daraus geworden? Was wird aus Gedanken, die einem entschwinden oder die man vorbeiziehen lässt? Gibt es das Vergessene dann überhaupt noch? Oder gibt es auch dafür eine Truhe, irgendwo auf irgendeinem Dachboden – unbeachtet?

Sie geht zum Fenster. Der Tag wird sonnig sein, noch ein schöner Frühlingstag. Mai, der Monat der Neugeburten. Nur Michael ist im Mai gestorben und nicht auferstanden, da helfen kein Glaube und keine Gebete und keine Kirchenbesuche. Sie hat es probiert, hat alles gemacht, genau nach dem Buch – nichts. Ihr Sohn, ihr einziger Sohn ist tot geblieben. Hans hat gesagt, deswegen könne man nicht aufhören zu glauben. Brigitte schon. Brigitte kann mit allem aufhören, jetzt, jetzt fühlt sie sich frei, es zu tun. Jetzt kann niemand sie aufhalten. Hans hat sie nur seltsam angesehen, als wäre alles, aber auch wirklich alles, was sie sagte oder tat, einfach ungeheuerlich. »Willst du jetzt plötzlich eine andere Mutter werden, eine richtige Mutter?«, hat er sie gefragt und wahrscheinlich selbst nicht verstanden, was er da sagte. Brigitte schon. Brigitte hat es verstanden. Und sie denkt tatsächlich, dass der Verlust ihres einzigen Sohnes sie zu einer besseren Mutter gemacht hat. Macht. Brigitte hat nie gedacht, sie sei eine schlechte Mutter gewesen. Hans offensichtlich schon. Das findet Brigitte interessant. Das würde sie gerne mal mit dem Vater ihres Sohnes besprechen, ganz in Ruhe, irgendwann. Sollte sie ihn eines Tages wiedersehen. Hans ist auf wundersame Weise verschwunden, aus ihrem Leben geschieden – und dann ist er aber doch noch da, redet oft und ungefragt in ihrem Kopf, macht lange Spaziergänge durch ihre Gedanken. Sie will ihn da nicht haben, aber er fragt nicht um Erlaubnis. Er kommt und geht, wie es ihm beliebt, nur überraschen kann er sie nicht mehr. Oder doch – wenn er nichts sagt, nicht widerspricht, sich irgendwo in den langen Gängen und halsbrecherischen Windungen ihrer Gegenwart versteckt und abwartet – dann vermisst sie ihn beinahe.

Die Karte. Die Karte hilft ihr heute nicht. Die Karte weist nicht den Weg, sie schweigt, und Brigitte wird unruhig.

Sie geht ins Bad und stellt sich der frühmorgendlichen Wahrheit im Spiegel. Und da ist er wieder, der Traum. So plötzlich. Während sie den unbekannten Mann küsst, beobachtet Hans sie, sie beide, und auf einmal ist es nicht mehr schön, das Küssen und das Umarmen. Hans hat alles verdorben, und sie nimmt ihm das übel. Er gönnt es ihr nicht, nicht einmal im Traum. Sie ist unvernünftig. Sie weiß es, und sie ist es trotzdem. Hans ist Hans, und das ist alles. Verstimmt verlässt sie den Spiegel, das Badezimmer, ohne eine Antwort bekommen zu haben.

Unvernünftig zu sein ist nicht Brigittes Art, durchs Leben zu gehen.

Und dann ist Michael gestorben, und sie hat sich auf den Weg gemacht, und jetzt ist sie in Dijon und findet kein Ziel mehr, das des roten Stiftes würdig wäre. Keine Stadt für Brigitte, als wäre Frankreich über Nacht zu klein geworden.

Vier Schritte bis zum Schrank.

Als wäre das zweidimensionale Frankreich über Nacht ebenfalls ertrunken. Ertrunken? Niemand ist ertrunken, wieso geht das nicht in ihren Kopf!

Brigitte holt den Koffer aus dem Schrank.

Und denkt an die erste Nacht in Straßburg, die erste Nacht auf ihrer jetzt schon langen Reise, als sie ihn nicht auspacken wollte, sich angezogen aufs Bett gelegt und gedacht hat, das wäre es jetzt, jetzt ginge das Leben richtig los, ihres und Michaels. Und dann hat sie ihn auf den Weg durch ihre Gedanken und ihre Glieder und Gefühle und Verweigerungen und Ablehnungen und Vorurteile und Ansichten geschickt – und ist nicht gestorben.

Michael.

Man stirbt nicht einfach so, da irren sich die Menschen. Hans irrt sich.

Sie macht den Schrank zu.

Sie braucht diesen alten, massigen Spiegel in einem goldenen, massigen Rahmen. Sie braucht ihn. *Le miroir*. Das Ebenbild. Das Gegenbild.

Also ist alles entschieden.

Christian kann nicht lesen. Er liegt im Bett und kann nicht lesen, Buchstaben spielen Verstecken vor seinen Augen, als würden sie ihn auslachen, Sätze ergeben keinen Sinn, und sie noch einmal zu lesen hilft nicht, Seiten lassen sich nicht umblättern. Ihm ist angst und bange. Ohne das Lesen, was ist er da schon? Er gibt nicht auf. Er versucht es immer wieder. Aber Worte sind auch nicht auf den Kopf gefallen! Sie kennen sich aus mit Spielchen aller Art. Sie tarnen sich, verlassen ihren Platz und tauchen an unpassenden Stellen wieder auf – und Christian möchte weinen. Denn so vieles hat er schon verloren, und auf so vieles muss er schon verzichten, und er weiß nicht, wie viel Kraft er noch hat und wie nahe der Punkt des Aufgebens lauert.

Er klappt das Buch zu. Vielleicht liegt es an dem Roman. Vielleicht ist das so einer, den er ja sowieso abbrechen würde, bald, vielleicht noch ein paar Seiten, und vielleicht würde er sagen, Unsinn, weg damit, meine Zeit ist zu kostbar, das sagt er immer, wenn ihn eine Geschichte oder der Stil oder die Erzählweise nicht überzeugt.

Kostbar.

Es geht immer um das Kostbarsein.

Er legt das Buch auf den Nachttisch. Er ist der Einzige in seiner Wohngemeinschaft, der einen Nachttisch hat. Und ein richtiges Bett. Er ist der Älteste, sonst alles nur Studenten, die es noch abenteuerlich finden, auf dem Boden zu schlafen, denen eine einfache Matratze als Garant für die ewige Jugend dient.

Nicht so Christian.

Christian ist geschieden. Er hat eine eigene Buchhandlung, verdient sein eigenes Geld und ist geschieden. Er hat zwar keine Kinder, aber das macht es nicht besser oder einfacher und ihn nicht jünger oder unempfindlicher.

Aber darüber will Christian nicht nachdenken. Tabus heißen nicht umsonst Tabus.

Dann fällt ihm der Ring ein. Er denkt immer noch, dass er nie etwas Schöneres gesehen hat. Er bildete sich ein, die Fürsorge des Schmiedes und die Liebe der Trägerin in ihm entdecken zu können. So viel Liebe. Aber vielleicht war es auch eine tragische Geschichte. So wie seine. Vielleicht ist seine erst durch den Ring und dessen tragische Geschichte tragisch geworden.

Unsinn.

Schluss.

Die Erinnerungen machen ihm Angst.

Und wieder nimmt er das Buch zur Hand und betrachtet das Cover. Es gefällt ihm, es hat ihm gleich gefallen. Er findet Cover wichtig. Er dreht das Buch um und liest zum wiederholten Mal, was sich der Lektor ausgedacht hat, um den möglichen Leser zu ködern. Es spricht ihn an, er würde das Buch wieder lesen wollen. Er schlägt es erneut auf und versucht, die Buchstaben zu fangen, sie zusammenzubringen, zusammenzuhalten, zu zähmen. Er schiebt es auf die eigene Verfassung und steht auf, das Buch lässt er auf dem Bett liegen. Er wird zurückkommen, er verspricht es ihm und kommt sich dabei nicht eigenartig oder seltsam oder verrückt vor.

Er spricht zu seinen Büchern, so wie sie zu ihm sprechen, es ist wie in jeder Beziehung, manchmal geht sie tief und dauert lange, manchmal ist es nach den ersten Sätzen schon klar, dass daraus nichts wird und dass es reine Zeitvergeudung ist. Speeddating, lächelt er. Man wird enttäuscht, man streitet, man ärgert sich, man lacht zusammen, man liebt, man weint, man feiert und fiebert mit, macht sich Gedanken und schimpft, wird sanft und gerührt und traurig, man ärgert sich und leidet mit.

Und man liebt. Man verliebt sich und man liebt und man ist glücklich, und daran ist nichts zu ändern, auf so eine Beziehung ist Verlass.

Es gibt aber auch diese anderen Beziehungen, wo man sich verliebt und liebt und ist glücklich und wo sich alles plötzlich ändern, entgleisen und entgleiten kann, und man steht dann nach sechs Jahren allein da, und nichts ist von dieser endlosen Liebe und diesem grenzenlosen Glück geblieben. Außer leeren Flaschen.

Oder so etwas in der Art.

Ja, die Bücher sind wie Beziehungen, manchmal ist die Liebe da, manchmal nicht.

Bücher sind lebendige Wesen, manchmal durchschaubar, manchmal kompliziert.

Bücher.

Bücher trinken nicht.

Christian steht am offenen Fenster und sieht den wunderschönen jungen Tag nicht, und wenn der Tag auch ein lebendiges Wesen wäre, wäre er jetzt beleidigt, denn niemand will verkannt werden. Christian täte das leid, wenn er es wüsste.

Christian merkt auch nicht, wie frisch alles nach dem Regen ist, wie alles in der frühen Sonne strahlt und funkelt, wie alles duftet. Die Welt ist wie neugeboren, und Christian sieht es nicht.

Er sieht eine zierliche Frau das Gebäude nebenan verlassen, sieht ihr langes dunkles Haar, und seine Kehle macht ein Geräusch, das ihm unbekannt ist. Genauso wie die Frau.

Er schließt die Augen, atmet.

Das Leben war nicht leicht für ihn in den letzten Monaten, Jahren sogar. »Ich bin ein Mörder«, hat er einmal zu seinem Bruder Claude gesagt, und Claude, der alleinstehende Besserwisser, hat es nicht verstanden, hat versucht, ihn abzulenken, Belanglosigkeiten erzählt, ihm auf die Schulter geklopft. »Ich habe die Liebe in mir töten müssen«, hat er seiner Schwester Martha gestanden, und Martha hat ihn umarmt und gesagt, er dürfe so etwas nicht sagen, geschweige denn tun, er sei noch jung und werde andere Frauen finden und lieben, und er solle sich vielleicht Hilfe suchen. Joceline, seine jüngere Schwester, wiederholte bei jeder Gelegenheit, er und sie-deren-Name-und-so-weiter, sie würden sicher wieder zueinanderfinden, eine Ehe sei heilig und kein Spiel.

Christian ist kein Spieler, natürlich nicht.

Seine Mutter denkt, er sei zu romantisch, alles nur wegen dieser Bücher, die hätten ihm den Kopf verdreht. Sein Vater ist Jocelines Meinung, sagt jedoch nichts. Aber jedes Mal, wenn Christian die Eltern besucht, sieht er den Blick des Vaters, der etwas hinter ihm zu suchen scheint, als würde er noch jemanden erwarten. Christian dreht sich dann schnell um, die Angst verlässt ihn nie. Die Angst ist der Beweis seiner Schwäche. Seiner Hoffnung womöglich.

Sie-deren-Name-und-so-weiter ist weg, und das ist gut so. Und doch. Er weiß nicht. Wenn sie wiederkäme …

Nein.

Christian steht am offenen Fenster, Sonnenstrahlen umgarnen sein Gesicht, und er wünscht sich die lauwarmen Regentropfen der vergangenen Nacht zurück.

Brigitte hat schließlich doch gepackt, den Koffer neben der Tür abgestellt und verlässt entschlossen das Hotel, nach der Rechnung hat sie nicht gefragt. Sie zählt die Schritte, sie findet es nicht kindisch, ganz im Gegenteil. Und dass jedes Mal eine andere Zahl herauskommt, findet sie bemerkenswert. Was sagt das über ihre Schritte, ihren Gang? Über sie selbst? Trotz dieses Kuriosums hält Brigitte sich für zuverlässig und glaubt weiterhin nicht an Veränderungen.

Das »Geschlossen«-Schild begrüßt sie. *Fermé.* Sie sagt es laut, zweimal: einmal verwundert, einmal spöttisch. Bis zehn Uhr ist es noch eine halbe Stunde. Sie setzt sich auf die Treppe, steht aber gleich wieder auf, noch bevor sie den Rock glätten kann – denn die Treppe ist nass. Brigitte sieht sich um, es hat geregnet. Alles scheint grüner zu sein. Es hat geregnet, und sie hat es nicht bemerkt. Geschlafen hat sie, geschlafen und Michael vergessen. In einem Augenblick der Unachtsamkeit hat sie ihn vergessen, ihn allein im Regen stehen lassen. Und von einem unbekannten Mann geträumt.

Es kommt Brigitte so vor, als würde das alles verändern.

Sie zählt die Schritte bis zur Ecke, dann bis zur Bank. Dann bis zur Brasserie an der Kreuzung. Hundertachtundachtzig. Es waren ein paar lange dabei. Sei's drum.

Sie bestellt einen Kaffee. Hunger hat sie nicht. Sie trinkt ihn im Stehen, schaut aus dem Fenster. Wenn sie ganz links an der Theke bleibt, wird sie ihn schon kommen sehen. Brigitte will, dass Christian ihr hilft, die nächste Stadt auszusuchen. Sie hört Hans lachen. Seit wann brauchst du Hilfe, wenn es um Entscheidungen geht?, das hört sie ihn fragen zwischen zwei gezwungenen Lachern. Sie beachtet ihn nicht, gibt aber zu, dass er sie allmählich nervt. Sie hat ihn doch hinter sich gelassen, er soll das akzeptieren und sein Leben weiterleben und sie vergessen und in Ruhe lassen. Auch in ihrem Kopf. Sie hätte nie gedacht, dass Hans so gut im Herumgeistern ist.

In Nîmes beklagte eine junge Frau den Verlust eines Geistes, ein ganz lieber sei er gewesen, ihr bester Freund. Brigitte hatte es nicht gleich verstanden, das Wort war ihr neu, *revenant*, wie ein Name klang das für sie. Und dann stellte sich heraus, es war nicht der Geist einer der Frau vertrauten, verstorbenen Person, nein, sie kannte ihn nur als körperlose Erscheinung! Manchmal dachte Brigitte, alle seien verrückt. Abgesehen von ihr natürlich. *Mon fils est mort.* Das ist etwas anderes. Oder kann eine noch lebende Person durch ihre physische Abwesenheit ein *revenant* werden?

Sie hat zu schnell getrunken, sie wird noch einen Kaffee bestellen müssen. Oder so tun, als wäre sie noch nicht fertig, keiner sieht es, sie nimmt niemandem den Platz weg. Sie schlürft an der leeren Tasse und findet es so komisch und kindisch, dass sie grinsen muss. Dijon tut ihr gut, noch nie hat sie so viel in so kurzer Zeit gelächelt oder gar gelacht. Das liegt sicher an den zahlreichen Studenten. Alle so jung. So viel Zukunft an einem Ort. Ein Ort, wo der Tod fehl am Platz ist. Sie überlegt, was der entsprechende französische Ausdruck dafür sein könnte, findet keinen.

Da kommt er. Langsam, kramt gleichzeitig in seiner Schultertasche nach dem Schlüssel, dessen ist sich Brigitte sicher. Wie ein kleines Kind, so kommt er ihr vor. Und dennoch hat sie keine Muttergefühle für ihn, wie sollte sie auch? Sogar Michael war einfach ein Kind, ein Kind, das man ihres nannte, weil es bei ihr wohnte, zuerst in ihrem Bauch, dann in ihrem Haus. Nie in ihrem Zimmer. Das wollte weder sie noch Hans. Elternzimmer, Kinderzimmer, das sagt doch schon alles, oder?

Warum spürt sie dann aber einen leichten Schmerz in der Brust? Und nicht zum ersten Mal.

Christian hat kein Problem, sich seine Enttäuschung einzugestehen.

Den Schlüssel hat er endlich gefunden, die Tür geöffnet und das Schild umgedreht, die Jacke ausgezogen, und jetzt sitzt er schon hinter seinem Tisch und wartet.

Auf die Post, könnte er behaupten, es wäre aber gelogen, und er wüsste es. Auf die nächste Bücherlieferung. Auf einen Verlagsvertreter. Auf einen Anruf. Auf einen vollen Balken und die Zahl hundert vor dem Prozentsymbol. Auf die E-Mail, die eine E-Mail. Wenn das nur klappen würde, so lange hat er jetzt darauf hingearbeitet!

Die Tür geht auf, und er lächelt in sich hinein, ohne den Kopf zu bewegen, ohne nachzusehen, wer da hereingekommen ist – so sicher ist er sich seiner Sache.

»Christian Rolland!«

Er springt beinahe vom Stuhl. Als wäre er wieder in der Schule und wieder einmal unvorbereitet.

»Mutter.«

Sie hat er nicht erwartet, aber überrascht ist er nicht.

»Christian. Was ist mit dir los?«

Seine Mutter ist aufgebracht, aber auf eine ruhige Art und Weise, das kennt Christian gut.

»Versteckst du dich vor mir?«

»Mutter …«

»Den ganzen Tag hast du dich gestern nicht gemeldet, das ist nicht normal.«

Christian kann nicht aufhören, sich zu wundern. Über diese Frau, sich selbst. Über Selbstverständlichkeiten, die keine sind. Angebliche

Freiheiten, die es nicht gibt. Diese Familie, die seine ist … und dennoch.

»Du hast gewusst, dass wir alle auf deinen Bericht warten. Ich habe gewartet.«

»Bericht? Was für ein Bericht?« Christian kann nur an Brigitte denken, ist sich aber sicher, dass seine Mutter es nicht tut. Seine Verwirrung ist nicht vorgetäuscht.

»Nach allem, was wir mit dir durchgemacht haben, was ich durchgemacht habe. Nach allem Leid und Schmerz und allen Tränen und Gesprächen und schlaflosen Nächten. Und du weißt, ich habe sie nicht immer gemocht, aber immerhin, sie war deine Frau, und eine Ehe ist eine Ehe, aber wenn es nicht geht, dann geht es nicht, und du sollst sie endlich vergessen und weiterleben.« Ihre Stimme wird immer dünner und belegter.

Und Christian kann nicht nicht daran denken, wie viel Mühe er sich gegeben hat, damals, in seiner Beziehung, während seiner Ehe, vor der Scheidung und danach, seine Familie da herauszuhalten, um sich und ihr-deren-Name-und-so-weiter die Chance zu geben, eine selbstständige Familie zu werden, eine unabhängige Einheit, Zweiheit. Um von dieser Familie, dessen drittältestes Kind und jüngster Sohn er ist, Abstand zu nehmen, um von ihr nicht überrollt, verschluckt zu werden.

Sehr erfolgreich war er darin offensichtlich nicht.

Oft denkt er, auch wenn alle es verwundert abstreiten, dass sich bei den Rollands oder den Bonnaires irgendwann ein oder zwei Tropfen süditalienischen Blutes eingemischt haben müssen.

»Du hast gewusst, dass wir warten. Dass ich warte. Und hast dich nicht gemeldet.«

Und plötzlich weiß Christian, wovon sie spricht, und muss sich beherrschen, um nicht loszulachen. Das Affentheater, sie meint diese Versammlung trauriger, tragischer Gestalten, die nur das eine kennen – das eigene gebrochene Herz. Allein der Gedanke, jenen Namen vor diesen

Menschen aussprechen zu müssen, lediglich ihren Namen. Das Lachen vergeht ihm. Er denkt an die Plastikteller und Plastikbecher auf dem Plastiktisch in der Ecke. Und an Brigittes Gesicht, das ihn gerettet hat.

»Ich habe zu Mittag für dich gekocht. Und zu Abend. Alles umsonst. Ich musste alles wegwerfen. So viel Undankbarkeit tut weh, mein Sohn.«

Christian schaut aus dem Fenster, hofft auf einen Kunden, eine Rettung, will nicht dabei zusehen, wie seine Mutter von einem Fuß auf den anderen tritt, wie sie sich den Schweiß von der Stirn wischt, wie ihre Hände dabei zittern, wie ihre Augen immer röter, kleiner und feuchter werden. Das erträgt er nicht, er ist zu alt dafür. Sie ist zu alt dafür.

»Das habe ich nicht verdient, nach allem, was ich für dich in all den Jahren deiner Ehe getan habe, und nie habe ich mich beschwert oder eingemischt oder …«

Und während Christian ihr einen warnenden Blick zuwerfen will, den Kopf schon zu ihr wendet – bemerkt er sie, die eigentlich schon weg, verreist sein wollte: Brigitte steht vor seiner Buchhandlung und sieht ein wenig verloren aus in ihrer weißen Bluse und ihrem braunen Rock, sehr adrett, aber verloren. Und er ist plötzlich glücklich und hat keine Lust mehr, sich mit seiner Mutter anzulegen und zu streiten, er will nur noch, dass sie geht, und dafür ist er bereit, ihr alles zu versprechen, was sie will. Unverbindlich natürlich, aber das muss sie nicht wissen.

Er macht einen Schritt auf sie zu, einen langen Schritt, und schon ist er ganz dicht bei ihr, und sie muss den Kopf ganz nach hinten neigen, um ihm in die Augen sehen zu können. Er lächelt sie an, umarmt sie ganz fest, hebt sie sogar ein wenig vom Boden, sodass sie einen leisen Schrei ausstößt.

»Das ist doch nicht normal«, sagt sie leise, atemlos, so fest hält er sie.

»Ich verspreche, mich zu bessern, Mutter«, flüstert er ihr ins Ohr, küsst ihre Stirn. Und jetzt fließen ihre Tränen frei und unaufhaltsam, und sie ist zufrieden, vielleicht sogar glücklich, das sieht er daran, wie ihre Nase zittert, wie sie rot wird und zittert. »Aber jetzt musst du gehen, ich muss arbeiten.«

Sie steht wieder auf dem Boden und sieht sich um, als wollte sie sagen, da ist doch niemand. Also gibt er ihr noch einen Kuss und macht die Tür auf, sagt: »Mir geht es gut«, aber sie lässt sich nicht bewegen, ihre Füße scheinen mit dem Parkettboden verwachsen.

»Zuerst versprichst du mir, dass du heute zum Mittagessen kommst.«

Sie ist auch nicht von gestern, und Christian muss trotz allem lächeln.

»Heute nicht. Aber morgen. In Ordnung?«

Und schon schiebt er sie weiter, sie ist schon auf der ersten Stufe.

»Versprochen?«

»Versprochen.«

Sie murmelt etwas Unverständliches, doch Christian ahnt, was es ist – was soll sie sonst sagen, seine Mutter, als das, was sie immer sagt, wenn ihr etwas nicht passt oder wenn sie etwas nicht versteht.

Dann geht sie endlich, klein und rund und entschlossen, und sein Blick folgt ihr, bis sie hinter dem Museum verschwindet.

Erst dann wendet er sich Brigitte zu, die immer noch wie eine strenge Pflanze, ein Kaktus vielleicht, ein paar Schritte von ihm entfernt steht und ihn ausdruckslos anstarrt.

Brigitte traut ihren Augen nicht. Dieses ausgestellte Innenleben, dessen Zeuge sie unfreiwillig wird, ist ihr nicht nur fremd und unnatürlich, sie findet es sogar abstoßend. Diese Emotionalität, so stellt sie sich das Theater vor. Niemand aus ihrem Bekanntenkreis benimmt sich in dieser Weise oder hat etwas für einen derartigen Gefühlsüberschwang übrig.

Außer natürlich Michael. Ihr Sohn Michael. *Mon fils* … In der Vergangenheit.

Und sie denkt an den Tag, als sie von ihrer Schwangerschaft erfahren hat, und an ihren Gang zum See. Zweihundertvierundfünfzig Schritte.

Zum ersten Mal hat sie damals auf ihre Schuhe gestarrt, blind ihre Füße bewegt und gezählt. Und als sie am See angekommen ist.

Vergangen.

»Brigitte! Sie sind noch da.«

Christian grinst sie breit an.

»Was für eine filmreife Verabschiedung. Eine besonders liebe Kundin?«

Aber ihr Blick lächelt nicht. Erinnerungen sind eine prekäre Sache, die vermieden werden sollten. Hans und sie, sie haben nie in der Vergangenheit gelebt, nie. Für solche Sentimentalitäten fehlte ihnen beiden das Verständnis. Deswegen, aber nicht nur deswegen, hat sie immer gedacht, sie wären ein perfektes Paar. Wobei »perfekt« nichts mit Liebe oder anderen Gefühlen zu tun hatte. Aber dann musste ja Hans weinen und alles kaputtmachen. Das Vertrauen war weg, einfach so, mit den ersten Tränen, ersten Schwächen und ersten Vorwürfen. Sofort hat sie verstanden, dass sie sich nicht mehr auf ihn verlassen konnte. Dann musste sie eben die Vernünftige sein. Das habe doch mit Vernunft nichts zu tun, hat er geschrien. Der Abschied ist ihr nicht schwergefallen.

Vergangen, alles vergangen.

»Vielleicht, wer weiß«, sagt Christian geheimnisvoll.

Er ist erfreut, das nimmt sie wahr, er freut sich, sie zu sehen. Und er scheint auch erleichtert zu sein. Worüber, das weiß Brigitte nicht, ihr ist das zu viel, sie kann das alles weder aufnehmen noch begreifen. Und gleichzeitig mit der Vergangenheit konfrontiert werden. Nein. Irgendwo muss man dann doch Grenzen setzen.

So, wie er vor ihr stehen bleibt, denkt sie, er wird wieder ihre Schulter berühren. So, wie er vor ihr stehen bleibt, gibt es nur zwei Möglichkeiten: Entweder wird er sie küssen oder zum Tanzen auffordern. Und da muss sie dann doch lachen. Und sie fragt sich, ob Hans sie erkennen würde, sich in ihren – neuen? – Gedankengängen zurechtfinden würde.

Ob ein Rock, eine Bluse ein Leben konservieren, balsamieren, einfrieren können.

»Ich bin so froh, dass Sie noch nicht weitergefahren sind. Ich habe nicht einmal Ihre Handynummer!«

»Ich habe keins.«

»Wie? Verstehe ich nicht.«

»Ich habe kein Handy.«

Christian wundert sich, wie kleine Kinder es tun, mit dem ganzen Gesicht und mit dem ganzen Körper. Wie Michaels Freunde aus dem Kindergarten. So viel Erinnerung darf sein. Jetzt. Nachdem er tot ist. Ihr Sohn ist tot. *Mon fils*. Vielleicht heißt sich erinnern können, dürfen, mutig sein. Vielleicht ist sie tatsächlich mutig, mutiger als Hans. Vielleicht ist es mutig, sich zu erinnern – und dabei nicht zu weinen, einen kühlen Kopf zu bewahren. Vielleicht.

»Aber wie machen Sie das denn ohne Handy? Das geht ja gar nicht.«

»Ach, wissen Sie, alle Hotels haben Telefone. Auch alle anderen Einrichtungen …«

»Aber Menschen, einzelne Menschen? Wie erreichen Sie die?«

Sie zuckt mit den Schultern.

»Wirklich? Ist da niemand, absolut niemand?«

Christian entfernt sich einige Schritte von ihr, als hätte sich seine Verwunderung in Befremdung, ja Bestürzung verwandelt.

»Und wenn Ihnen unterwegs etwas passiert?«

»Ich habe einen Hilfe-Knopf im Auto.«

»Und die Antwort auf jede Frage auf der Zunge.«

Sie sehen sich eine Weile an. Brigitte hat nicht das Gefühl, ihm etwas mitteilen zu wollen. Sie sieht ihn einfach an, er ist ihrem Auge angenehm. Das ist alles. Die Erinnerung an den Traum blitzt auf, und schon ist sie weg – und er auch.

»Danke, dass Sie sich verabschieden wollen.«

»Eigentlich habe ich gedacht …«

»Was?«

»Ich habe gedacht, wir könnten wieder zusammen Kuchen essen gehen.«

Er sieht sich um.

»Ich habe meinen Laden erst aufgemacht …«

Beide schauen den Laden an. Die Tür steht noch offen.

»Noch nicht einmal die Post ist bis jetzt gekommen.«

Ein Mann bleibt vor dem Schaufenster stehen, betrachtet die ausgestellten Titel.

»Ich erwarte Büchersendungen.«

Der Mann und Christians Bücherauslage, sonst nichts.

»Rechnungen muss ich auch noch schreiben.«

»Ich verstehe.«

Der Mann betritt die Buchhandlung, und Christian sieht Brigitte unentschlossen, ja leicht verzweifelt an – so kommt es ihr vor, ihr, die nie Blicke deuten kann, will. Also könnte es sein, dass sie sich das lediglich wünscht, so einen Blick.

»Gehen Sie nur, gehen Sie«, sagt sie und macht eine Bewegung, als würde sie ihn von sich wegschieben wollen, vertreiben, ihn loswerden.

Er rennt in den Laden, ungeschickt, denn er will sie nicht aus den Augen lassen. Sie folgt ihm gemächlich, findet wieder ihren Platz in der Kinderecke. Bilderbücher liegen auf dem niedrigen Tisch. Es geht ihr gut. Man hört keine Musik.

Christian verkauft dem Mann drei historische Romane und zwei dazu passende CDs, Filmmusik, Ennio & Co., aber er ist nicht bei der Sache. Er ist freundlich und lächelt, und keiner würde merken, dass er nur halbherzig dabei ist. Aber er selbst weiß es.

Als der Mann sich bedankt und den Laden verlässt, versteckt Christian sich hinter dem Bildschirm, öffnet die Mails, liest sie aber nicht: In seinem Kopf geht es zu wie in dem Buch von heute früh, Chaos und

Sinnlosigkeit haben das Ruder übernommen. Er weiß nicht, was er tun soll, und er hat gelernt, dass in solchen Situationen Abwarten die beste Lösung ist.

Also die E-Mails: Die heißersehnte ist nicht dabei. Macht nichts, weiterwarten, das kann er. Das kann er umso besser, da er keine Wahl hat.

Am Kindertisch werden Seiten umgeblättert, langsam, als würden sie gelesen. Aber viel Text steht da nicht.

Dann kommen zwei Damen herein, suchen Urlaubslektüre, sie verreisen nach Griechenland, nur Taschenbücher bitte, sagt die Ältere, für mich nur Krimis bitte, sagt die Jüngere, und Christian lässt sich viel Zeit, bitte schön, und gibt sich viel Mühe, danke schön – am Ende verlassen zwei Frauen, acht Bücher und drei CDs die Buchhandlung, und er muss jetzt etwas sagen, auch wenn niemand ihn etwas fragt oder unruhig aussieht.

»Eine kleine Pause könnte ich jetzt machen. Wenn Sie noch wollen. Kuchen essen, meine ich.«

Brigitte legt das Buch ab, als hätte sie die ganze Zeit der Welt und nichts vor. Sie lässt das dicke Bilderbuch sogar offen, als wollte sie es nachher weiterlesen. Der Gedanke gefällt Christian, er nimmt die Schlüssel und sein Portemonnaie, und schon ist er startklar.

Bis zur Konditorei im Park schweigen sie. Sie setzen sich draußen in die Sonne, die meisten Tische sind frei. Sie bestellt einen Kaffee, und er einen Tee und zwei Stück Kuchen, sie schmunzelt ein wenig, und er hat nichts dagegen. Der Kellner bedankt sich, sie schweigen weiter. Die Getränke kommen zuerst.

»Und was jetzt?«, fragt Christian und ärgert sich gleich über sich selbst, denn das ist eine sinnlose Frage, so allumfassend und nichts betreffend, dass sie sicher nicht antworten wird. Wie könnte sie auch!

»Ich habe gedacht …«

Sie glättet den Rock, diesmal sogar viermal, das macht ihm Sorge, das kann er nicht deuten.

»Was haben Sie gedacht?«

»Ich habe gedacht, wir könnten ein Handy kaufen gehen.« Das Glätten wird zum Streicheln, Christian ist wie hypnotisiert. »Für mich.« Zuerst der Rock, dann die Bluse. »Was meinen Sie? Ginge das? Hätten Sie Zeit?« Sie sieht ihn nicht an. »Ich habe keine Ahnung von diesen Sachen.«

Christian nimmt eine Gabel voll Kuchen, das Stück ist unanständig groß, er kann nicht reden, so doch nicht.

Die Zeit, wie ein Vogel.

»Das ist eine gute Idee«, kann er endlich sagen, endlich kann er auch lächeln, und endlich kann auch sie ihn ansehen und nicken. Sie nickt, und das ist alles. Es ist abgemacht, ein Handy wird besorgt, gekauft, ein Handy für Brigitte. Und Christian freut sich schon darauf, sie anrufen zu können, ihre Stimme von weit, weit weg hören zu dürfen. Ihre Geradlinigkeit. Ihren Akzent. Ihre Hintergedankenlosigkeit. »Das machen wir.«

Brigitte kauft das neueste, das teuerste Handy im Laden. Sie unterschreibt auch einen Vertrag. Sie bekommt eine Nummer, und Christian trägt sie gleich in sein Telefonbuch ein, er ruft sie an, und jetzt hat sie auch seine, nur noch speichern, so, alles erledigt. Das ist die einzige Nummer in ihren Kontakten. Sie ist nicht sehr kontaktfreudig, also genügt eine Nummer. Christians.

Die ganze Aktion hat lange gedauert, viel länger als sie sich das vorgestellt hat. Aber sie hat ja auch gleich gesagt, dass sie keine Ahnung von diesen Sachen hat

Es sei ein Spielzeug, eigentlich, meint Christian und lächelt breit. Brigitte schaut ihm in die Augen, sie sind dunkel, verschleiert. Sie denkt an Hans' Bemühungen, sie dazu zu überreden, so ein Handy zu kaufen, seit Jahren hat er ihr keine Ruhe gelassen, immer wieder ist er mit den neuen Angeboten nach Hause gekommen, zweimal sogar mit den neuesten Smartphones, sie hat sie nicht einmal ausgepackt. Das sei nichts für sie, hat sie gesagt. »Du könntest dann mit Michael telefonieren, wann immer du willst«, hat Hans es beim letzten Mal versucht. »Als würde er mit mir reden wollen.« Und damit war alles gesagt, und die Sache wurde nicht mehr erwähnt.

Und jetzt ist Michael tot – und sie so weit. Jetzt wäre sie bereit, von ihm ignoriert werden. Ausgiebig. Aber das war sie ja sowieso. Etwas fängt an zu schreien in ihren Ohren, es ist tatsächlich ein Etwas, Brigitte weiß es, es ist nicht einfach so dahingedacht. Brigitte kennt ihre Worte, sie missbraucht sie nicht.

»Die Kamera ist einfach Wahnsinn«, schwärmt Christian, und Brigitte wird hellhörig.

»Wahnsinn« ist ein Wort, das ihr nicht gut bekommt, das zu nahe bei den Erinnerungen lauert. Das Wort »Wahnsinn« zu hören ist wie einen Alarmknopf zu drücken. Das Wort »Wahnsinn« zu sagen ist ein Verbrechen an ihrem Muttersein.

»Wir können uns über WhatsApp Bilder schicken, Sie vor allem, von all den Städten, die Sie noch bereisen werden. Von den verrückten Selbsthilfegruppen, die Sie …« Christian ist sehr mit ihrem Handy beschäftigt, er lächelt konzentriert. »So, das hätten wir.« Er neigt sich zu ihr und streckt den Arm mit dem Handy aus. »Lächeln«, sagt er, sie lächelt nicht, weiß nicht, was vor sich geht. Er berührt eine kreisförmige Taste mit einer Kamera in der Mitte. »Ihr erstes Selfie«, stellt er feierlich fest und zeigt ihr das Bild. Sie erkennt sich kaum. »Das schicken Sie jetzt an mich, so, und dann habe ich das Bild auch und kann Sie nicht vergessen.« Er unterbricht sich, überlegt. »Wenn Sie weg sind.«

Die ganze Zeit sagt sie nichts und lässt alles geschehen, und alles ist ihr recht, und eins weiß sie: Wegfahren wird sie heute nicht, und weitere Selfies wird es auch nicht geben. Wer hat eigentlich Michaels Handy? Wo ist es geblieben? Sie kann sich nicht daran erinnern, eines unter seinen Sachen gesehen zu haben. Wie hieß noch der junge Mann, der ihr

Michaels Tasche zugeschickt hat? Siegfried? Severin? Etwas Ungewöhnliches war es. Sehen wollte sie ihn auf jeden Fall nicht, nein. Aus so vielen Gründen, dass sie nicht einmal anfangen möchte, sie aufzuzählen. Samuel? Sebastian?

Christian holt sein Handy aus der Tasche und zeigt ihr das Bild, das vorher noch auf ihrem Handy war, das mit ihrer Kamera gemacht wurde. »*Voilà*, meine gute Freundin Brigitte.« Er sieht sie selbstzufrieden an, spitzbübisch sogar.

Kannte sie seinen Namen überhaupt? Bestimmt. Er muss sich vorgestellt haben. Sie wollte nicht mit ihm reden, nichts von ihm hören. Sie hat Hans zu ihm geschickt. Und dann ist sie weggefahren. Silvio?

Sie stehen vor der Buchhandlung.

Der junge Mann behauptete, er sei Michaels Verlobter. Schon wieder könnte Brigitte lachen, dieser Gedanke heitert sie wahrhaftig auf. Aber nicht genug, damals, um ihn zu treffen. Sie hat Hans zu ihm geschickt. Und dann ist sie weggefahren. Stanislaus? Sie wird noch albern, wenn sie nicht aufhört.

»Jetzt muss ich aber wirklich weiterarbeiten, sonst werde ich tatsächlich eine reiche Frau heiraten müssen«, scherzt er, sein Blick irrt herum.

»Ich bin reich.«

Sie hört es, sie hat sich sprechen hören, glaubt es aber nicht, glaubt nicht, zu solch einem Satz fähig zu sein.

Im Nu ist der Rock wieder glatt.

Sie entscheidet sich fürs Leugnen.

Sie muss schnell etwas anderes sagen, bevor sich der Satz einen unantastbaren Ehrenplatz zwischen ihnen erobert.

»Ich habe irgendwo gelesen, gute Bücher verkaufen sich von selbst«, sagt Brigitte mit zweierlei Hintergedanken.

Christian lacht laut, schüttelt den Kopf.

Der Satz ist rückgängig gemacht. Ausradiert. Gut so.

Das will sie unbedingt glauben.

Brigitte überlegt, was sie als Nächstes sagen soll.

»Vielleicht sollte ich mir von Ihnen ein Buch empfehlen lassen.«

Plötzlich ist er ganz ernst.

»Werden Sie es dann auch tatsächlich lesen?«

Was für sie lediglich eine Taktik ist, ist für ihn das Leben.

Und schon überlegt er fieberhaft. Schon eilt er in Gedanken durch seine Regale, wägt ab, ist unzufrieden, sucht weiter, blättert in einigen Büchern, stellt sie wieder ab – keine leichte Aufgabe.

»Wie viel Zeit haben Sie noch? Wann wollen Sie los?«

»Ich weiß nicht. Ich habe Zeit.«

»Dann lassen Sie mich überlegen, ich werde etwas Wunderbares für Sie finden, das erste Buch, das ist wichtig, das kann entscheidend sein, eine große Verantwortung ist das …«

Er schließt die Tür auf, dreht das Schild um. Sie folgt ihm. Sie folgt ihm, und er weiß nicht, was er davon halten soll. Sie marschiert direkt zur Leseecke, als wäre es ihr Stammplatz. Wann wird ein Platz zum Stammplatz, das wüsste er wirklich gern. Ist es eine Frage der Häufigkeit oder der Dauer? Er geht hinter seinen Tisch, macht den Computer an. Und die ganze Zeit überlegt er und blättert seine Bücher im Kopf durch. So viele Titel, so viele Geschichten. Er kennt sie nicht gut genug. Er kennt sie gar nicht. Lediglich ihren Rock, ihre Hände an ihrem Rock. Er sieht ihr ernstes Gesicht, er hat sie lachen hören, aber das ist nicht ihr natürliches Gemüt. Sie trinkt gern Kaffee, aber ob eine oder zehn Tassen am Tag, das weiß er nicht. Wie dick darf das erste Buch sein? Aus Erfahrung würde er sagen, je jünger der Leser, desto dicker kann es sein. Hat wahrscheinlich etwas mit der Zeit zu tun, mit dem Gefühl, noch viel oder später dann wenig davon zu haben. Und die familiäre Situation spielt auch eine Rolle, und zwar nicht nur, was die verfügbare Lesezeit angeht. Die Lebenserfahrungen. Überzeugungen. Ablehnungen. Christian hat Kunden, die keine Gewalt ertragen, ertragen wollen. Genauso wenig wie Angst oder Grausamkeiten.

Und dann ist da auch noch Brigittes Verlust, von dem er ebenfalls nichts weiß, was aber sicher hilfreich wäre. Braucht sie etwas für ihre unsichtbaren Wunden oder eher nicht?

Seine Gedanken kommen ins Schwitzen.

Plötzlich glaubt er zu wissen, Kinderbücher, vor allem Bilderbücher wären ein guter Anfang für sie. Aber darf er ihr das sagen? Er will sie nicht beleidigen. Würde sie so etwas verletzen? Er kennt sie nicht, und sie kennt seine Überzeugung nicht, dass Bilderbücher nicht nur für Kinder gut sind. Sie sind ein Schokosoufflé für die Seele, eine Mousse au Chocolat.

Die Sonne gestattet der Erde, sich weiter um sie zu drehen. Schatten tänzeln auf Christians Gesicht.

»Was lesen Sie denn da?«

Sie hebt den Kopf nicht.

»Eine Bärengeschichte.«

»Und?«

»Sie gefällt mir. Nicht zu süß.«

Christian wird hoffnungsvoll.

»Und die Illustrationen? Wie finden Sie die?«

Er macht ein paar Schritte in ihre Richtung. Die Hände versteckt er hinter dem Rücken, als hätte er eine Überraschung für sie.

»Eckig. Sogar der Spiegel ist eckig.«

»Ist das gut?«

»Das ist besser als rund.«

Christian lacht auf. Diese Frau! Alles klar und eindeutig und schon im Voraus bestimmt, aber nicht vom Schicksal, nicht von Gott. Geradeaus und ohne Seitenblicke. Seitensprünge. Ihre Augen, so ernst. Als hätten sie schon alle Entscheidungen getroffen. Und dennoch durfte er ihr ein Handy aussuchen. Natürlich nur, weil sie ihn für die Aufgabe erkoren hat. Ob das Leben so Spaß macht? Und ob es überhaupt auf den Spaß im Leben ankommt?

Gedanken wie Uhrenräder.

»Machen die Bilderbücher Ihnen Spaß?«

»Sollten sie?« Jetzt hebt sie den Kopf, blickt ihm direkt in die Augen. »Geht es beim Lesen um Spaß?«

»Immer.«

»Aber Sie sind sich nicht ganz sicher?«

Je länger sie ihn ansieht, desto unsicherer wird er tatsächlich. Aber etwas sagen muss er auf jeden Fall.

»Freude ist wichtig.«

»Auch lebenswichtig?«

Ihr Blick ist tief, er verschleiert nichts.

Christian räuspert sich, ungern tut er das, er empfindet dieses Geräusch als entblößend: Als würde man den anderen ein Fenster in die eigene Befindlichkeit aufmachen. Es hat Zeiten gegeben.

»Das sind große Worte.«

Sie streicht sich eifrig über den Rock, unterbricht den Blickkontakt, und er vermisst sie schon, ihre Augen auf sich.

Lange sagen sie nichts.

Christian fühlt sich von ihr verstanden, plötzlich kommt ihm dieses Gefühl; er fühlt sich verstanden auf eine stille Art und Weise, selbstlos und zurückhaltend – so ganz anders, als seine Familie es tut. Und im gleichen Augenblick weiß er, dass er genau das braucht.

»Und was ist jetzt mit meinem Buch?«

Solche Blicke. Das kennt Brigitte nicht und ist verwirrt. Sie ist vielleicht mit seinen Büchern nicht vertraut – aber sie ist eine Meisterin der alten Musicals. Das ist die einzige Schwäche, die sie sich zugesteht und die sie je einem anderen Menschen gezeigt hat. Hans konnte damit nichts anfangen, weder mit den Filmen noch mit der Musik noch mit der

Schwäche. Aber dann ist Michael gekommen, und sie saßen zu zweit vor dem Fernseher und schwiegen sich aus. Manchmal hat er seine kleine verschwitzte Hand auf ihre gelegt und sie damit durcheinandergebracht, sodass sie so getan hat, als wäre nichts. Als er dann zehn wurde, fing er an, das Wort »Wahnsinn« zu rufen, zu allem und jedem. Als er zehn wurde, verließ er sie, wurde plötzlich wütend und voller Vorwürfe und manchmal auch Hass – und verließ sie. Seitdem machen ihr die Filme nicht mehr so viel Spaß, aber sie kennt sie ja sowieso in- und auswendig. Man gewöhnt sich schnell an alles. Brigitte starrt auf das offene Bilderbuch vor sich. Der Mensch ist ein Tier. Ein eckiges Tier, das gefällt ihr. Geschmeidig rund ist ihr suspekt. Ein Tier und ein Spiegel. Sie kann nicht nachvollziehen, warum ein Tier einen Spiegel brauchen sollte. *Le miroir*. Ein Abbild. Und wenn es verloren geht?

Die Messe hat heute bis halb acht geöffnet.

Brigitte würde gern in der schwarz-weißen Welt eines Schwarz-Weiß-Filmes leben.

Ob jetzt die Zeit gekommen ist, aufzustehen und zu gehen? Wie lange ist sie schon hier?

Sie hofft, er hat kein Buch für sie gefunden. Jetzt noch nicht. Sie muss nachdenken, sie braucht Zeit. Sie hat noch nie Zeit gebraucht. Man macht es, Punkt, aus. Das ist ihr Motto. So ein Motto macht Zeit überflüssig.

»Also, was ist jetzt mit meinem Buch?« Das muss sie fragen, sonst ist ihre Anwesenheit hier unentschuldbar.

»Das ist nicht so einfach, ich fühle mich geehrt und trage große Verantwortung.«

Sie sieht ihn verständnislos an.

»Was soll das heißen? Es ist nur ein Buch.«

Sie merkt sofort, dass sie etwas Falsches gesagt hat. Für einen Buchhändler ist wahrscheinlich kein Buch nur ein Buch. Sie überlegt, ob es für sie irgendetwas gibt, das sie ohne »nur« denken würde.

»Wenn das Ihre Meinung ist, dann kann ich Ihnen nicht helfen.« Er entfernt sich von ihr, nimmt wieder seinen Platz hinter dem Tisch ein.

Sie steht auf, schnell, glättet den Rock, so viel Zeit muss sein. Sie geht auf ihn zu, bleibt aber auf ihrer Seite des Tisches.

»Sie wissen, was ich meine.«

»Weiß ich das?«

»Ja. So viele Bücher. Es muss doch eines davon für mich richtig sein.« Sie ist ernst, sie versteht, dass das für ihn ein ernstes Anliegen ist. Sie versteht nicht, warum es so ist, aber das spielt keine Rolle. Manchmal geht es um andere Menschen. Das hat Michaels Tod sie gelehrt. Sebastian, ja, genau. Sebastian hieß der junge Mann, der mit Michael verlobt sein wollte. Alles so unwirklich.

Die Bluse wird noch glatter. Sie kämpft nicht dagegen an.

Er sieht sie immer noch nicht an, er starrt weiterhin auf den Bildschirm seines Computers. Es scheint eine wichtige Angelegenheit zu sein.

»Christian?« Sie bemüht sich um die richtige Aussprache.

Er nickt. Brigitte weiß nicht, was das bedeutet.

»Ein Buch?«

Jetzt hat sie seinen Blick, seine Augen sind klar. Aber ob schwarz oder dunkelbraun, das könnte sie nicht sagen.

»Nur ein Buch?«

Sie lächelt, wie sie ihren Sohn nie angelächelt hat, nicht einmal, als er klein war. So vieles öffnet sich ihr in diesen Tagen. Man kann auch ohne ein Kind zu haben Mutter sein. Eine bessere Mutter. Vielleicht. Sogar. Mutter werden, bleiben. Ein Handy kaufen. In einer Ecke sitzen und ein Kinderbuch lesen. Nur für sich, für das Kind in sich – das tote und das andere.

»Ein Buch. Ohne ›nur‹.«

Er lehnt sich zurück auf seinem Stuhl, verschränkt die Arme hinter dem Kopf.

»Das ist komplizierter, als man denken könnte. Sie müssen es lieben, sonst sind auch alle anderen Bücher für sie verdorben, gestorben.«

Er sieht sie an, schon sind ihre Hände in Bewegung.

»Das erste Buch ist das Wichtigste überhaupt. Davon hängt alles ab, Ihr ganzes weiteres Leben, Brigitte.«

»Mein ganzes weiteres Leben?« Sie ist so überrascht, dass der Rock unberührt bleibt; und sie wäre sogar amüsiert, wenn sie der Typ dafür wäre – und wenn seine Augen nicht so streng schauen würden. »Wirklich? Von einem Buch?«

Und wieder weiß sie sofort, dass sie etwas Falsches gesagt hat, wieder einmal. Und auch das ist neu. Oder sie hat es früher nicht gemerkt, es war ihr nicht wichtig, andere Menschen waren ihr nicht wichtig genug. Was ist hier los? Vielleicht sollte sie einfach gehen, der Koffer ist gepackt, sie kann auch ohne Ziel aufbrechen, es wird sich unterwegs schon etwas ergeben. Sie erschrickt über den eigenen Gedanken. Etwas ergeben? Ohne Ziel? Das geht doch nicht! Bis jetzt hat sie die Reise geplant, wenn auch nicht langfristig, wie üblich, wie all die Jahre davor. Überraschungen sind überschätzt, Spontaneität auch. Man muss sich nur das Leben ihres Sohnes anschauen. Vor allem seinen Tod. Fünfundzwanzig, und schon tot. *Mon fils*. Das passiert, wenn man sich den Büchern, dem Theater, dem Gefühl, dem Moment öffnet und sich davon leiten lässt. Tot mit fünfundzwanzig. Sie hat Leute sagen hören, das sei das Leben. Wenn sie dürfte, würde sie darüber lachen, nicht nur jetzt, immer schon wollte sie darüber lachen. Die Menschen sind ahnungslos. Und meistens auch noch dumm.

Aber nicht Christian. Nein, er nicht.

Plötzlich kommt es ihr so vor, als würde sie ihn verstehen, als würde sie ihn unter und mit seinen Büchern verstehen. Kein Licht geht ihr auf, es ist lediglich ein Gefühl. »Lediglich«, »nur« – sie hat nie gedacht, dass diese Worte, die kaum welche sind, so wichtig sein könnten.

»Sie werden es wohl nie verstehen, oder?« So eine tiefe Traurigkeit in seiner Stimme. Was kann sie dazu sagen, wie kann sie sie wegwischen? Brigitte weiß nicht, wie man tröstet. Ein Pflaster auf die Wunde am Knie kleben, das kann sie. Mehr ist nicht drin. War Michael deswegen so zornig, so unversöhnlich, so eindeutig fremd, entfremdet? Aber war er je nicht-fremd? Damals, am See, als sie von der Schwangerschaft erfahren hatte, als ihre Schritte so wichtig geworden waren, als sie zu zählen bedeutender geworden war als das Leben in ihrem Bauch. Damals hatte ihr Glaube entschieden, damals hatte es noch einen Gott gegeben, und er hatte sie daran gehindert, keine Mutter zu werden.

Oder es waren die Gänse.

Was also kann sie, ausgerechnet sie, bitte schön, dazu sagen, zu dieser Traurigkeit?

»Ich habe mir gedacht, ich miete hier eine Wohnung.«

Ja, so etwas kann man sagen, das geht doch immer. Oder?

Das Wort »Wahnsinn« schreit durch ihren Kopf.

Christian wäre gern jemand, der so tun könnte, als wäre nichts. Als wäre nichts gesagt, gemacht, gefühlt. Er würde gern unbemerkt das Thema wechseln können, mit einem Pokerface-Lächeln. Er hätte gern diese Selbstkontrolle und Selbstbeherrschung. Er würde gern nichtssagend in die Welt blicken können. Mit zwanzig hat er noch gedacht, es gäbe eine Chance, so ein Christian zu werden. Mit dreißig hat er sich vorgenommen, nicht mehr darüber nachzudenken und sich selbst so zu akzeptieren, wie er war – immerhin hatte er sie-deren-Name-und-so-weiter, die liebte ihn auch so. Dachte er. Jetzt hat er weder eine Frau noch ein Pokerface.

Aber eine Buchhandlung.

Und Brigitte ist auch noch da und will eine Wohnung mieten, und Christian denkt, er müsste verstehen, was das heißt, er tut es aber nicht.

»Was soll das bedeuten? Wozu eine Wohnung? Wollen Sie hierbleiben? Und warum Dijon, ausgerechnet Dijon? Wissen Sie, wie schwer es ist, in Dijon eine Wohnung zu bekommen? Das kann Monate dauern. Und. Und was soll das bedeuten?«

Jetzt ist er aufgestanden. Eine Aufregung packt ihn, er hat das Buch vergessen, das lebenswichtige Buch, er hat den Anruf vergessen, er hat die E-Mail vergessen, den noch nicht vollen Balken, die ganze Unsicherheit und die ganze Klarheit, was seine Zukunft angeht, sein großes Projekt; er geht auf Brigitte zu, bleibt aber plötzlich stehen, schreibt mit den Armen Fragezeichen in der Luft.

Der Rock wird geglättet, die Bluse auch, es muss etwas Ernstes sein.

»Das ist mir soeben eingefallen.«

»Soeben?«

»Ja.«

»Aber …«, fängt er an und spürt, wie eine Freude ihn erfüllt, eine Freude, die sich mit ein wenig Hilfe in Glück verwandeln kann. Es ist diese wachsende Freude, die ihn die Augen schließen, den Kopf zu Seite neigen lässt. Nichts versteht er, nichts kann er erklären, und es ist gut so. Das denkt er, während Brigitte ruhig vor ihm steht, nicht nahe, nein. Jeder Gedanke an Hintergedanken ist unzulässig. So wird auch Christian ruhig, freudig, aber ruhig. So kann er wieder sprechen. »Aber das ist wunderbar, einfach wunderbar!«

»Ja, wirklich?«

»Ja, wirklich.« Jetzt macht er tatsächlich weitere Schritte auf sie zu, steht vor ihr – mit seiner Freude, seiner Ahnungslosigkeit. »Oder, wie meine Mutter sagen würde: Das ist nicht normal, so wunderbar ist das.«

»Das ist so neu für mich.«

Christian kann nicht sagen, ob sie traurig oder verwirrt oder beunruhigt oder aber einfach Brigitte ist. Und deswegen sagt er: »Ich helfe Ihnen.«

Brigitte lacht laut und kurz, schrill hört sich das an, als wäre auch das etwas Neues für sie.

»Warum lachen Sie?«

»Noch nie in meinem Leben hat jemand gedacht, ich bräuchte Hilfe.« Und einmal, zweimal ist der glatte Rock noch glatter.

»Es gibt Hilfe und Hilfe.«

»Wie meinen Sie das?«

»Hilfe, weil jemand es braucht, und Hilfe, weil jemand helfen will.« Er wird rot. Er spürt die Wärme im Gesicht, wie kleine angezündete Streichhölzer fühlt es sich auf der Haut an. Er schaut zur Seite.

»Dann gehe ich jetzt.«

Keine Bewegung.

In dem Augenblick geht die Tür auf, die Glocke bimmelt, ein breites Gesicht, ein fast entschuldigendes »Guten Tag«.

Und bevor Christian etwas sagen, sie am Arm fassen, sie aufhalten kann, ist Brigitte weg.

Die Freude hat sie aber dagelassen.

5.

Brigitte stellt sich keine Fragen, denn sie weiß, dass sie keine Antworten hat.

Als sie vor dem Hotel steht, hundertvierundsechzig Schritte, ist ihr klar, dass sie nicht hineinwill. Sie geht einfach weiter. Ein Parkplatz, ein Spielplatz und nach vielen, vielen Schritten, die sie nicht zählt, so viele sind es, gelangt sie zu einer Klinik. Nicht viel Grün hier. Brigitte hat sich nie sonderlich für die Natur interessiert, sie hat sie immer unberührt gelassen. Michael durfte weder einen Hund noch eine Katze haben. Ob das auch einer der Gründe war? Sie erträgt diesen Gedanken, ohne von ihrem Weg abzukommen.

Sie läuft, als wüsste sie, wohin.

Ihr See zu Hause ist voller Gänse. Gänse sind laut, vor allem die, die sich am Ufer versammeln und konferieren. Langweilig die Männchen, langweilig die Weibchen. Vielleicht mag sie deswegen die Natur nicht. Als sie aber damals zum See ging, zum ersten Mal ihre Schritte gezählt und an das Unvorstellbare gedacht hat, waren es die Gänse, die sie abgelenkt, sie erschreckt, sie gerettet hatten. Die Michael gerettet hatten.

Gäbe es nur Gänse am Meer! Hätte es sie dort nur gegeben.

Ihre Schuhspitzen haben ein wenig Schmutz abbekommen. Sie holt ein Taschentuch heraus und wischt sie sauber. Radfahrer rasen an ihr vorbei. Sie geht weiter, und diesmal zählt sie doch die Schritte, sie zwingt sich dazu. Alles wie immer, das ist wichtig, diese Zuversicht zu haben, dass sie alles unter Kontrolle hat. Solange ihr ihre Schritte wichtiger sind als ihre Gedanken, von den Gefühlen ganz zu schweigen, so lange ist alles gut.

Der Schritt fünfhundertsiebenundachtzig, und ein Maklerbüro taucht vor ihr auf. »B&B«. Wenn das nicht ihr Makler ist, dann heißt sie nicht Brigitte. Christian würde darüber lachen, das hört sich gar nicht nach ihr an, so eine Redewendung. Was würde Michael sagen? Würde er denken, dass es für sie noch Hoffnung gibt? Für sie beide? Hätte er dann keinen Unfall gehabt? Wäre er dann nicht gespru…

Sie rennt die Treppe hoch, öffnet die Tür, tritt hastig ein, spricht die erste Person an, der sie begegnet – alles, um vor dem einen Gedanken wegzulaufen. Brigitte ist stark. »Du bist die stärkste Frau, die ich kenne«, hat Hans immer gesagt, und Brigitte hat nie genau gewusst, wie er das meint und ob ihm das gefällt oder nicht, aber das war auch nicht wichtig. Sie ist stark. Punkt.

Aber so stark ist keiner.

»Ich suche eine Wohnung.«

»Dann sind Sie bei uns richtig«, lächelt das Mädchen, und Brigitte will nicht, dass eine so junge Person, die noch nichts vom Leben weiß, für sie eine Wohnung sucht. Nicht jetzt. Nicht diese Wohnung. Diese Suche braucht viel Erfahrung.

»Ich will Ihren Chef sprechen.«

Das Mädchen sieht sie überrascht an, verwirrt ist sie, aber nicht beleidigt.

»Dann wäre das wohl Madame Bercier. Oder muss es ein Mann sein?«

Brigitte vermutet, dass das eine kleine Retourkutsche sein soll, ihr könnte es aber nicht gleichgültiger sein. Diese Person ist jünger als Michael. Morgen schon wird sie alles vergessen haben.

Oder von einer Brücke springen. Oder einen Unfall haben.

»Ist Madame Bercier eine von den Bs?«

Das Mädchen versteht nicht.

»B&B? Madame Bercier ist ein B?«

Das Mädchen denkt nach.

»Ach so, ob Madame Bercier eine von den beiden Bs im Firmennamen ist? Aber natürlich!« Das Mädchen ist süß wie Bitterschokolade. Brigitte fragt sich, ob es gleich Zahnschmerzen bekommt.

»Dann würde ich gerne Madame Bercier sprechen.«

»Leider ist sie momentan in einem Kundengespräch.«

»Das macht nichts, ich warte.«

»Ihren Namen bräuchte ich noch.«

»Weichmann. Brigitte Weichmann.«

Brigitte muss ihren Namen buchstabieren. Dann lässt sie das Mädchen stehen und betritt den hellen Raum, der offensichtlich ein Wartezimmer ist.

Eine lange Fensterfront über die gesamte Breite, dahinter ein gepflegter Garten. Hans war der Gärtner bei ihnen, er hat sich gern um den Rasen und die Büsche und Bäume gekümmert. Mit viel Hingabe. Warum sie von Hans im Präteritum denkt, das weiß sie nicht, aber es verstört sie augenblicklich. Ist er gestorben? Könnte es sein, dass ihr Mann gestorben ist und sie nichts davon weiß? Könnte das passiert sein? Wie hätte man sie erreichen können? Hans. Ist auch Hans tot? Hat auch er sie verlassen?

Und als sie etwas immer größer Werdendes, Klumpiges, Zähes, Monströses, Überwältigendes den Brustkorb hochklettern spürt, schon hat es den Hals erreicht, in dem Augenblick, in dem dieses Es in ihren Rachen stürmt, hört Brigitte ihren Namen, ihren vollen Namen, einmal, dreimal, das vierte Mal mit einer Verwunderung, beinahe Irritation in der Stimme. Sie schaut hoch zu der Frau, die in der Tür steht und keine Ahnung von dem Es in Brigittes Mund hat, sich aber kämpferisch, zuversichtlich zeigt, als gäbe es kein Hindernis, das sie mit ihrer Brille und den hochgesteckten Haaren nicht aus dem Weg räumen könnte.

Das Es wird hinuntergeschluckt. Schnell, sehr professionell. Brigitte streckt die Hand aus, stellt sich vor.

»Ich brauche eine Wohnung«, sagt sie, während Madame Bercier sie in ihr Büro und zum Besucherstuhl führt.

»Schön. Und woran denken Sie?«

Ganz kurz kann diese Frage vieles bedeuten, aber nur ganz kurz, Brigitte ist nicht einmal in Versuchung, nicht richtig.

»Zwei Zimmer, Einbauküche. Sofort und auf unbestimmte Zeit. Für eine Woche oder einen Monat oder ein Jahr, ich weiß es nicht. Flexibel. Der Vermieter muss flexibel sein.«

Madame Bercier sieht sie nicht an, als würde sie Unsinn reden, sie lacht sie nicht aus.

»Stadtteil?« Die Maklerin ist die Sachlichkeit in Person. Und sie riecht Geld. Das muss sie, sonst wäre Brigitte schon draußen. Brigitte glaubt, sie kennt die Menschen. Nicht privat, aber in ihren Berufen.

»Ich kenne mich hier nicht aus. Aber zentral. Auf jeden Fall zentral.«

»Möbliert?«

»Auf gar keinen Fall.«

Die Maklerin nickt. Brigitte ist überzeugt, dass sie nickt, auch wenn sie nicht einverstanden ist.

»Würden Sie auch einen Kauf in Betracht ziehen?«

Brigitte denkt nach. Das ist entschieden eine Frage zu viel. Irgendwann ist es einfach zu viel.

»Gut, das müssen Sie nicht jetzt entscheiden.«

Die Maklerin denkt ebenfalls nach.

»Es ist dringend«, sagt Brigitte, und plötzlich ist es tatsächlich dringend, und sie hat das Gefühl, es muss noch heute sein. »Haben Sie etwas Entsprechendes im Angebot?«

Madame Bercier hebt den Blick von ihren Unterlagen, und es sieht aus, als hätte sie eine Entscheidung getroffen. Oder Brigitte wünscht sich das. Sie braucht eine starke Frau, entschlossen und tatkräftig – eine zweite Brigitte braucht sie. Und *le miroir*. Wenn sie sich beeilt, schafft sie es vielleicht noch rechtzeitig. Die Maklerin dreht den Bildschirm nach rechts, sodass sie beide hinschauen können, und die Suche geht los.

Brigitte ist froh, ein Handy zu haben, eine Telefonnummer, eine Verbindung zur Welt da draußen – und da drinnen.

Die Mutter hat angerufen, Marléne hat angerufen, Claude hat eine E-Mail geschickt, Martha hat ein lustiges Foto über WhatsApp gesendet. Joceline ist in der Buchhandlung erschienen: »Nein, ich will kein Buch, und nein, ich will keine CD – ich will wissen, wie es dir geht! Und warum meldest du dich nicht? Bei niemandem? Wo wir uns alle Sorgen machen!«

Ein Familienüberfall im Mafia-Style. Organisiertes Verbrechen. Christian schmunzelt. Manchmal macht es Spaß, so viele Geschwister zu haben, manchmal nicht. Nur der Vater ist still geblieben, und Christian wundert sich. »Es geht mir gut«, hat er allen entgegengeschrien, geschrieben, Joceline aus dem Laden hinausgeschoben, entschlossen. Das sagt er meistens, aber diesmal ist es die Wahrheit. In diesem Moment geht es ihm wahrhaftig gut, und er will nicht darüber nachdenken, warum es so ist. Das gute Gefühl zerreden und zerdenken, nein, das will er nicht.

Denn in diesem Augenblick gibt es sie-deren-Name-und-so-weiter nicht – so, wie es sie tatsächlich nicht mehr gibt. In seinem Leben. Er schaut sich flüchtig um, sicher ist sicher.

Und er fällt nicht auseinander, zerbricht nicht daran, nicht heute. Heute ist jene Freude da, nach wie vor. Auch ohne Worte.

Noch eine halbe Stunde, und er wird schließen können. Was er danach machen, wohin er gehen wird, das weiß er nicht. Er tut sein Bestes, um in diesem Augenblick zu bleiben. In der Freude. Ohne pathetisch zu werden.

Die E-Mail ist nicht gekommen, noch nicht, und der Balken ist nicht voll, noch nicht. Und doch ist alles gut. Er glaubt daran. Das muss er.

Es sind zwei Kunden da, sie stöbern, er liest in seinem Buchladen-Buch und hört ganz leise Katie, sodass die gehörten Worte die gesehenen nicht stören. Manchmal muss das auch sein. Er ist flexibel. Wenn die Musik und die Geschichte so perfekt zusammenpassen, so geschmeidig, so leise, so flüssig.

»Ich will ein Buch zu dieser Musik«, erschreckt ihn eine Kundin, sie kennen sich, sie lässt sich jede Woche zwei Bücher von Christian empfehlen, jeden Montag und Freitag kommt sie vorbei, immer nachmittags, sieht sich erst allein um, danach verlangt sie nach ihrem Buch und folgt Christian auf Schritt und Tritt, während er so tut, als wüsste er nicht, was ihr gefallen könnte. So vergeht die Zeit. Oder steht still, das muss jeder für sich entscheiden, denkt er. Er stellt sich die Zeit wie gelbe Knete vor, willig, schmiegsam und biegsam, eine Jasagerin, immer bereit. Wenn er sich das genauer überlegt, ist die Zeit eine echte Hure. Vielleicht haben die Menschen deswegen so eine Hass-Liebe-Beziehung zu ihr.

»Das hier, das ist Ihr Buch.«

»Ganz sicher? Zu dieser Musik?« Die Kundin tut nur so, als würde sie ihm nicht glauben. Sie vertraut ihm blind, und das weiß er, kein einziges Mal hat er sich bei ihr geirrt.

»Aber selbstverständlich, Katie und Julian sind ein Traumpaar.« Alles nur ein Spiel.

Die Kundin strahlt und hält das dünne Buch fest. Sie strahlt, als Christian ihr die CD überreicht. Sie strahlt auch noch, als sie bezahlt und den Laden verlässt. Und Christian macht es glücklich, seine Kunden glücklich zu machen.

Ein Blick auf sein Handy. Nichts. Viele Nachrichten, und doch denkt er: nichts.

Er stellt sich vor, wie es wäre, Brigitte jeden Tag zu sehen. Nur für einen Augenblick zu sehen. Nur für einen Augenblick stellt er sich das vor. Er ist immer noch glücklich. Immer noch spürt er die Freude. Er hält sich daran fest, so wie die Kundin vorher am Buch. Je näher der Feierabend, desto fester der Griff. Je näher der Feierabend, desto hellhöriger seine Ohren. Desto anziehender die Tür. Desto wärmer die Sehnsucht. Desto einsamer die Leseecke.

Christian spürt das alles, und gleichzeitig merkt er es nicht, jedenfalls nicht so, dass er darüber nachdenken will. Es ist einfach Freude, Freude und ein wenig Angst, ein wenig Unsicherheit. Damit kann er leben.

Das Schild ist umgedreht, die Buchhandlung hat offiziell geschlossen, die Leseecke ist leer geblieben. Er schließt die Kasse, verstaut seine Sachen im Rucksack, heute vergisst er sein Unterwegs-Buch nicht. Er ist startklar, nur weiß er nicht, wohin. Also setzt er sich kurz auf das Lesesofa und überlegt, überlegt ohne Gedanken, ohne nützliche Gedanken, Ödnis im Kopf verbreitet sich schnell wie Honig, und plötzlich ist keine Freude mehr da, kein Lächeln, kein Sinn, und Christian weiß, dass er sich wieder einmal verrannt, sich hineingesteigert hat, dass alles nur in seinem Kopf passiert ist, dass er aufwachen muss. Denn wenn er aufwacht, wird er womöglich feststellen, dass er die letzten sechs Monate geschlafen hat und dass sie-deren-Name-und-soweiter immer noch seine Frau ist. Dass sie ihn liebt. Dass sie keine Alkoholikerin ist.

Aber dafür müsste er viel, viel länger und tiefer geschlafen haben.

Aufwachen, auf jeden Fall aufwachen.

»Christian? Christian, hören Sie mich? Christian!«

Und er wacht tatsächlich auf – und wie er aufwacht. Ein leises Klopfen genügt, um alles wieder rückgängig zu machen. Und wenn er singen könnte, würde er jetzt singen, ganz laut, ganz glücklich.

Er sieht sie durch die Fensterscheibe, er denkt, er lächelt sie an, aber das tut er nicht, er starrt sie einfach an.

»Christian, ich bin es, Brigitte.«

Und er starrt immer noch und sieht zu, wie sie ihr Gesicht an das Glas lehnt, wie in Zeitlupe, als würde sie es küssen wollen, sein Schaufenster – und fast kann er ihn spüren, den Kuss, den es nicht gibt.

Nicht aufwachen, auf keinen Fall aufwachen.

Als Christian endlich blinzelt, sich endlich bewegt, ist Brigitte erleichtert und entfernt sich von der Scheibe. Einen sanften Abdruck hat sie aber hinterlassen, einen Hauch der Anwesenheit.

Während Christian sich erhebt und zur Tür geht, folgt sie ihm von außen. Die Glocke bimmelt. Die Sonne ist noch da, aber unsichtbar, ein wenig Licht könnte der Raum vertragen, aber nur der Raum. Ein Gedanke, der Brigitte fremd ist. Sie erlaubt ihm jedoch nicht, sich zwischen ihr und ihrer Nachricht anzusiedeln.

»Ich bin froh, dass Sie noch da sind! Ich …«

»Ich bin froh, dass Sie doch gekommen sind.«

»Haben Sie auf mich gewartet?« Eigentlich will sie das nicht wissen, und fragen wollte sie es eigentlich auch nicht.

Christian zuckt mit den Schultern, sieht sie nicht an, und Brigitte kommt sich lächerlich vor mit ihrer Frage.

»Ich habe Neuigkeiten.« Zuerst ist die Bluse dran, dann der Rock – und schon ist sie zuversichtlicher.

»Ach ja? Welche denn?«

Ist er verärgert? Gelangweilt? Genervt? Brigitte weiß es nicht. Sie will nicht hier sein, plötzlich will sie nicht hier sein, in einer Buchhandlung – was hat sie da zu suchen?, mit diesem jungen Mann, den sie nicht kennt, der nichts über sie weiß, der nicht einmal in der Lage ist, ein Buch für sie auszusuchen – das ist doch sein Beruf, um Gottes willen!, in dieser Stadt, in der sie noch niemandem von Michael erzählt hat, nicht einmal erwähnt hat sie ihn, vergeudete Zeit, vergeudetes Geld, alles vergeudet. Diesmal genügt ihr die Bluse, zweimal, dreimal, sie dreht sich um, sie fängt an, sich umzudrehen, sie denkt an das Handy, das sie gekauft hat, heute erst war das, wie lang, wie unendlich lang dieser Tag ist, und zwar mit ihm, mit diesem jungen Mann hat sie es getan, ihn alles aussuchen und entscheiden lassen. Diesen jungen Mann. Im Drehen legt sie die Hand seitlich auf den Rock, gleitet drüber, ungewöhnlich langsam, als müsste die Hand nachdenken, den Weg erst einmal finden, als wäre ihr die Bewegung fremd.

»Gehen Sie nicht.«

Er streckt nicht den Arm nach ihr aus, um sie aufzuhalten. Um sie zu berühren.

Sie bleibt in der Halbdrehung, ihr Rock hat sich beruhigt. Sie sieht Christian von der Seite an, Schatten auf seinem Gesicht, über seinem Blick. Er berührt sie nicht.

»Was ist die Neuigkeit?« An seiner Stimme kann sie nichts erkennen, sie ist ruhig, ruhiger. Vielleicht hat es den Augenblick der Irritation gar nicht gegeben. Vielleicht ist sie einfach nur erschöpft. Ein langer Tag voller Dinge, die sie noch nie gemacht hat. Es ist erlaubt, an so einem Tag am Ende zu sein. Brigitte kann sich nicht erinnern, wann sie so etwas jemals gedacht hat. Am Ende zu sein ist normalerweise kein Ort, an dem sie sich befindet, sich befinden darf.

Zweimal Bluse, zweimal Rock, beidhändig.

»Ich habe eine Wohnung gemietet.«

»Schon? Wirklich? Eine Wohnung?«

Sie hört das Staunen und die Aufregung in seiner Stimme und erlaubt sich auch, selbst wieder bewegt zu sein, aufgewühlt – so wie sie es war, als sie Madame Berciers Hand schüttelte, das Maklerbüro verließ. Vielleicht war es doch zu viel für einen einzigen Tag, wie lang auch immer er gewesen sein mag.

»Ja, wenn man Geld hat, geht alles.«

Sie sagt es, weil sie es tatsächlich glaubt.

Und dann wieder nicht. *Mon fils*.

»Nicht alles kann man kaufen.«

Er nimmt es persönlich, das kann sie hören, aus irgendeinem Grund nimmt er es persönlich.

»Sie meinen Liebe?« Er antwortet nicht, und sie erkennt ihn kaum noch, so dunkel ist es geworden. »Da haben Sie recht. Wenn man es kaufen kann, ist es nicht Liebe.« Sie denkt an Michael, natürlich denkt sie an Michael. Der Schmerz kommt so unerwartet, dass ihre Finger sich auf dem Rock verkrampfen, Knicke erzeugen, statt sie wegzustreichen. Sie senkt den Kopf, auch wenn sie nichts zu verbergen hat.

»Also eine Wohnung. Das wollte ich Ihnen mitteilen.«

Sie vollendet die Drehung und ist schon auf dem ersten Treppenabsatz, erzeugt weiterhin Brüche im Stoff. Das muss er gesehen haben, denn in einem Schritt, einem großen Schritt ist er bei ihr, seine Hand legt sich auf ihre, bringt sie zum Stillstand. Um sie herum Falten. Wellen. Das kroatische Meer wütet für einen Wimpernschlag in ihren Gedanken – eigentlich ist es nur einer, mehr kann sie sich nicht erlauben, nicht in diesem Zustand. *Mort*.

Wie ein dreidimensionales Foto stehen sie da, die Tür ist offen, das Licht ist aus, überall, auch hier draußen, die Sonne weg, die Laternen noch nicht an, kurz ist dieser Moment, nicht jeder würde ihn bemerken, ein schneller Atemzug, aber es gibt ihn, und darin befindet sich Brigitte, und mit ihr dieser junge Mann, ihre aufeinanderliegenden Hände.

»Eine Wohnung, das finde ich super«, flüstert Christian in ihre Schulter, aber nur, weil sie sich vor seinem Mund befindet.

Die Straßenbeleuchtung geht an. Sie entzieht sich ihm, schafft einen Schritt Abstand zwischen ihnen. Zwei, noch besser. Langsam ist seine Hand vergessen, in der Stille ihres Gegenüberstehens, langsam fühlt sie sich wieder erschöpft und lediglich am Rande noch aufgeregt. Der Gedanke, für immer auf diesem Kopfsteinpflaster stehen zu bleiben, wie angewurzelt, eine alte Eiche, so alt, sie fühlt sich plötzlich so unvorstellbar alt, dieser Gedanke eilt ihr durch den Kopf.

»Haben Sie Hunger? Wollen wir essen gehen?«

Brigitte sieht ihn an, sein Gesicht ist gelblich im künstlichen Licht.

»Ich habe keinen Hunger.«

»Vielleicht könnten Sie mir Gesellschaft leisten, ich habe einen Bärenhunger.«

Sie senkt den Kopf: Dieser Ausdruck ist ihr vollkommen neu, wie kann es sein, dass sie ihn nie gehört hat, Bärenhunger, also senkt sie den Kopf; er versteht es offensichtlich als ein Ja, er läuft in den Laden, nimmt seine Sachen, schließt ab. Er geht ein paar Schritte, bleibt stehen, wartet auf sie.

Und Brigitte geht mit. Und Brigitte weiß, wenn Hans sie jetzt sehen würde, würde er sie nicht wiedererkennen. Wird Hans sie je wiedersehen? Heißt an jemanden so viel denken ihn vermissen?

Brigittes Schuhspitzen sind sauber.

In Montpellier beweinte eine barfüßige Frau den Verlust ihrer Schuhe. Dass es Sommer war, tröstete sie nicht. Ein Irrenhaus, hat Brigitte gedacht. Das Wort »Wahnsinn« zu denken war zu der Zeit schon verboten. Seit einem Jahr war es verboten.

Christian überlegt nicht lange, er führt sie in die Bar um die Ecke, wo er sich eine Gemüselasagne bestellt und einen Salat. Brigitte bekommt ihren Wein, und sie schweigen.

»Ich habe eine Wohnung gemietet«, sagt sie dann unvermittelt.

»Ja, das haben Sie.« Er ist auf der Suche nach der Freude dieses fast vergangenen Tages. »Wo ist sie denn?«

»Im Zentrum. Am Place Darcy.«

»Da waren wir doch gestern, da haben wir zu Abend gegessen.«

»Gestern? Das war gestern?« Sie nimmt einen großen Schluck von dem Wein, der so lieblich rot schimmert.

Ja, das war erst gestern. Christian spricht es nicht aus, aber er wundert sich auch. Wie Jahre kommen ihm die zwei Tage vor. Zwei Tage mit Brigitte. Wie der Titel eines Romans. Wenn er schreiben könnte, könnte er ihn schreiben. Er kann es aber nicht, er kann nur gut lesen. Zwei Tage mit Brigitte. Und jetzt werden es noch mehr werden, sie hat eine Wohnung hier gemietet.

»Wann werden Sie einziehen?« Sein Essen ist gekommen, er schneidet in den weichen Nudelteig, in die Weichheit des Teiges, die Soße schwappt über. Zwei Bekannte betreten die Bar, grüßen ihn, er nickt, sie beäugen Brigitte, tun so, als wären sie nicht neugierig.

»Ich kann am Samstag rein.«

»Am Samstag schon?!«

»Ich sagte bereits, das Geld macht es möglich.« Er hört keine Bitterkeit in ihrer Stimme, sie ist eine Geschäftsfrau.

»Und Möbel?« Sein Mund ist voll, das Essen zu heiß, seine Augen fangen an zu tränen.

»Werde ich morgen besorgen«, sagt sie und hebt ein wenig die Schulter, glättet dann aber gleich die Bluse, auch die Ärmel. Das ist Christian neu. Die Ärmel waren bis jetzt noch nie im Spiel, er weiß nicht, ob das etwas bedeutet. Er wünscht sich mehr, alles über sie zu wissen.

»Darf ich mitkommen? Ich kann Ihnen helfen beim Aussuchen und Tragen …«

Brigitte lächelt andeutungsweise, und das freut ihn sehr. Er würde sie gerne öfter lächeln sehen, und wenigstens einmal richtig lachen, warum lacht sie nicht?

»Ich brauche Prêt-à-porter-Möbel, und nicht viele.«

»Wie groß ist die Wohnung?«

»Zwei Zimmer.« Sie bestellt noch ein Glas Wein. »Ich brauche nicht viel.«

Er isst, sie trinkt.

»Und wo wollen Sie sich die Möbel aussuchen?«

Sie zuckt mit den Achseln.

»Bei IKEA?«

»Oh mein Gott, nein.« Ihr Blick ist tatsächlich erschrocken.

Christian muss lachen, voller Mund hin oder her.

»Also so schlimm ist es auch wieder nicht.« Er muss seine Bücherregale verteidigen, auch sein Bett, ebenso wie seinen Schreibtisch. Nie wird er ihr sein Zimmer zeigen, nie.

»Mein Sohn hatte wahrscheinlich eine ganze Wohnung voller IKEA-Möbel.«

»Hatte?«

»Ja, hatte.«

Christian sieht sie an, beobachtet ihr Gesicht, kann keinen Schluss daraus ziehen, kein höheres Verständnis gewinnen. Die Bluse und der Rock müssen aber stumm leiden, ihre Hände über sich ergehen lassen. Ihre Hände. Christian hat sie von Anfang an wahrgenommen, diese Hände, man kann sie nicht nicht bemerken, sie sind so geschäftig, immer in Bewegung. Ihre Hände gefallen Christian, da hört er aber auf, denkt es nicht weiter.

»Und Sie haben ihm das erlaubt?«

»Habe ich nicht. Er hat mich nicht nach meiner Meinung gefragt. Ich weiß es nicht.«

Sie bestellt ein Glas Wein. Ein weiteres. Christian ist es egal. Plötzlich ist ihm das egal. Er nimmt ein Bier. Und hat das Gefühl, etwas beschäftigt sie, sie würde ihm gerne etwas sagen, etwas Wichtiges, sie kämpft mit sich, das kann er sehen, sie schaut ihm direkt in die Augen, er lächelt – sie glättet. Ihre Hände.

»Wie alt ist Ihr Sohn?«

Brigittes Blick verloren im Glas. Christian weiß, dass etwas nicht stimmt, er weiß nicht, ob er weiterfragen soll oder nicht, er kennt sie kaum. Er weiß nichts über sie, gar nichts. Und je öfter er das denkt, umso weniger gefällt es ihm.

»In der Selbsthilfegruppe in Béziers kam ein Mann mit dem Verlust seines Autos nicht klar. Er war über sechzig, es war sein erstes Auto gewesen.« Sie denkt nach. »Die Menschen sind seltsam.« Gesenkter Kopf, fleißige Hände. »Ich muss jetzt gehen, es war ein langer Tag.« Ihre Augen sind nun bei ihm. »Ich habe heute ein Handy gekauft und eine Wohnung gemietet. In Dijon.« Zweimal, dreimal, viermal. »Zu viel auf einmal.«

Christian gibt der Bedienung ein Zeichen, auch wenn er sich noch nicht von Brigitte trennen will. Er will mit ihr reden. Er will ihr erzählen. Über die-deren-Name-und-so-weiter? Vielleicht. Als er sein Portemonnaie aus dem Rucksack holt, legt sie ihre Hand auf seinen Unterarm. »Ich mache das.« Er schüttelt den Kopf. »Aber sicher doch.« Er macht den Mund auf, um zu protestieren. »Bitte, ich möchte es. Das ist meine Feier.« Er gibt nach. Er kann gegen die Kälte in ihrer Stimme nicht ankämpfen, nicht gewinnen.

Und als sie vor der Bar stehen, redet sie einfach weiter: »Ausgerechnet in Dijon. Was will ich hier? Warum Dijon?« Ihre Stimme ist ruhig, ruhig und kalt, ihr Schritt ein wenig unsicher.

»Wegen der tollen Menschen in unserer Gruppe«, sagt er, nur um »unsere« sagen zu können. Sie sieht ihn nicht einmal an.

»Worauf liegt das bloß?«, fragt sie tatsächlich.

»An«, betont er und macht eine längere Pause als nötig, »dem leckeren Kuchen.«

»Ich habe doch gar keinen gegessen.«

»Oder an diesem einmaligen Großstadtflair.«

Sie schüttelt den Kopf.

»Ich weiß nicht, vielleicht sind es die vielen jungen Leute ...«

Christian weiß nicht, was er denken soll. Er bietet ihr seinen Arm an.

Und plötzlich fällt ihm auf, dass er seit Stunden keine langen schwarzen Haare gesehen hat. Keine Angst gespürt.

Und so gehen sie untergehakt durch die Gassen der Altstadt. Brigitte sagt nichts weiter. Den letzten Gedanken hat sie für sich behalten. Die Nähe dieses jungen Mannes – sie muss aufhören, ihn immer so zu nennen – tut ihr gut, stört sie überhaupt nicht. Hans würde sie nicht wiedererkennen. Händehalten, Umarmen, das war nichts für sie beide. Sie gingen immer jeder für sich; wenn man sie nicht kannte, hätte man nicht sagen können, ob sie zueinander gehörten. Zueinander gehören. Haben sie das je? Brigitte stolpert, umklammert mit der untergehakten Hand Christians Oberarm, spürt die instinktive Anspannung des Muskels, Christians linke Hand eilt zu ihr, hält sie fest. Mit Sicherheit, mit Zuversicht. Hans hat ab und zu seine Hand auf ihren Nacken gelegt, auf der Straße, als wollte er sie lenken. Sie hat das gehasst, es aber nie gesagt, hat ihre Schritte gezählt – ein Schritt, es ist doch immer nur ein Schritt! – und hat sich dann, irgendwann, sehr bald seinen Fingern entzogen.

Langsam schreiten sie voran, und dennoch sind sie schnell vor ihrem Hotel.

»Morgen hole ich Sie also ab, hier? Wann?«

Brigitte weiß nicht, ob sie das tun soll, ob sie ihn in Anspruch nehmen darf. »In Anspruch«, was für ein Ausdruck, er passt so gar nicht zu diesem Mann – also, es geht doch auch ohne »jung«, obwohl er es ist.

»Um neun? Zu früh? Um zehn?«

»Haben Sie nicht eine Buchhandlung zu fahren?«

»Führen«, korrigiert er diesmal automatisch, es hat nichts zu bedeuten. »Ich kann meine jüngste Schwester fragen, sie hilft gerne aus, wenn es nötig ist.«

»Und ist es jetzt tatsächlich nötig?«

Hat sie ihn verletzt, wie soll sie das wissen? Zu Hans kann man, konnte man alles sagen, er hat, hatte eine dicke Haut, unantastbar, unberührbar, unempfindlich. Und dann ist Michael gestorben.

Mon fils est …

Das kann sie jetzt unmöglich aussprechen. Nicht vor Christian, nicht in diesem Moment. Der Wein hilft nicht. Ihr Sohn ist gestorben. Und Brigitte weiß nicht, was schlimmer ist: dass es ihn nicht mehr gibt oder dass er sie nicht geliebt hat, sie nicht in seinem Leben haben wollte. Nichts hilft. Seine Zurückweisung, seine Verachtung, das ist ihr geblieben. Und jetzt wandert sie durch Frankreich und schafft es nicht, von seinem Tod zu sprechen, seinen Namen zu erwähnen, läuft immer weg, bevor sie an der Reihe ist. Und jetzt ist sie hier. Und jetzt hat sie eine Wohnung in Dijon gemietet. Hans würde sagen, dass sie völlig wahnsinnig – ihm bedeutet dieses Wort offensichtlich nichts – geworden ist. Hans. Und wenn schon? Wen kümmert das.

»Denken Sie, ich bin wahnsinnig?« Was Hans kann, will sie auch können. Das Unwort des Jahres. Eines ganzen Lebens, posthum.

Christian wundert sich nicht über die Frage, das gefällt ihr. Er denkt nach, das gefällt ihr auch.

Ja, sie wird morgen mit ihm Möbel aussuchen gehen. Ja, das wird sie machen. Denn jetzt ist sie hier. Hier kann sie ausatmen, einatmen, ausatmen, Luft schnappen, sich ausruhen. Keine Stadt wird weglaufen, keine Selbsthilfegruppe, kein Schmerz; sie hat ja noch nicht einmal die Worte gefunden, seit einem Jahr nicht. Jetzt sind sie hier, ihr Schmerz und sie, und bekommen ein neues Zuhause, ein Zimmer für sie, alle Räume für ihn. Das ist in Ordnung. Und bald wird sie auch ihr erstes Buch lesen. Und wenn Michael im Himmel auf einer Wolke hockt, wird er es begrüßen, sich freuen. Vielleicht wird er sie auch ein ganz klein bisschen lieb haben. Nicht lieben, nein. Das wäre zu viel verlangt.

»Ich weiß nicht, aber es würde mich nicht stören, auch wenn Sie es sein sollten«, antwortet endlich Christian, sein Gesicht ernst.

»Das ist nett.«

Hans wäre sicher anderer Meinung.

Kirchenglocken, sie zählt nicht, sie verpasst die ersten Schläge. Das ärgert sie, ihre Hände fliegen schon, dreimal, viermal. Manchmal wünscht sie sich, Gott zu sein und die Welt nach ihrer Vorstellung zu ordnen. Seit ihr Sohn tot ist, wünscht sie sich das. Hans hat gesagt, sie solle damit aufhören, Gott könne nicht alles verzeihen, sie solle nicht übertreiben. Und dann ist er in die Kirche geeilt. Noch ein Tropfen in ihrem Glas. Hans hat nichts verstanden und hat sich verändert, was gegen die Abmachung war.

»Es ist noch früh …«

»Ich brauche jetzt Ruhe.« Sie sagt nicht, dass es ihr leidtut, so etwas sagt sie nie, es ist sinnlos. Man tut es, oder man tut es nicht, sie kennt kein Bedauern. Aber Hans. Hans hat plötzlich alles bereut, plötzlich hätte er alles anders gemacht. Hans ist ein Narr. Zeitverschwendung. Tropf, tropf. Ihr Glas war nicht besonders hoch.

»Ich verstehe, ich lasse Sie auch gleich gehen, sagen Sie mir nur, wann wir uns morgen treffen.«

»Um zehn? Um zehn wäre gut.«

Christian klatscht leicht in die Hände, als hätte er ein großartiges Geschäft an Land gezogen. Dabei ist es lediglich sie, Brigitte, ein Schatten.

Denn es gibt Leute, die ihren Schuhen nachweinen.

Denn ihr Sohn ist tot.

Und sie weiß nicht, ob ihr Mann noch lebt.

Und sie hat eine Wohnung in Dijon gemietet.

Und sie hat den Spiegel vergessen.

»Können wir uns jetzt vielleicht endlich duzen?«

Brigitte ist schon weit genug weg, um so tun zu dürfen, als hätte sie ihn nicht gehört.

6.

Sie laufen zum Möbelgeschäft, und Brigitte verzählt sich mehrmals, bei jedem verpassten Schritt denkt sie sich eine Zahl aus und macht weiter, als wäre nichts.

»Aber wie gesagt, günstig ist es hier nicht.«

Christians Blick trifft sie immer wieder von der Seite, Brigitte spürt eine Unsicherheit in ihm, im Blick und im Mann. Dem jungen Mann. Aber sie hat wieder geträumt, und auf Schritte ist auch kein Verlass mehr, also schweigt sie, nickt lediglich.

»Und danach können wir zusammen brunchen gehen.« Als käme jedes Wort einzeln von der Goldwaage.

Brigitte nickt. Dann einmal, zweimal, und glatt ist der glatte Rock wieder.

»Und uns duzen?«

Diesmal steht sie genau neben ihm, ihre Arme könnten sich ohne Weiteres berühren.

»Brigitte?«

»Das geht nicht. Ich kenne Sie nicht.«

Sie lügt, und sie lügt nicht, aber er kann das nicht wissen. Für ihn ist sie wahrscheinlich nur noch älter geworden. Jahrhunderte trennen sie, das wird er denken. Und sie mitten auf der Straße stehen lassen.

Oder auch nicht.

Sie gehen weiter.

Sie sind früh dran, das Geschäft hat soeben geöffnet, niemand ist zu sehen, weder Kunden noch Berater. Brigitte schaut sich um, als hätte sie plötzlich vergessen, was sie hier will. Sie setzt sich auf ein Sofa, legt beide Handflächen auf das Polster. Rot kommt natürlich nicht infrage, aber sonst ist es bequem. Sie hebt den Blick, Christian ist weitergeschlendert, im Vorbeigehen berühren seine Finger nachdenklich Sessel und Tische und Regale und Stuhllehnen. Brigitte lächelt, was für ein Glück sie hat!

Plötzlich ist Michael da, aber so, wie er als Baby war, eifersüchtig, er wollte sie nur für sich haben. Ihr war das zu viel, sie ist geflohen und hat darüber nachgedacht, wie einfach es ohne ihn wäre.

Und dann ist er gestorben.

Und jetzt schafft sie es zu denken, sie habe Glück.

»Kann ich Ihnen behilflich sein?«

Brigitte sieht den jungen Mann an, sein Lächeln schläft noch. Sie hat ihn nicht kommen hören.

»Sind Sie der Geschäftsführer?«, fragt sie und steht auf. »Ich möchte den Geschäftsführer sprechen.«

Darf sie hier und heute Glück haben?

Der junge Mann sieht sich hilfesuchend um, niemand ist da, nicht einmal Christian. Brigitte fällt das Mädchen von gestern ein. Im Maklerbüro. Sie fragt sich, ob die zwei sich vielleicht kennen. Wäre möglich, Dijon ist nicht so groß, und die beiden sind gleich unfähig. Alles ist möglich. Außer dass Tote auferstehen. Da kann Hans auch in eine Kirche einziehen und das restliche Leben auf Knien vor dem Altar verbringen und auf Essen verzichten: Tot ist tot.

Christian ist zurück. Ein Mann steht neben ihm.

»Brigitte?«

Irgendwann? Irgendwo?

»Kann ich etwas für Sie tun?«, fragt der neue Mann.

»Die Dame hat nach Ihnen verlangt, Monsieur Duchamps.«

»Na, dann passt das doch gut, oder?« Monsieur Duchamps lächelt. Der jüngere Mann entfernt sich, ohne sich zu verabschieden.

Brigitte spürt erwartungsvolle Blicke auf sich, aber sie kann nur an Hans denken, ganz mager und ganz leblos kniet er da, in ihrer Dorfkirche.

»Vielleicht macht das hier keinen Sinn«, sagt sie leise, sieht Christian an. Vielleicht sollte sie einfach nach Hause fahren.

»Brigitte, was ist los? Was ist passiert?«

Hans kann nicht ohne sie, er ist nicht Michael. Obwohl.

Sie schüttelt den Kopf. Christian legt eine Hand auf ihre Schulter, und das ist das Letzte, was sie gebrauchen, was sie ertragen kann. Zärtlichkeiten sind zu vermeiden. Das hat sich doch gut bewährt.

Denn solange er bei ihr war, hat Michael auch gelebt, oder nicht?

Das Schweigen dauert unermesslich lang. In dieses Schweigen passen so viele Schritte hinein, dass Brigitte zu Hans nach Hause laufen könnte. Zum See. Wo die Gänse sie gerettet haben.

Brigitte sieht in Christians Augen. Sie sind warm, sie sind tief, sie sind wie die Erde in ihrem Garten.

»Brigitte Weichmann«, sagt sie und streckt die Hand aus, Monsieur Duchamps ergreift sie, drückt sie, lächelt immer noch unsicher. »Ich brauche Möbel für meine neue Wohnung. Lieferung am Samstag.«

Neue Wohnung. Hier und jetzt. Alles neu. Alles.

»Samstag? Welchen Samstag?« Monsieur Duchamps lächelt immer noch.

»Diesen.«

Und während ein Lächeln einfriert, breitet sich ein anderes aus. Brigitte wirft Christian einen warnenden Blick zu, das muss sie jetzt hinter sich bringen. Ihr fehlt die Luft, all die Möbelstücke erdrücken sie. Schnell, schnell. Zweimal, dreimal. Und dennoch ist nichts in Ordnung.

»Das wird nicht einfach sein.«

»Aber möglich.«

Alles neu.

Christian kann es kaum glauben: Er kann regelrecht beobachten, wie das Begreifen den Geschäftsführer erreicht, ihn erfüllt, zum Handeln zwingt. Er ist voller Bewunderung für Brigitte. Sie braucht ihn nicht. Diese Erkenntnis trifft ihn, verletzt ihn sogar. Er versteht es nicht, aber so ist es. Gebraucht zu werden ist sein Lieblingsgefühl. Und nach sechs Monaten offiziellen Singlelebens ist der Schmerz immer noch da, und wenn er seiner Schwester Martha glauben darf, kann das noch Jahre dauern.

Und duzen will sie ihn auch nicht.

Gleich könnten wieder Tränen fließen. Könnten. Er muss sich zusammenreißen. Und während er das tut, hat Brigitte schon alles ausgehandelt: Sie geht mit Monsieur Duchamps durch das Geschäft, und er zeigt ihr alle Exponate, die am Samstag lieferbar wären, sie sucht sich aus, was ihr gefällt. Und zehn Prozent Ermäßigung auf die Ausstellungsstücke sind auch noch drin, natürlich.

»Christian, kommen Sie?«

Brigitte scheint wieder ganz sie selbst zu sein, ganz die Frau, die er seit drei Tagen kennt. Drei Tage. Nichts und alles. Kein Kuchen, kein Lachen, keine Umwege. Aber ein Handy und eine Wohnung. Nichts Altes, viel Neues.

Er eilt hinter ihnen her. Und hört sie sagen, dass sie noch zur Antiquitätenmesse wolle, sie brauche einen Spiegel, einen großen mit goldenem Rahmen. Monsieur Duchamps nickt fortwährend, als müsste er ein unvernünftiges Kind beruhigen.

Christian amüsiert sich prächtig.

Brigitte setzt sich auf ein Sofa und auf noch eins, legt sich auf drei Betten, öffnet Schränke, trifft schnelle Entscheidungen. Einkaufen mit ihr macht Spaß. Am Ende stehen sieben Sachen auf dem Lieferschein: ein schwarzes Bett, eine cremefarbene Matratze, ein schwarzer Kleiderschrank, ein schwarzes Dreiersofa, ein schwarzer Tisch, zwei Metallstühle. Es ist unterschrieben und mit einer goldenen Kreditkarte bezahlt. Christian steht einfach daneben und findet es großartig. Das ist alles neu für ihn.

Nach der Scheidung hat er nichts mitgenommen – außer der Hoffnung. Später kam Angst dazu, die Angst vor der Hoffnung, vor einer Begegnung.

Niemandem hat er davon erzählt, kein einziges Wort keinem einzigen Menschen. Sonst hätte er sich schämen müssen, für sich selbst, für die endlose Schwäche des Herzens, die Charakterlosigkeit. So wird er meistens nur bewundert für seinen Mannesmut, sogar wenn er weint, sagen Freunde und Familie, das können nur die Starken und Selbstsicheren. Selten hat sich Christian in den vergangenen sechs Monaten stark oder mutig oder selbstsicher gefühlt.

Aber seit drei Tagen. Da ist etwas Frisches und Festigendes in ihm, um ihn herum.

Was sicher nicht der besagten Selbsthilfegruppe zu verdanken ist. Obwohl sie schon etwas Schicksalhaftes hatte.

»Ich brauche noch Bettkleidung.«

Erst jetzt bemerkt er, dass sie schon auf der Straße stehen, er ist von seinen Gedanken verschlungen worden, muss sich anstrengen, mit Brigitte Schritt zu halten. Mit ihrem fordernden Blick. Ihren blauen Augen.

Bevor sie es wiederholen muss, lächelt Christian sie an.

»Bettwäsche. Gleich hier um die Ecke.«

»Alles ist gleich um die Ecke hier.« Und es ist nicht klar, ob sie das gut findet oder ob sie das stört. Dann hört er sie zweimal halblaut »Bettwäsche« sagen.

Der Tag ist sonnig und warm, die Stadt voller Menschen, viele von ihnen grüßen Christian und beäugen Brigitte. »Wie geht's dir?« und »Musst du nicht arbeiten?« und »Man hat seine Leute« wird im Vorbeigehen gerufen, und schon sind sie im Bettwarengeschäft.

Brigitte verhandelt wieder meisterhaft: Weiße Spannbetttücher, weiße Kopfkissen- und Federbettbezüge, ein extragroßes Federbett mit zwei Kopfkissen sowie drei dunkelblaue Sets Hand- und Badetücher werden am Samstag geliefert. Unterschrift hier und da. Christian ist wie verzaubert.

»Gibt es gleich um die Ecke auch einen Elektroladen?«

Christian hört die Ironie in ihrer Stimme, aber es stört ihn nicht, er lächelt zufrieden.

»Aber selbstverständlich.«

Und so vergeht der Tag, und Christian hat noch nie so schnell und so zeitsparend eine ganze Wohnung möbliert, einen ganzen Haushalt ausgestattet.

»Das hat Spaß gemacht«, sagt er zum wiederholten Mal, als sie im Restaurant sitzen und auf das Essen warten. Brigitte nickt. »Als hätten Sie eine Liste im Kopf! Faszinierend!«

Einmal nicken und noch einmal, und dazwischen wird der Rock glatt gestrichen. Mit Fingern, die keine Spuren hinterlassen. Der Gedanke stimmt Christian traurig, er gefällt ihm nicht, er muss falsch sein, die meisten Gedanken sind das sowieso, falsch und irreführend. Das weiß er nicht nur, weil er all die Bücher kennt, Bücher, deren Geschichten aus eben diesen trügerischen Gedanken und irrtümlichen oder erfundenen Behauptungen entstehen. Das weiß er auch, weil alle seine Gedanken jahrelang erlogen waren, erlogen, obwohl er sie und sich selbst für aufrichtig hielt. Ein Satz, es bedarf eines einzigen Satzes, weniger Worte lediglich, und schon sind nicht nur die Gedanken verlogen – das ganze Leben ist es. Ein Moment genügt, und die Welt bricht in sich zusammen, und die Verletzung entsteht nicht nur in diesem einen Augenblick, nein, auch im

Nachhinein, auch rückblickend – plötzlich ist alles nur noch eine bodenlose, maßlose Wunde, und der Gedanke, dass nichts, absolut gar nichts echt war, ist das Gift, das leider nicht tötet, das Leben lediglich lebensunwürdig macht. Der Zweifel, die Unsicherheit. Die unausweichliche Frage, ob irgendetwas irgendwann wahr und wirklich war, und wenn ja, welcher Augenblick es gewesen ist. Eine Frage wie eine Warteschleife.

»Was ist, Christian?«

Brigitte hat ihre Hand neben seine gelegt, berührt ihn aber nicht. Er schüttelt den Kopf, den Blick auf ihre Hände gerichtet.

»Eine Erinnerung?«, fragt sie und streichelt mit der anderen, freien Hand die Bluse, beinahe bewusst kommt ihm diese langsame Bewegung vor, eine Frage, ein Angebot – und tatsächlich erscheint ein Bild, ein Gefühl, ein Beigeschmack am Rande seines Sichtfeldes, er kann diese Erscheinung nicht fassen, nicht berühren, er ist sich nicht einmal sicher, dass sie ihm gehört, dass es seine Erinnerung ist.

Es war ein langer Tag.

»Es war ein langer Tag.«

»Es tut mir leid, dass ich Sie so in Ansprache genommen habe, Sie hätten Nein sagen können, irgendwann.«

»Auf dem Weg von einer Ecke zur anderen? Aber nicht doch, wie hätte ich wo etwas tun können?« Er trinkt sein Glas leer. »Nein, Sie haben mich nicht in Anspruch genommen, keine Sorge.« Er erwähnt nicht, dass sie das schon einmal hatten, die Sprache ist manchmal schwierig, und er will nett sein.

Ihr Blick ist warm. Ihr Blick ist offen und beherbergt keine Frage, nichts Verstecktes ist in diesen Augen.

Das Essen kommt, wird schweigend genossen. Wer sagt, Pasta kann nicht trösten?

Brigitte hat eigentlich keinen Hunger, denkt aber, sie muss etwas essen. Was für ein Tag! Christian hat recht, es war tatsächlich so, als hätte sie eine Liste im Kopf. Und wenn etwas fehlen sollte, ist es auch nicht wichtig. Was würde Hans sagen? Es kann ihm egal sein. Es kann ihr egal sein, was er sagen würde. Hans ist nicht da. Hans hat nicht versucht, sie aufzuhalten. Nicht, dass er es geschafft hätte, und nicht, dass es ihr wichtig gewesen wäre. Brigitte trifft ihre Entscheidungen selbst und unbeeinflusst. Nur einmal. Nur jenes eine Mal. Als die Gänse plötzlich so laut und so groß und so bedrohlich waren. Da hat sie es zu- und den See hinter sich gelassen und ist zurückgekehrt und hat Michael geboren, und dann ist er gestorben, und jetzt ist sie hier. Und was sagt ihr das? Genau.

Sie stochert im Salat herum, die nicht ganz frischen Blätter welken schnell. Plötzlich ist es ihr kalt, und sie wünscht sich, sie wäre schon im Bett.

Als Christian seine Gabel auf den Tisch fallen lässt, erschrickt sie.

»Ein Regal! Ein Bücherregal haben Sie vergessen!« Seine Augen sind groß, entsetzt.

»Ich habe noch gar kein Buch, Sie müssen mir erst ein Buch besorgen.«

»Und wenn ich Ihnen jetzt gleich ein Buch empfehle, was machen Sie damit, wo stellen Sie es hin? Auf den Boden?«

Christian tut so, als hätte er noch nie ein Buch auf den Boden gelegt, sie sieht das, sie durchschaut ihn. Sie presst die Lippen zusammen, und ihre Zähne klappern ein wenig. Sie hat noch nie einen Menschen durchschaut, nur Hans, Hans war kein Geheimnis für sie, nie. Das musste genügen, das tat es auch, mehr als Hans hat es nicht gegeben, Michael war weg, Michael hat sie verlassen, lange bevor er sie für immer verlassen hat. Aber was weiß sie schon, vielleicht war das ursprüngliche, wenn auch kurze Verlassen, damals am See, schon für immer gewesen, und sie hat sich nur etwas vorgemacht. Vielleicht ist ein Gedanke, die Andeutung einer Absicht schon ein Verlassen. Vielleicht hat sie alle verlassen: Es ist so einfach, Menschen zu täuschen, vor allem sich selbst.

Christian beobachtet sie herausfordernd, aber sie ist erschöpft, völlig und bis auf die Knochen, also zuckt sie sanft mit den Schultern und stochert weiter in ihrem Salat, der eigentlich niemandem mehr gehören kann, so, wie er mittlerweile aussieht.

Das Schweigen dauert an.

Umso lauter wird es im Restaurant.

Der Abend ist in seiner ganzen Größe angekommen, stolziert um Häuser, Bäume in den Parks, parkende Autos, Straßenlaternen, historische Gebäude, durch die Fußgängerzone.

Brigitte sieht das alles und bemerkt es nicht, aber den Rock glätten kann sie auch blind.

»Und was machen wir morgen?«

Christians Blick offenbart zu viele Erwartungen, als dass Brigitte ihn länger ertragen könnte.

»Sie werden arbeiten, brav Ihre Bücher verkaufen und endlich auch eines für mich finden.«

»Und Sie?«

»Ich werde … Ich weiß nicht. Mir wird schon etwas einfallen.« Brigitte kann sich nicht erinnern, jemals so einen Satz gedacht, geschweige denn gesagt zu haben. Ein Leben, ein Plan. Und das war gut so.

Und dann ist Michael … *Mon fils*.

Und auf einmal ist ihr Sohn ihr zu viel. Die Abwesenheit, der Schmerz, die Schuldgefühle, die Entfremdung, die Sehnsucht, der Alltag, die Wirklichkeit. Heute Abend erträgt sie das alles nicht mehr. Und sie wünscht sich, Hans wäre hier und würde sehen, dass sie doch keine Maschine ist. Etwas bleibt ihr im Hals stecken, ein großes Stück Möhre, die sie nicht gegessen, eine Olive vielleicht, die sie an den Tellerrand geschoben hat, etwas lässt keine Luft durch, und sie bekommt Angst und ist sich des Ortes plötzlich sehr bewusst, und hier, in einem vollen Restaurant, erstickt man nicht, weint man nicht, nein, auf gar keinen Fall. Vor allem, wenn man auch sonst nie …

Brigitte steht auf, die Hände beschäftigt wie in einem Überlebenskampf.

»Was ist? Brigitte, was haben Sie?«

Sie schüttelt den Kopf und verlässt den Raum, sie stürmt nicht auf die Straße, nein, sie geht gefasst und überlässt Christian alles: ihr Jäckchen, ihre Tasche, die Rechnung. Dessen ist sie sich bewusst, aber sie kann nicht anders, sie muss an die Luft, sie muss atmen, die Beine bewegen, all den Staub wegwischen, all die Geister wegbügeln.

In Millau haben zwei Frauen und ein Mann die ganzen zwanzig Minuten, die sie in der Gruppe verbracht hat, ununterbrochen gestrickt, ohne ein einziges Mal auf den Strickfaden zu schauen.

Warum fällt ihr ausgerechnet jetzt so etwas ein?

Es riecht nach Regen. Es ist windig, das Atmen eine Jahrhundertaufgabe.

Dann steht Christian vor ihr, ihre Sachen unter dem Arm. Er sagt nichts, und Brigitte ist ihm dafür dankbar. Sie legt ihre Hand auf seinen Unterarm, drückt ihn fest, hofft, sie sieht besser aus, als sie sich fühlt; hofft, sie kann ihn täuschen.

Langsam folgen sie der Straße, biegen in die Gasse, die zu ihrem Hotel führt, gleich um die Ecke, immer steht nur eine Ecke zwischen ihr und ihrem Ziel, hier in dieser Stadt. So kommt es ihr vor.

»Ich kann Sie jetzt doch nicht allein lassen«, flüstert Christian, als sie vor dem Eingang stehen und sie ihre Sachen nehmen will.

Brigitte sieht ihn an, sie sieht ihn wirklich an, wahrlich und wahrhaftig. Sie drückt noch einmal fest seinen Arm und lässt ihn da stehen, ohne zu lächeln, macht die Tür hinter sich zu, verlässt ihn.

Während ihr Herz nach Luft schreit.

7.

Was für eine Erleichterung!

An den nächsten zwei Tagen wacht Brigitte in ihrem Hotelbett auf, und ihr erster Gedanke ist wieder Michael. Es gibt keine Träume und keine unbekannten Gefühle und keine gesichtslosen Menschen, die ihr zu nahe kommen – nur Michael, fremd und in weiter Ferne, aber dennoch ihrer in ihr. Die Ordnung ist wiederhergestellt, zumindest am frühen Morgen.

An den nächsten zwei Tagen besorgt Brigitte noch einige Kleinigkeiten für die neue Wohnung. Eine Vase zum Beispiel. Und sie geht in ein Geschäft gleich um die Ecke und kauft Dutzende von Musicals auf DVD, einige muss sie bestellen, denn auf keines will sie verzichten. Sie freut sich schon auf die heimischen Kinoabende, noch ein Baustein in ihrer Weltordnung.

An den nächsten zwei Tagen testet Brigitte verschiedene Gerichte in verschiedenen Restaurants und Kneipen, und nur einmal schickt sie das Bestellte zurück mit den Worten, der Koch solle es selbst essen. Sie verbringt den ganzen ersten Tag in der Stadt, immer in Bewegung, was einfach ist, wenn man die Größe bedenkt. Es werden viele, sehr viele

Schritte gezählt. Die Türme der Notre-Dame ziehen sie an, sie hebt immer wieder den Blick zu ihnen. Hört sie einen Ruf? Oder ist es nur der Wind, der schon den ganzen Tag den Müll in den Gassen aufwirbelt? Sie berührt zum ersten Mal die Eule, die so beschädigt und abgenutzt ist, dass sie als solche nicht mehr erkennbar ist, und die sie vor zwei Nächten nicht einmal richtig anschauen wollte, mit der linken Hand. Alles, wie es sein muss. Der Stein ist kalt, der Vogel schweigt, alles dummes Zeug. Dabei bleibt sie. Sie hat keinen Wunsch. Ein Wunsch an sich ist schon Unsinn. Eine Lüge. Die Toten stehen nicht auf. *Mort.* Noch einmal zu den Türmen hoch, Wolken rasen an ihnen vorüber. Ihre Hände gleiten über die Bluse, über die Ärmel. In der *Aux Délices de la Chouette* kauft sie zwei Stück Kuchen, eigentlich heißt es nicht Kuchen, es sind *pâtisseries fines.* Nicht für sich selbst, nein. Sie hat nicht vor, jetzt damit anzufangen. Wobei: Wo, wenn nicht hier? Aber dennoch, nein danke. In den *Galeries Lafayette* kauft sie sich ein Parfum, eines, das sie noch nie benutzt hat – ihr ganzes Erwachsenenleben riecht sie nach Chanel N°5. Sie hat keinen Plan, ihr war danach. So wie es ihr danach war, eine Sonnenbrille zu kaufen, auch wenn sie nie eine getragen hat. Wie sich alles in einem Augenblick ändern kann – und dann auch nicht. Ein Duft macht doch keinen Menschen aus! Oder? Nein, daran glaubt Brigitte nicht. Aber ein toter Sohn? Ob das womöglich etwas ändert? *Mort.* Alles Unfug. Die Finger auf dem Weg zum Rock, einmal, zweimal. Bei Hermès kauft sie eine Ledertasche für Hans, eine Aktentasche. Geht es noch unsinniger!

Am zweiten Tag läuft sie zum *Parc des expositions*, es ist eine lange Strecke, im Hotel hat man ihr geraten, ein Taxi zu nehmen: Am Ende wird ihr alles zu viel, und sie zählt nur noch eins, eins, eins – jeder Schritt ein Schritt für sich, mehr als ihn gibt es nicht. Sie bezahlt neun Euro, und man lässt sie hinein. Drinnen plötzlich ein Gefühl, als wäre sie zu Hause: Wie oft wurden Hans' Möbelstücke von solchen prächtigen Kunstwerken inspiriert! Bei einem Schrank bleibt sie stehen, ihr Fachfrauenherz schlägt schneller. Aber er ist nichts für ihre neue Wohnung, die die Wohnung einer kinderlosen Mutter ist. Glatt ist der Rock, die Bluse. Sie bewundert den Schrank zu lange, der Verkäufer ist schon bei ihr, sie winkt ab, sagt auf Deutsch, sie spreche kein Französisch, aber als er aufgeregt meint, sie solle bitte warten, er hole seinen Kollegen, und ihr den Rücken zudreht – schleicht sie sich davon. An den Fingerspitzen spürt sie lange noch die Erhabenheit und Wärme des lackierten Holzes. Und als sie nach vielen Stunden schon denkt, dass dieser Schrank das Schönste ist, was diese Messe bieten kann – sieht sie ihn.

Da hängt er. Über einer ausschweifenden Barockkommode hängt ihr Spiegel. Ihr wahr gewordener Wunsch. Sie betrachtet ihn zuerst aus der Entfernung, er ist der König der Könige aller Spiegel. Dann hält sie es nicht mehr aus, kommt näher, ganz nahe, streckt die Hand aus, schließt die Augen, berührt ihn. Alles, was sie so über ihn erfährt, bestätigt ihr Gefühl der Zugehörigkeit. Er ist groß und stark und zuverlässig und glatt und beständig und gerade, nur wenige Windungen zieren ihn. Als sie die Augen wieder öffnet, sieht sie ihr Abbild, erkennt die Frau, die sie war, die sie nicht mehr ist, auch wenn sie nicht an Veränderungen glaubt, und denkt: *Mon fils est mort.* Schließlich steht der stolze Noch-Besitzer ihres Spiegels neben ihr, und sie betrachten ihn schweigend zusammen. Dann wird verhandelt. Darin ist Brigitte gut, das hat sie von Hans gelernt. »Haben Sie gesehen, dass oben im Rahmen eine Eule eingeschnitzt ist? So passend, nicht?« Monsieur Laroch lächelt geheimnisvoll und berührt den Vogel mit der linken Hand. Brigitte kommt noch näher, ja, natürlich, wie konnte sie das übersehen, *la chouette*, eine richtige *la chouette* – nur unbeschädigt. Das findet Brigitte tatsächlich passend. Sie selbst ist für sie beide beschädigt genug, für die ganze Welt. Sie einigen sich auf einen Preis, vereinbaren die Lieferung. Sie glättet den Rock, aber nur einmal.

Erst spät am Abend kehrt sie zurück, sieht sich angespannt um, niemand wartet, sie schleicht sich ins Hotel. Im Badezimmer betrachtet sie dann ihr gerötetes Gesicht und ist nicht zufrieden mit sich. Nicht einmal als Teenager musste sie so einem Gesicht im Spiegel begegnen. Hans, der neue Hans, der weinende Hans würde sich nicht wundern, vielleicht würde ihm das sogar gefallen, vielleicht würde er die Röte als Zeichen ihrer Menschlichkeit sehen, vielleicht. Aber Hans ist nicht da, weder der neue noch der alte, und Brigitte wäre wirklich dankbar, wenn er auch endlich aus ihrem Kopf verschwinden würde. Sie vermisst ihn nicht, sie will ihn nicht bei sich haben. Sie will nicht, dass seine Stimme in ihren Ohren herumgeistert. Er hat sie verraten, also soll er sie in Ruhe lassen.

Ihr Gesicht wird wieder blass. Sie denkt an ihren Spiegel. An ihr wiedergefundenes Abbild. Sie denkt an *la chouette*. Sie denkt an morgen. Sie geht voller Vorfreude ins Bett. Die Laken sind makellos glatt, werden noch makelloser. Morgen ist Samstag.

Dann fallen ihr die Törtchen ein, die sie gestern gekauft hat, nicht für sich, nein. Sie sind immer noch in der Minibar. Sie steht auf und wirft sie in den Mülleimer im Badezimmer.

Morgen ist Samstag.

An den nächsten zwei Tagen tut Christian alles, was er normalerweise täte – wenn er nicht ständig an Brigitte denken würde.

An den nächsten zwei Tagen macht er pünktlich seine Buchhandlung auf und bleibt auch nach Ladenschluss da, im hell erleuchteten Geschäft, als wollte er eine Botschaft senden, als wäre er ein Leuchtturm; er ist entgegenkommend, berät seine Kunden mit Herz und Seele und Verstand, bestellt Bücher und CDs, zahlt Rechnungen, schreibt Empfehlungen. Er denkt über sein großes Projekt nach, in seinem Kopf sieht alles so perfekt aus. Aber ohne diesen einen Anruf, diese eine E-Mail ist alles nur verlorene Zeit. Also wartet er natürlich drauf. Auf ein Jawort. Und natürlich prüft er immer wieder die Fülle des Balkens, der aber noch nicht im hellgrünen Bereich ist, auch wenn die

Prozentzahl steigt. Er zwingt sich dazu, nichts hineinzuinterpretieren. Und natürlich liest er. Wie üblich mehrere Bücher auf einmal, und keines wird in diesen zwei Tagen weggelegt, alle halten ihr Versprechen, und Christian freut sich darüber. Bücher, die Weltretter!

An den nächsten zwei Tagen isst er zweimal bei seinen Eltern zu Mittag, lobt das Essen und mimt den schuldbewussten, reuevollen Sohn, entschuldigt sich aber mit keinem Wort für seine vollkommene Abwesenheit in den Tagen zuvor. Die Mutter ist mal beleidigt, mal überwältigt, mal besorgt, mal glücklich, läuft um ihn herum und redet ohne Punkt und Komma, nicht mal ein Semikolon baut sie in ihre Sätze ein. Was er sich denn denke, das sei doch nicht normal, wie solle das gehen, sie schlafe ja gar nicht mehr vor Sorge, was solle nur aus ihm werden, ob er in den Tagen überhaupt was gegessen habe, wie er wieder aussehe, ganz mager und erschöpft, was los mit ihm sei, sie werde ihm gleich einen Arzttermin ausmachen, vielleicht sollte er es noch einmal mit einer Gruppentherapie versuchen, sie habe sich schon erkundigt, das werde ihm sicher guttun, und sie würde es auch beruhigen, sie erkenne ihn nicht mehr, und wieder habe er fast nichts gegessen, warum mache sie sich überhaupt die Mühe, er müsse zu Kräften kommen, wenigstens zwei Teller müsse er in seinem Zustand essen, er solle mal in den Spiegel sehen, das könne doch keine Mutter aushalten, und warum sei er überhaupt so grausam zu ihr, sie wolle doch nur sein Bestes, und das sei nicht normal, und er müsse diese Frau vergessen, sie hinter sich lassen, was vorbei sei, sei vorbei, nach vorne müsse er schauen, er sei doch noch so jung, und das ganze Leben liege noch vor ihm, und eigentlich habe sie sie, diese Frau, nie richtig gemocht, so, jetzt sei es raus, und es sei ihr egal, und das sei nicht normal, und worauf warte er, und hoffentlich mache er sich keine Hoffnungen, und sie wolle die Frau nie mehr sehen, und so, jetzt sei es raus, und was habe er an ihr gefunden, das habe sie nie verstanden, das tue einer Mutter weh, und das sei nicht normal, alle sagten das, alle. Christian verabschiedet sich an dem Tag wortlos, als wären alle Worte und alle Sätze in diesem Augenblick aufgebraucht, zu erschöpft für eine neue Runde.

An den nächsten zwei Tagen redet er mit allen Familienmitgliedern einzeln, jeder zieht ihn zur Seite und sieht ihn bedeutungsvoll und eindringlich an, er vermutet eine Absprache und mütterliche Anstiftung, antwortet, wenn möglich, einsilbig, beteuert immer wieder, dass es ihm gut gehe. »Man hat dich mit einer Frau gesehen«, sagt Marléne geradeheraus. »Sie soll alt sein. Wer ist sie?«, fragt Joceline, als sie dran ist. »Und denkst du nicht, dass …? Vielleicht?« Christian weiß, dass seine Schwester nichts von der-deren-Name-und-so-weiter gehalten hat, aber ihr ist die Ehe als solche heilig – vor allem, wenn der Gatte ein Arzt ist, sprich: ein Gott. »Man kennt dich hier«, bemerkt Martha, die als älteste immer einen Abstand behält, als wären sie alle noch Kinder, alle außer ihr. Claude fragt lediglich, ob er, Christian, sich das gut überlegt habe, eine ältere Frau sei womöglich nicht das Richtige für ihn. Der Vater legt seine große Hand auf Christians Schulter und sagt, ohne ihn anzusehen, nur seinen Namen und bewegt dabei seinen Kopf irgendwo zwischen Nicken und Schütteln, Christian kann damit nichts anfangen, antwortet nicht, auch wenn er das Gefühl hat, der Vater würde doch mehr wissen wollen. Doch bevor er ihn gehen lässt, sagt er dann sehr, sehr leise: »Vergiss diese Frau. *Sie* wird wiederkommen, mach dir keine Sorgen.« Er spricht dieses »sie« mit sehr viel Nachdruck und Gefühl. Christian ist so erstaunt, dass er beim Weggehen sein Buch auf dem Esstisch vergisst. Mutter ist die Einzige, die Brigittes Existenz mit keinem Wort würdigt, was ihn noch mehr beunruhigt, denn er kennt seine liebe Florine, ihr Schweigen bedeutet nie etwas Gutes. Irgendwann bekommt jedes ihrer Kinder die Quittung.

An den nächsten zwei Tagen wartet er auf den Samstag.

8.

Am Samstagmorgen erwacht Brigitte mit dem Schrecken, dass sie verschlafen, den Vermieter und die Schlüsselübergabe verpasst und somit die Wohnung verloren hat.

Der zweite Gedanke ist dann: *Mon fils est …*

Zwei Schrecken findet Brigitte einfacher, man kann verteilen und ausweichen und sich ablenken. Man kann sich einreden, es wäre nicht ganz so schlimm. Geteiltes Leid und so, sagt man. Bis man feststellt, dass einer der Schrecken nicht real ist, und es doch kein Gegengewicht gibt und die eine Seite der Waage wieder ins Bodenlose abwärtsrauscht. Chancenlos. So herrscht wieder Ordnung.

Sie duscht sehr warm, fast heiß.

In diesem ganzen Jahr seiner endgültigen Abwesenheit ist Michael ihr nie erschienen, hat sie nie angesprochen, sich im Restaurant neben sie gesetzt, oder im Hotel oder in einer der vielen Selbsthilfegruppen. Als sie in Marseille auf der steilen Klippe stand, hat er sie auch alleingelassen – also ist sie einfach in die Stadt zurückgefahren. Vielleicht war er zu sehr mit seinem Vater beschäftigt, wer weiß. Hans hat geweint, um Gottes willen, er hat geweint! Was sollte der arme Junge schon machen, als ihm zu Hilfe zu eilen.

Brigitte weint nicht. Sie zetert nicht, sie fleht nicht, sie wehklagt nicht. Brigitte reist herum, verbringt am jeweiligen Ort höchstens eine halbe Stunde in einer Verlust-Selbsthilfegruppe, sagt kein Wort, spricht nicht über ihren Sohn, nein, und mietet schließlich eine Wohnung in einer Stadt, die ihr nichts bedeutet, die aber voll von potenziellen Michaels ist. Voller Leben. Brigitte braucht das, das Leben, wenigstens um sich herum.

Brigitte weiß nicht, ob Michael je in Dijon war.

In den Wasserleitungen gluckert es. Sie muss sich immer wieder daran erinnern, dass Michael nicht ertrunken ist. Sie weiß es – und dennoch. Ob ein oder eine See, ob Regen oder Fluss, ob Schwimmbad oder Dusche: Wo Wasser ist, ist auch ihr toter Sohn.

»*Mon fils est mort*«, sagt sie laut. Und wünscht sich plötzlich einen anderen Vater für ihr totes Kind. Einen, der ihr geholfen hätte, eine richtige Mutter zu sein, von Anfang an; der ihre Meinung und Ansichten nicht geteilt hätte; der ihrem Sohn ein Zuhause gegeben hätte, in das er gerne zurückgekommen wäre, immer wieder. Jeden Tag, jede Stunde. Wenn Brigitte an Schuldzuweisungen glauben würde, würde sie Hans anklagen, verklagen, für alles verantwortlich machen.

Die zerbrochenen Törtchen im Mülleimer. Sie sieht weg.

Sie trocknet sich schnell ab, zieht einen Jeansrock und ein Jeanshemd an, heute für alle Fälle ganz sportlich, ein Tropfen Parfum hinter den Ohren muss immer sein.

Der neue Flakon steht unberührt auf dem Nachttisch, dort wird er auch bleiben.

Gepackt hat sie schon gestern, die Rechnung ist ebenfalls beglichen, die nette junge Frau am Empfang hat ihr versprochen, jemand würde sich um ihr Gepäck kümmern. Sie ist bereit. Den Kaffee wird sie unterwegs trinken oder in der neuen Wohnung.

Ihrer Wohnung. Sie ist achtundvierzig, und das wird ihre dritte Adresse.

Sie ist aufgeregt.

Was wird Hans dazu sagen?

Vor dem Neubau am Place Darcy wartet Christian, und sie muss an den Spiegel denken.

Christian wartet schon seit sieben Uhr. Er wusste, dass die Möbel ab acht geliefert werden würden, was heißt, dass die Schlüsselübergabe davor stattfinden muss. Er hat sein Buch dabei, er hält es offen, als würde er lesen, aber er schaut sich ständig um, erwartet Brigitte oder ihren Wagen.

Sie haben sich zwei Tage nicht gesehen, er weiß nicht, warum, fast könnte man meinen, sie hätten es so abgesprochen. Er hat aber an sie gedacht, die ganze Zeit hat er an sie gedacht. Hat sie gesucht, gehofft, dass sie ihn in der Buchhandlung besuchen kommt, ihm wenigstens eine Nachricht schicken würde. Er kann nicht sagen, dass er diesen Abstand gebraucht hat, er hatte auch nicht das Gefühl, es wäre zu viel gewesen. Es hat sich einfach so ergeben. Oder es hatte tatsächlich etwas mit den Bemerkungen seiner Geschwister zu tun, vielleicht hat ihn das beschäftigt, ohne dass es ihm bewusst gewesen wäre. Vielleicht. Hat er schon gestern Abend gewusst, dass er jetzt hier stehen würde? Vielleicht, es war aber keine Entscheidung, es war lediglich eine Klarheit nach einer kurzen, schlaflosen Nacht.

Sie kommt auf ihn zu. Er erkennt sie kaum in ihrer sportlichen Ausgabe, er muss lächeln, sie sieht jung aus, nicht wie ein Mädchen, das war sie wahrscheinlich nie, aber jung, unbeschwert. Ob sie ihn nach Hause schicken wird?

»Guten Morgen«, sagt sie.

»Guten Morgen«, sagt er und reicht ihr einen Becher Kaffee. Er ist gut vorbereitet, die Thermoskanne ist voll.

Sie sehen sich an.

»Es ist schön, Sie zu sehen.« Das wollte er eigentlich nicht sagen. Sie nickt, senkt den Kopf, schaut sich um, als würde sie jemanden suchen.

»Ich muss rein, der Vermieter ist sicher schon da.«

Christian will etwas bemerken, will ihr seinen Entschluss, ihr heute zur Verfügung zu stehen, mitteilen, als eine elegante ältere Dame ihnen entgegenkommt und dabei breit und freundlich lächelt.

»Guten Morgen, Madame Weichmann!«

Natürlich, die Maklerin. Christian mochte sie bereits ungesehen und unbekannt, denn sie hat über Nacht eine Wohnung für Brigitte gezaubert. Sie werden einander vorgestellt. Meine Maklerin, mein Buchhändler, sagt Brigitte mit einer bewundernswerten Selbstverständlichkeit.

»Ist Monsieur Simon schon da?«

Niemand hat ihn gesehen, Madame Bercier klingelt, winkt aber gleichzeitig mit einem Schlüssel, ihr Blick ist verschmitzt.

»Lassen Sie uns reingehen und in der Wohnung auf ihn warten.«

Im engen Aufzug berühren sich Christians und Brigittes Finger zufällig.

Die Wohnung befindet sich in der zweiten Etage, höher geht es hier auch nicht. Es ist zwar ein Neubau, aber in einem historischen Stadtteil, da muss sich das Moderne äußerlich anpassen.

Christian gefällt die Wohnung, sie ist geräumig und hell, hat viele Fenster, und er muss daran denken, dass es gut ist, dass Brigitte keine Bücher hat, viel Platz für Regale gibt es hier nicht.

Er dreht sich zu ihr, will einen Scherz darüber machen, sieht dann ihr aufgeregtes Gesicht, ihr Mund ist leicht geöffnet, sie sagt nichts, aber sie wundert sich, das ist offensichtlich. Und erst jetzt begreift Christian, dass Brigitte diese Wohnung auch zum ersten Mal sieht, dass sie die Räume bis jetzt nur von Bildern kennt.

Madame Bercier geht zufrieden herum, zeigt und erklärt, sie ist stolz auf sich und dieses Geschäft, in ihrem Alter und mit ihrer Erfahrung braucht man Herausforderungen noch dringender – niemand will am Arbeitstisch einschlafen. Aber vielleicht ist sein Gedanke unangemessen, beleidigend sogar. Er spricht ihn nicht aus, natürlich nicht. Denn er denkt zugleich, dass er die Maklerin auch für sein Projekt gewinnen könnte.

Dann ist Monsieur Simon da, Verträge und Protokolle werden ausgefüllt und unterschrieben, die Maklerin hält die Waage zwischen ihren beiden Kunden, Christian bewundert ihre Sensibilität. Ja, sie wird ihn sicher unterstützen wollen.

Aber Brigitte ist aufgeregt, der Rock muss leiden, immer und immer wieder, Christian würde sie gerne in die Arme nehmen, ihr zuflüstern, dass alles gut werde, alles gut sei. Der Einkaufsprofi von vor zwei Tagen mit einer Liste im Kopf ist heute nicht da, verschwunden. Vielleicht liegt es an der Kleidung. Vielleicht ist in den zwei Tagen etwas passiert – und er weiß nichts davon.

Beim Verabschieden sagt Madame Bercier: »Und wenn Sie eine Wohnung brauchen, wissen Sie, wo Sie mich finden.« Sie zwinkert Christian zu.

»Und wenn Sie ein Buch brauchen, wissen Sie, wo Sie mich finden.« Er überlegt kurz. »Vielleicht hören Sie früher von mir, als Sie denken.«

Die Maklerin lacht, droht ihm verspielt mit dem Zeigefinger, Monsieur Simon ist schon im Aufzug, und dann sind Christian und Brigitte allein. Er geht zum Fenster, sie lehnt an der Tür.

»Wollen Sie auch eine Wohnung mieten?«

Er versteht nicht sofort, was sie meint. Dann winkt er ab und schüttelt den Kopf, er ist nicht bereit, darüber zu reden.

»Noch einen Kaffee?«

»Ja, das wäre wundervoll.«

Es ist fast neun Uhr, und noch ist keine Lieferung eingetroffen. Man kann nur warten.

»Ich hole meine Sachen aus dem Auto. Ich kann es auch gleich in die Tiefgarage fahren.«

»Ich komme mit.«

»Aber jemand sollte hierbleiben.«

»Dann bleiben Sie, und ich hole Ihre Sachen.«

Sie beäugen sich. Sie glättet das Hemd, das zerknittert eigentlich besser aussehen würde, und reicht ihm den Autoschlüssel.

»In die Tiefgarage können Sie den Wagen dann später fahren.«

»Oder Sie machen es gleich.«

Christian schaut aus dem Fenster.

»Was ist?«

»Ich kann nicht fahren.« Er ist darauf vorbereitet, von ihr ausgelacht zu werden, jeder lacht ihn deswegen aus. Er ist der Einzige in seiner Familie, der keinen Führerschein hat, sogar seine Mutter rast mit einem Smart durch die Stadt und sammelt Strafzettel.

»Wie mein Michael.«

Das ist alles. Christian wartet, aber das ist alles. Dann geht er ihr Gepäck aus dem Auto holen.

Das hätte sie nicht sagen sollen, sie will nicht über Michael reden, und jede Erwähnung birgt die Gefahr weiterer Fragen. *Mon fils.* Und seinen Namen nennen, nein, das wollte sie auch nicht.

Dass Christian da ist, freut sie. Als sie ihn vor dem Hauseingang gesehen hat, war da ein Gefühl, ja, ein Gefühl – und die Erinnerung an die Törtchen, den Grund für ihre Vernichtung kennt sie nicht mehr. Aber dieses Gefühl. Sie ist doch nicht tot, sie doch nicht. Auch wenn Hans ihr das vorgeworfen hat. Sie sollte eine Liste mit seinen Vorwürfen zusammenstellen, leider ist sie kein Listenmensch, seltsam, das würde eigentlich zu ihr passen. Listen bedeuten Ordnung, und Brigitte ist die Ordnung selbst. Aber eben deswegen braucht sie sie vielleicht nicht, muss nichts aufschreiben, hat schon alles in sich. Sie weiß es nicht. Aber von Michael zu sprechen, nein, das ist nicht gut. Es geht niemanden etwas an.

Einen Mann, der nicht fahren kann, könnte sie ihn …?

Dieser Gedanke, wenn auch abgebrochen, kommt so unerwartet, dass sie nicht einmal fähig ist zu erschrecken. Und dabei müsste sie entsetzt sein.

Hans war … Hans ist ein guter Fahrer, das hat sie schon immer an ihm gemocht. Fahren bedeutet Unabhängigkeit, die Fähigkeit, sich selbstbestimmt von einem zum anderen Punkt zu bewegen. Hans konnte sie sich anvertrauen, ihr Leben, alles.

Wie seltsam.

Sie schlendert von einem Fenster zum nächsten, betritt das Schlafzimmer, das noch keines ist, bleibt neben der Tür stehen, schließt die Augen, wünscht sich, die ersten Lieferanten kämen endlich und sie hätte etwas zu tun. Was würde wohl Michael von dieser Aktion halten?

Mon fils.

Als er fünf Jahre alt war, hat er sie gefragt, ob sie tot sei. Sie saßen im Auto, sie am Steuer, er in seinem Kindersitz hinter ihr. Sie warteten an einer Ampel auf das grüne Licht. Das Radio war aus, sie hat gedacht, er schliefe. »Mami, bist du schon tot?« Seine Stimme war klar, artikuliert, als hätte er sie schon seit Stunden beobachtet, ihre Blicke trafen sich im Spiegel, sie lächelten nicht. Die Ampel zeigte gelb, sie fuhr los, und das war es dann.

Aber nicht bevor sie an ihren Weg zum See dachte, damals, mit ihm in ihrem Bauch.

Mon fils.

Ist sie schon tot? War sie je lebendig? Sie hat damals seine Frage nicht verstanden, jedenfalls nicht bewusst, und sie passenderweise vergessen. Kein Wort zu niemandem. Vor allem nicht zu Hans. Verdrängt. Verbannt. Vergraben. Das macht man doch so. Das macht sie so. Was nicht passt, wird weggeschoben. Aber es wird nicht gelogen, und nichts wird schöngeredet. Es wird nur selten zurückgeschaut, was vergangen ist, ist vergangen. Brigitte versteht nicht, warum das plötzlich nicht mehr so weitergehen konnte. Warum wollte Hans auf einmal die Vergangenheit zur Gegenwart machen, sich erinnern, bedauern, sich in zahlreichen Was-wäre-Wenns verlieren. Sinnlos und kindisch und … Einfach sinnlos. Aber menschlich, hat Hans gemeint und sie so angesehen, als wäre sie kein Mensch. Dann ist sie gegangen – mit dem Gedanken, dass ihr kleiner Sohn vielleicht recht hatte, damals, vor vielen Jahren. Die Angst, jemand könnte davon erfahren, ist immer noch präsent in ihr, auch wenn er nicht mehr da ist.

Mon fils.

Es klingelt.

Brigitte macht die Augen auf, widerwillig. Es klingelt noch einmal, und sie setzt sich langsam in Bewegung, zur Eingangstür ist es nicht weit. Wo ist die Ungeduld geblieben? Hat sie sich nicht noch vor fünf Minuten nach diesem Klingeln gesehnt?

Die Tür geht auf, und Christian kommt herein, hinter ihm zwei unbekannte, mit Kisten beladene Männer.

Es geht los.

Und bis drei Uhr Nachmittag ist alles da, geliefert und aufgebaut, und alle Handwerker sind weg. Es gibt nur noch Christian und sie. Und ihre Sachen, die eingeräumt werden müssen. Darauf freut Brigitte sich, einräumen macht Spaß, weil es Ordnung schafft.

»Haben Sie Hunger?«

Brigitte hält Badetücher in der Hand, sie ist auf dem Weg zum Schrank. Sie dreht sich zu Christian um, er steht mitten im Wohnzimmer und sieht sie an. Er ist so jung. Er ist jünger, als er ist. Er ist so voller Erwartung, dass ihr schwindlig wird. Ihr ist aber nie schwindlig. Ihr Sohn stirbt, und sie steht mit klarem Kopf und auf sicheren Beinen im Esszimmer ihres Hauses am See. Dort befindet sie sich, als die Nachricht kommt, als das Telefon klingelt und Hans rangeht und sie erfahren, dass Michael tot ist. Ihre Beine verlieren nicht den Boden unter den Füßen, ihre Knie wackeln nicht. Sie kennt keinen Schwindel. Hans weint und schluchzt und gibt Laute von sich, die Brigitte nicht hören will, und sie bleibt standhaft. Das könne er ihr nicht verzeihen, hat Hans gesagt. Dann ist sie gegangen. *Mort.*

»Hunger?« Ihre Stimme kommt aus großer Entfernung. »Ich weiß nicht. Und Sie?«

»Ich könnte einen Bären aufessen!«

Ja, jünger, als er ist, das ist er. Sie nickt.

»Dann bestelle ich uns was, oder wollen Sie lieber ausgehen?«

Nein, das will sie nicht. Sie will alles sortieren, zurechtlegen, herrichten. Heute Abend muss die Wohnung so sein, wie sie es haben will, keine Kiste darf unausgeleert bleiben. So ist sie, und sie kann gut damit leben.

Plötzlich denkt sie, sie könnte weinen. Wenn sie sich gehen ließe, könnte sie es. Wenn sie es könnte, würde sie es jetzt tun. So unerwartet und grundlos.

Christian holt sein Handy aus der Tasche, drückt auf den Tasten herum.

»Worauf haben Sie Lust?« Er sieht sie nicht an, und Brigitte darf nicht sagen, worauf sie Lust hat. »Italienisch? Asiatisch? Griechisch?«

»Etwas Brotiges?«

Er sieht sie an. »Brotiges? Was soll das heißen? Welche Sprache ist das?«

»Etwas zum Beißen. Keinen Salat.«

»Einen Burger?«

»Ich habe noch nie einen gegessen.«

Christian verdreht die Augen. Er murmelt etwas vor sich hin, Brigitte versteht kein Wort, aber es ist ihr egal.

»Dann bestelle ich uns zwei Burger. Und etwas zu trinken?«

»Für mich Wasser.«

Er sieht sie kurz an, dann tippt er weiter. Brigitte ist sich nicht sicher, was er da genau tut. Sie legt die Badetücher in den Schrank, schon gewaschen und noch warm vom Trockner.

»Das Essen kommt in einer Stunde.«

Sie nickt, er kann sie aber nicht sehen. Als sie wieder im Wohnzimmer ist, macht er eine Kiste auf, holt DVDs heraus.

»Was ist denn das?« Er dreht sich zu ihr um. »Ich erinnere mich nicht, dass wir die gekauft haben.«

Sie geht auf ihn zu, nimmt ihm die DVDs aus der Hand, vorsichtig, sehr vorsichtig.

»Ich bin vorgestern zufällig darauf gestoßen. In dem Laden um die Ecke.«

»Sie sind witzig«, sagt er, lächelt nicht, sie weiß nicht, wie er das meint.

»Ich habe noch mehr bestellt. Alle von vor 1970, je älter desto besser.«

Sie spürt seinen Blick, will ihm aber nicht begegnen. Es ist ihre Schwäche, ihre einzige Schwäche. Manchmal denkt sie, das ist sie, das ist alles, was sie ist. Michaels kleiner Körper neben ihr, seine verschwitzten kleinen Hände, die nach Kindergarten riechen, die noch eine Berührung mit ihr brauchen, die sie immer noch als Mutter anerkennen und annehmen. Vielleicht hat es etwas damit zu tun, ja. Und damit, dass Michael jetzt tot ist. Nein, keine Leidenschaft, keine Besessenheit.

Nur eine Erinnerung.

Sie ist ein Felsen.

Mit beiden Füßen, ganz fest.

Aber andere beim Tanzen, beim Abheben zu beobachten, das kann sie gut. Dann wird auch sie zu einer Feder.

»Wenn das Essen da ist, können wir uns einen Film ansehen.« Sie hört sich das sagen, kann es aber nicht glauben. Aus so vielen Gründen kann sie nicht glauben, dass sie diese Worte ausgesprochen hat. Brigitte teilt nicht. Der Tote zählt nicht. Weil er eben … *Mon fils est.*

»Gerne. Was wollen wir denn anschauen?«

»Ich weiß noch nicht. Was würden Sie sehen wollen?«

»Keine Ahnung, ich kenne keinen dieser Filme.«

Brigitte tut nichts, um ihre Verwunderung zu verbergen.

»Das entscheiden wir dann«, sagt sie nur und widmet sich wieder dem Einräumen. Der Gedanke, sie sollte sich besser bei ihm bedanken und ihn sofort nach Hause schicken, verweilt, während sie ihre Röcke aufhängt – nachdem sie sie geglättet hat. Aber als die Blusen an der Reihe sind, ist er schon weg, dieser Gedanke, und sie sagt nichts.

»Fertig«, flüstert sie und sieht sich in ihrem Schlafzimmer um. Das Bett ist gemacht, die Bettwäsche hat sie sogar gebügelt, wie immer, ohne sich von Christians Scherzen ablenken zu lassen; der Schrank ist zu, Koffer, Taschen und Kartons sind ausgeräumt. Brigitte ist zufrieden.

»Fertig!«, ruft Christian aus dem Wohnzimmer.

Brigitte denkt nicht, was für ein Zufall, sie glaubt nicht an Zeichen oder Wunder oder Mysterien.

»Ich habe Ihnen zwei Törtchen gekauft und sie dann in den Müll geworfen.«

»Das bedeutet, wir müssen uns ab sofort duzen.«

Im gleichen Moment klingelt es, und das Thema ist wieder einmal vom Tisch – vorläufig.

Christian ist froh, dass Brigitte in ihrem organisierten Kaufrausch auch eine Mikrowelle auf der Liste hatte. So kann sie duschen und sich umziehen und ein neues Leben in ihrer neuen Wohnung anfangen – und ihre Burger können sie dann danach trotzdem warm genießen.

Zwei Törtchen! Was soll das bedeuten? Zwei Törtchen im Müll. Was heißt das?

Und warum lehnt sie so beharrlich dieses blöde Duzen ab! Jeder duzt sich, da ist doch nichts dabei.

Es macht ihm nichts aus, auf sie zu warten. Er stöbert in den DVDs und wundert sich, wie wenige Filme er kennt, manche Titel sind ihm schon vertraut, aber gesehen hat er sie nicht. Er hat immer schon lieber gelesen. Er mochte es noch nie, Vorstellungen und Interpretationen anderer aufgezwungen zu bekommen – Bücher lassen ihm mehr Freiheit, sagt er, wenn man ihn fragt, seine Fantasie sei ihm dankbar dafür. So stellt er sich das jedenfalls vor.

Was für ein Tag! Christian hat das Gefühl, das Leben eines anderen Menschen zu leben, zu erleben. Er ist zwar immer noch Christian, aber er ist in vollkommener Sicherheit, nichts kann ihn berühren, ihm etwas anhaben, fast schon ein Superheld ist er. Die Idee gefällt ihm. Die Welt retten, ja, das wäre was. Oder wenigstens einen Menschen. Ob Brigitte gerettet werden muss, das weiß er nicht, darüber hat er nicht nachgedacht. Sie sieht nicht so aus, als bräuchte sie Hilfe. Wenn man sie sieht, denkt man, alles läuft nach Plan, nach ihrem Plan.

Und doch haben sie sich ausgerechnet in einer Selbsthilfegruppe kennengelernt.

Und doch hat sie ihm Törtchen gekauft. Zwei Stück.

Er will bei ihr sein, das weiß er mit Sicherheit und Überzeugung. Und sie hat ihn nicht nach Hause geschickt.

Er prüft seine E-Mails. Nichts. Noch nichts. Es ist aber auch Samstag.

Die Wohnzimmertür geht auf, und Brigitte kommt herein. Ein Rock und eine Bluse und flache Schuhe, die unter Umständen auch Pantoffeln sein könnten, Christian kennt sich da nicht aus. Er weiß nur, dass sie bereit ist, sie könnte sich neben ihn auf das Sofa setzen oder auf die Straße gehen, einen Spaziergang machen, ein Restaurant betreten. Alles ist da.

Sie sehen sich an. Christian steht auf.

»Dann mache ich uns jetzt die Burger warm, und Sie suchen einen Film für uns aus.«

Er geht in die Küche, er muss nicht an ihr vorbei, sie sagt kein Wort.

Als er zurückkommt, sitzt sie am Sofarand und ist abwesend, das ist klar zu sehen. In einer Hand hält sie drei DVDs, die andere bewegt sich auf dem Rock hin und her, langsam, aber nicht entspannt.

Christian entscheidet sich für Gelassenheit und gegen Fragen.

»Ich sterbe vor Hunger!«

Brigitte dreht nachdenklich den Kopf zu ihm, ihr Blick ist durchsichtig, ihre Augen angestrengt, rötlich fast. Es könnte auch das späte Licht sein.

Christian wird unsicher, stellt die Teller auf dem Tisch ab.

»Brigitte?«

Das späte feuchte Licht.

Sie sehen sich an. Keine Tränen. Kein Wort.

Christian setzt sich zu ihr, so schweigen sie.

Und so werden die Burger erneut kalt.

Die Lichtstrahlen fallen immer schräger herein. Christian hat die Augen geschlossen und fühlt sich wohl, trotz allem. Keine Lampe ist an in der Wohnung. Christian könnte einschlafen.

»Ich kann das nicht.«

Christian braucht Zeit, nicht, um zu verstehen, nein, das kann er nicht, das weiß er sofort. Er braucht Zeit, um sprechen zu können, um den nötigen Tonus in seine Gesichtsmuskeln zu bringen.

»Wir müssen uns keinen Film anschauen, das ist in Ordnung.« Seine Augen sind noch zu, seine Worte kommen nicht klar heraus. »Aber ich würde schon gerne wissen, erleben, was Sie an diesen alten Streifen so fasziniert.« Er spürt, wie sie den Kopf schüttelt. »Oder Sie schicken mich nach Hause.«

Brigitte steht abrupt auf, Christian öffnet die Augen.

»Sie verstehen das nicht.«

»Muss ich auch nicht, alles gut.« Er lächelt, hofft, sie so beruhigen zu können, denn irgendetwas hat sie, er kann es auch in dieser Dunkelheit klar sehen. Ihre fleißigen Hände kann er sogar hören. Wenn sie so weitermacht, wird sie anfangen zu brennen.

»Ich kann nicht.« Ihre Stimme wird sicherer, sie hat entschieden.

Christian steht auch auf, mit Mühe und ohne Lust.

»Dann gehe ich.«

»Sie haben Ihren Burger nicht gegessen.«

»Ist ja sowieso schon wieder kalt.«

»Wir könnten ihn noch einmal wärmen.«

Christian versteht die Welt nicht mehr.

»Aufwärmen.« Das kann er also noch. »Ist das ein Angebot? Soll ich bleiben? Wollen Sie, dass ich bleibe?« Er kommt sich so kindlich vor, ausgeliefert, abhängig. Ihr tiefer Seufzer überrascht ihn, er hätte nicht gedacht, dass sie dazu fähig ist, willens.

»Alles auf Anfang.« Sie macht eine Lampe an. »Sie bringen unser Essen wieder in die Küche und tun, was Sie tun müssen, wärmen oder aufwärmen, und ich suche uns einen Film aus.« Er bewegt sich nicht. »Haben Sie Wünsche?« Christian macht den Mund auf, sagt nichts. »Eine Komödie? Oder lieber ein Melodrama? Einen Klassiker?«

Er ist überfordert und wünscht sich ein Buch, er muss jetzt nicht lesen, aber ein Buch berühren, in die Hand nehmen, das muss er dringend. Er sieht sich um, natürlich hat sie kein Buch, sie hat nicht gelogen. Er sucht nach seinem Rucksack, da ist neben der Thermoskanne auch sein Buch für unterwegs. Seine Hände zittern.

»Ist Ihnen schlecht?«

Er beachtet sie nicht, eilt in den Flur, da ist er, liegt in der Ecke, als wäre er Abfall und kein Lebensretter. Christian holt das Buch heraus. Dieses Gefühl. Ein Freund. Ein Seelenverwandter. Die Familie. Und die Geschichte einer Familie, das passt gut zusammen.

»Das kommt davon, wenn man nichts isst. Sie sind zu jung, um den ganzen Tag mit leerem Magen zu arbeiten.« Sie scherzt nicht, ihre Stimme ist ruhig, ausgeglichen. Christian traut sich zu, alles geträumt zu haben, was er vorhin empfunden, erlebt hat, wie sie war, was sie gesagt hat.

Mit dem Buch in der Hand erledigt er alles.

Dann klingelt es.

Sie sehen sich an. Brigitte verschwindet im Flur, er hört leise Stimmen, etwas raschelt, die Tür geht wieder zu.

Und Brigitte kommt ins Wohnzimmer mit einem großen Spiegel in den Händen.

»Da ist sie, meine Überraschung!«

»Was ist das?«

»Ein Spiegel, was sonst.«

»Aber … Wo kommt der so plötzlich her?«

»Ich war auf der Antiquitätenmesse.«

»Ohne mich?« Er weiß, wie sich das anhört. Sie ignoriert es.

»Ist er nicht wunderschön? Mein Spiegel.«

Immer noch hält sie ihn in den Händen, sieht sich um.

»Und sehen Sie sich die Eule an! *La chouette.*« Sie ist zufrieden.

Er kommt näher, entdeckt die kleine Figur in der Mitte, ihre Blicke treffen sich über dem Rahmen.

»Christian?«

»Ja?«

»Er ist schwer.«

Wortlos legt er das Buch ab und übernimmt den Spiegel, ihre Finger berühren sich.

»Wohin damit?«

Sie zeigt an die Wand zum Schlafzimmer: »Hier, anlehnen, genau. Danke.«

Sie machen einen Schritt zurück und betrachten das Prachtstück.

»Mein Spiegel.«

Er versteht nicht, warum dieser Spiegel so wichtig ist. So schweigen sie, während Christian schon wieder sein Buch vermisst.

Die Burger werden zum zweiten Mal warm gemacht. Darüber will Christian nicht nachdenken.

Über die Törtchen auch nicht.

Genauso wenig wie über den Spiegel.

Was für ein Tag!

Kurze Zeit später sitzen sie wieder auf dem Sofa, mit den Tellern auf den Oberschenkeln, essen und schauen »Die Regenschirme von Cherbourg«. Auf Französisch, für sie eine Entdeckung.

Am Ende weint er, und sie kann nicht glauben, dass er den Film noch nie gesehen hat. Als Antwort weint er noch ein wenig.

Michael hat auch manchmal geweint. Sie hat es nie begriffen. Er war vielleicht zu klein. Manchmal hatte er einfach Angst, hat den Film nicht verstanden oder missverstanden. Er hat ihre Hand gehalten, der Druck hat rote Spuren hinterlassen. Dann wurde er älter und versteckte nicht mehr sein Gesicht in ihrer Bluse, und bald danach hat er sie völlig verlassen, ihr Kinozimmer, ihr Sofa. Schon lange bevor er ausgezogen ist. Als wäre er schon immer ein Fremder gewesen. Und dennoch ihr Sohn. Der manchmal auch geweint hatte.

Sie nicht, sie hat noch nie geweint.

Mitgesungen auch nicht.

»Was für ein Film!« Christian schnäuzt sich, ordnet sich, es gefällt ihr nicht, ihn dabei zu beobachten, das ist zu intim, das verbindet. Das geht tiefer als eine Berührung. Als ein Traum.

»Ja, ein großartiger Film.«

Christian steht auf, macht ein paar Schritte, geht zum Fenster, dann ist er wieder bei ihr, sein Buch immer noch in der Hand. Michael hatte eine Plüschmaus.

»Aber der Burger hat Ihnen geschmeckt?«

»Der war sehr gut. Haben Sie noch Hunger?« Sie steht auch auf, als könnte sie ihm etwas anbieten, als würde sie für ihn etwas kochen wollen.

»Jetzt wäre eine Pizza das Richtige, oder?«

»Das kann ich nicht sagen.«

»Filme und Pizza passen doch gut zusammen.«

»Normalerweise esse ich nie während eines Filmes.«

Als wäre sie von den Toten auferstanden, so sieht er sie mit seinen verheulten Augen an. Als wüsste er nicht, dass Tote nicht auferstehen können.

»Ich bestelle uns eine Pizza, wir können sie teilen.«

Sie schüttelt den Kopf. Er weiß nicht, dass sie nicht teilt. Hans weiß es. Wusste es. Vielleicht hat er es in der Zwischenzeit vergessen, vielleicht hat er auch sie vergessen. Oder er sucht sie. Ohne sie finden zu wollen. Denn was gibt es da noch für ihn, für sie beide? Außer Gewohnheit. Ist die Gewohnheit genug? War es je etwas anderes gewesen als Gewohnheit und der Wille, zusammenzubleiben – man hat vor Gott sein Wort gegeben, auf die Bibel geschworen. In Gottes Haus. Gott ist ihr dann vor einem Jahr völlig gleichgültig geworden, er hat keine Macht mehr über sie, keinen Zauber.

»Ich hätte lieber ein Eis.«

»Ein Eis.« Er wundert sich nicht, er überlegt. »Ich weiß nicht, ob man ein Eis bestellen kann, aber hier in der Nähe gibt es eine Eisdiele.«

»Um die Ecke.«

»Genau.«

»Dann nichts wie hin.«

Sie verschwindet im Schlafzimmer, zieht sich um. Sie geht nie auf die Straße in ihrer Hauskleidung. Auch wenn es lediglich um die Ecke ist. So hat sie das gelernt, anders kann sie nicht.

»Sie hätten … Ich sehe keinen Unterschied.«

»Das macht nichts.«

Sie verlassen die Wohnung.

Es ist alles so neu für sie. Diese Stadt und das neue Zuhause und dieser junge Mann. Da denkt sie es schon wieder. Wie dem auch sei, auch er ist immer noch so neu für sie. Das Buch hat er mitgenommen. Vielleicht ist ihm nicht zu helfen.

Die Eisdiele ist nicht um die Ecke, sondern lediglich einige Hundert Meter die Straße hinunter. Sie müssen sich anstellen. Das tun sie und schweigen. Zweimal, dreimal fährt sie mit der Hand über den Rock. Vanille. Sie nimmt immer Vanille. Eine Kugel. Ohne Sahne, ohne Streusel, ohne Schokolade.

»Ist das nicht langweilig?«, fragt Christian, und sie ist nicht überrascht, viele Leute denken das. »Mami, bist du schon tot?« Vielleicht ist das das Gleiche. Etwas Dumpfes schlägt in ihren Magen oder in den Brustkorb, es ist nicht einfach, den Druck zu orten. Vielleicht bedeutet nur und immer Vanilleeis essen, dass man schon tot ist.

Ihre Verzehrgeschwindigkeit ist perfekt, kein Tropfen Eis geht verloren. Sie spürt, wie Christian sie beim Essen beobachtet. Sie haben sich auf eine Bank im Park gesetzt, Brigitte isst nicht gerne im Gehen. »Natürlich«, hat Christian gesagt. Jetzt wischt sie sich den Mund ab, sie mag es nicht, wenn ihre Lippen kleben.

»Noch einen Wunsch?«

»Eine Pizza für Sie, würde ich sagen.«

Der Abend ist nicht warm und nicht kalt, der Himmel ist voller Sterne, die Bäume werden mit jeder Stunde grüner.

»Und dann?«

»Dann können wir uns noch einen Film anschauen, wenn Sie wollen.«

Erst jetzt sieht er sie an. Zwischen ihnen hätte ein kleines Kind Platz genug.

»Gibt es nach diesem noch einen Film? Darf man das?«, fragt er ernst, auch wenn sie vermutet, dass er sie sanft aufzieht.

»Alles gibt es. Sogar Leben nach dem Tod, nur nicht nach dem eigenen.«

»Ja, das Leben gibt es immer«, sagt er mit einer Stimme, die keine Ahnung vom Sterben hat, die aber den Schmerz und das Leiden kennt.

»Eine Komödie wäre vielleicht das Richtige für die Stimmung, was meinen Sie?« Sie hat schon einen bestimmten Film im Sinn.

»Ich weiß nicht.«

Sein Blick lässt sie nicht los. Sie will nicht, dass er denkt, was immer er nicht denken soll. Da gibt es nichts zu denken. Es ist nur ein Film. Und noch einer. Aber auch der nur ein Film. Und ein Film ist immer eine Lüge, ein Film hat mit dem Leben nichts zu tun, ein Film ist wie ein Traum, er kann nicht gefährlich werden, ein Film ist unschuldig und nur für die Augen und Ohren da.

Sie weiß, dass das so ganz nicht stimmt, aber eine Erklärung hat sie nicht, also hat sie eine Entscheidung getroffen: Ein Film ist nur eine Lüge und kann das Leben nicht berühren. Auch niemanden retten.

Er sieht sie ungläubig an, als hätte sie laut zu ihm gesprochen.

»Dort drüben ist eine gute Pizzeria, da holen wir uns eine Pizza und nehmen sie mit nach Hause und schauen uns eine Komödie an.«

Nach Hause. Nicht einmal sie kann diese Wohnung als Zuhause bezeichnen, es ist zu früh, sie ist ihr noch zu fremd. Außerdem kennt weder Hans diese Wohnung noch Michael. Kann es dann überhaupt noch ein Zuhause geben? Ein neues Zuhause?

Im Winter sind Hans und sie jeden Tag spazieren gegangen, in den Wald, der hinter ihrem Haus anfängt. Hans hat sich an ihr festgehalten, nur hier im Wald, nur da, hat sich bei ihr untergehakt, und sie sind gleichen Schrittes durch die Kälte gestapft. Ihre Nasen liefen. Hans hatte nie ein Taschentuch dabei, und Brigitte musste ihres teilen. Das war schön. Dennoch hat sie jedes Mal gesagt, das sei das letzte Mal, dass sie ihm ihres gebe. Hans sagte, wie eine echte Mutter. Aber das war falsch. Eine echte Mutter hätte zwei dabeigehabt. Sie kann sich nicht mehr erinnern, sie weiß nicht mehr, ob sie immer ein Tuch für Michael dabeihatte. Das ist so traurig. Ein Taschentuch mit Hans zu teilen, das geht noch, zu mehr ist sie nicht fähig. Ob er jetzt … Egal, Teilen ist schwierig. Wenn sie eine andere wäre, würde sie diese Spaziergänge vermissen. Vielleicht sogar Hans' Gejammer über die Kälte, seinen Arm unter ihrem. Wenn sie eine andere wäre.

Bis zur Pizzeria, die eigentlich ein richtiges Restaurant ist, sind es fünfhundertzwei Schritte. Und der Rock ist wieder glatt.

Die Pizza wird von einem echten Italiener gebacken, der kein Französisch spricht, sein Haar ist schwarz, seine Augen auch. Es könnte sein, dass diese Augen ein Meer vermissen, das denkt sich Brigitte, während sie ihn beim Teigausrollen beobachtet, aber sicher kann sie nicht sein. Genauso gut könnte er in den Dolomiten sein Zuhause haben. Kann man in ihren Augen Berge sehen? Oder den See? Wie lächerlich es wäre, wenn jemand ihr das sagen würde, so äußerst lächerlich romantisch. Hans hat keinen Sinn für Romantik, Gott sei Dank. Und während Christians Pizza im Ofen verschwindet, denkt Brigitte, dass sie es einmal doch gerne hören würde, so einen Unsinn, diese Worte, die keine Bedeutung haben, die nur einen Zweck verfolgen, die den Sagenden, aber vor allem den Zuhörenden, absolut lächerlich machen. Witzfiguren, das sind die zwei.

Wenn sie eine andere wäre.

Auf dem Weg in die Wohnung vergisst sie zu zählen, es fällt ihr erst auf, als sie vor der Haustür stehen, und sie ärgert sich. Schritte sind wichtig, Zahlen sind wichtig. Wie soll man sich sonst zurechtfinden in der Welt.

Sie zieht sich im Schlafzimmer um, sie hat die Tür hinter sich zugemacht. Sie stellt sich vor, Christian würde hereinkommen. Sie weiß nicht, was in sie gefahren ist. Sie hängt den Rock am Kleiderbügel auf, streicht dreimal darüber. Dann die Bluse. Faltenlos, das ganze Leben faltenlos, ewig jung und makellos.

Christian ist nicht hereingekommen.

Als sie ihn im Wohnzimmer sieht, wie er ganz selbstverständlich den kleinen Glastisch deckt und zwei Teller hinstellt, Servietten und Besteck für sie beide hinlegt, Gläser mit Wasser füllt – es könnte auch sein Zuhause sein, er hat genauso viel Zeit hier verbracht wie sie selbst, außer ihren persönlichen Sachen ist auch ihr hier alles fremd. Wenn Hans jetzt plötzlich hereinplatzen würde, könnte sie behaupten, es sei nicht ihre Wohnung. Brigitte hat kein schlechtes Gewissen. Sie hat nie ein schlechtes Gewissen, sie glaubt nicht daran. Man muss einfach immer nach vorne schauen. Hans hat das auf einmal nicht mehr verstanden, jahrelang hatte er es verstanden, und dann plötzlich nicht mehr. Plötzlich wollte er über die Vergangenheit reden, sich erinnern, alles infrage stellen, Schuld zuweisen; hat ihr mit leeren Worten gedroht, sie angefleht, ihm seinen Sohn zurückzugeben. Sie hat ihn angeschaut, als wäre er tot, auch tot oder tot anstatt. Wie ein Augenblick, eine Nachricht, ein paar unüberlegte Worte, wie so ein Fall auf glatte Felsen, raue Felsen, salzweiße Felsen alles verändern kann, Menschen und Welten und Überzeugungen und Zuneigungen und Leben, die ganzen Leben und alle ihre Geschichten. Nur sie ist die Gleiche geblieben, sie ist doch keine Marionette, die an drei, vier Fäden hängt. Nein. Sie ist weitergegangen, weggegangen. Hans würde es jetzt vielleicht eine Suche nennen, sie eine Suchende, aber wo ist er, wo ist denn ihr Hans, er könnte tot sein, und sie würde es nicht wissen, und das sagt schon alles aus, über sie und ihn und Michael und den Tod, den Tod in allgemeinen.

»*Madame*, es ist angerichtet«, sagt Christian und vollführt eine Verbeugung. Wenn Brigitte eine andere wäre, würde sie jetzt lachen, ihr Gesicht würde sich aufhellen, ihre Augen würden aufleuchten, denn das ist lieb von Christian, und er sieht lustig aus, und sie ist ihm dankbar – auch wenn sie es womöglich nicht zeigen kann. Sagen wird sie es sicher nicht.

»Aber ich esse nicht mit, habe ich doch schon gesagt.«

Sie geht auf ihn zu, bleibt bei der Kiste mit DVDs stehen, fängt an zu suchen. Sie hat ein bestimmtes Bild vor Augen.

»Vielleicht ein ganz klein bisschen …«

Sie dreht sich abrupt um, und da ist es, da ist tatsächlich ein Lächeln auf seinen Lippen, sie hat es gehört, sie hat es tatsächlich gehört, dass so etwas möglich ist, hat sie nie geglaubt. Leute erzählen so viel Unsinn. Aber sie hat es gehört.

»Hier. ›The Gay Divorcee‹, Fred und Ginger, das muss man gesehen haben.« Christian macht ein langes Gesicht. »Sie werden schon sehen, vertrauen Sie mir.« Das Gesicht wird noch länger. »Mit der jungen Catherine habe ich Sie doch auch nicht enttäuscht, oder?«

Mit einem tiefen Seufzer gibt er schließlich auf und macht es sich auf dem Sofa bequem, lässt aber genug Platz für Brigitte, sie werden sich keinesfalls berühren müssen.

Und als die Pizza aufgegessen ist und Fred und Ginger zu »Night and Days« zueinanderfinden, drückt Christian die Pausetaste. Brigitte sieht ihn irritiert an. Sie mag nicht, wenn Filme unterbrochen werden, das tut man nicht. Aber bevor sie etwas sagen kann …

»Meine Frau wollte immer, dass wir tanzen gehen, tanzen lernen, so richtig, mit allem Drum und Dran.« Seine Stimme ist verschlafen, als gehörte sie einem anderen.

»Ist sie tot?«

»Nein.« Er atmet tief ein. »Leider.«

»Sagen Sie das nicht.«

»Ich weiß.« Christian starrt das angehaltene Bild an. Eine Umarmung, eine schwungvolle Bewegung.

»Und waren Sie tanzen?«

»Nein.«

»Wo ist sie jetzt?«

»Ich weiß nicht.«

Brigitte sieht ihn an, sie besteht auf diesem Blick, auf einer Antwort.

»Wir sind geschieden.«

»Waren Sie deswegen dort?«

Er überlegt kurz, ganz kurz, bevor er »Ja« sagt. Brigitte nickt, als wäre alles geklärt, verstanden und nicht vergessen.

»Aber Sie weinen nicht. Das ist auch etwas.«

»Meine Frau hat gesagt, ich sei nicht nahe am Wasser gebaut, nein, im Wasser selbst. Na und? Ich habe mich nicht versteckt. Ich habe es wie ein richtiger Mann ertragen. Meine Frau fand, ein richtiger Mann tue ganz andere Dinge.«

Überall Starre und Hilflosigkeit.

Dann lässt Brigitte den Film weiterlaufen.

Nach zehn Minuten hält er ihn erneut an. Brigitte steht auf, dreht ihm den Rücken zu, sie will nicht zeigen, wie verärgert sie ist.

»Wollen wir tanzen gehen?«

Christian weiß nicht, was in ihn gefahren ist, er mag nicht tanzen, er war nie tanzen, nicht einmal als Teenager oder Student, Tanzen fand er einschüchternd, sich selbst als Tänzer einfach nur peinlich. Und jetzt! Er muss verrückt geworden sein. Oder war das sie-deren-Name-und-so-weiter, der Gedanke an sie, der winzige Wunsch nach Rache. Den Film findet er lächerlich, keinen einzigen Moment kann er ihn ernst nehmen, das Leben ist kein Tanz. Obwohl man das Leben schon als Summe aufeinanderfolgender Schritte bezeichnen kann. Nur ohne Musik im Hintergrund. Wobei. Wenn man ein Buch mit Musik untermalen kann, warum nicht das Leben? Es gibt doch Leute, die den ganzen lieben langen Tag Kopfhörer auf den Ohren tragen, das kommt aufs Gleiche heraus, oder? Und dennoch kann er diese Leichtigkeit nicht ernst nehmen.

Vielleicht deswegen die Frage.

Was hat er sich dabei gedacht?

Und warum musste er ihr das mit dem Weinen verraten, sich selbst so bloßstellen?

Seine Mutter würde sagen, dass das all die Bücher sind, obwohl sie diejenige war, die ihn zum Lesen gebracht hat. In Büchern ist alles möglich, nicht nur jede Handlung, jede Reaktion, wie absurd auch immer, nein – auch jeder Satz. Man kann alles sagen, jeden Unfug und jede Dreistigkeit und jede Waghalsigkeit und jede Zärtlichkeit. Man kann so mutig sein, wie es einem eben zumute ist. Es tut gut, einen Satz ausgesprochen zu lesen, den man auch mal gerne jemandem ins Gesicht werfen würde, um als mutig oder leidenschaftlich oder unverfroren oder cool dazustehen. Christian hat die Helden in den Büchern immer um diese Fähigkeit beneidet. Öfter als manchmal hat er sie vor dem Spiegel geübt, solche Sätze, ist sich wie der Größte vorgekommen, und das Leben hatte plötzlich anders ausgesehen.

Vielleicht deswegen diese Frage.

Heute hat er mehr Filme gesehen als in den letzten zwei Jahren. So viele vorgegaukelte Gefühle, Romantik, so viele Möglichkeiten und so viele Wege. Wohin? Das weiß er nicht, aber die Zuversicht, dass nicht nur alles erreichbar ist, sondern dass er auch alles schaffen könnte, das liegt sicher an diesen Wirklichkeitsentstellern.

Vielleicht deswegen diese Frage.

Brigittes Rücken weiß nichts davon, scheint unberührt zu sein. Es könnte sein, dass sie die Frage gar nicht vernommen hat. Er wiederholt sie.

»Ich kann nicht tanzen.«

Das hört sich endgültig an. Da er aber immer noch im Heldenmodus ist, in der kunstvollen Welt des Allmöglichen, muss er es nicht akzeptieren.

»Ich auch nicht. Das ist ja der Sinn der Sache.«

»Nicht tanzen zu können und sich lächerhaft zu machen?«

»Lächerlich. Und Sie haben mich schon verstanden.«

Sie schüttelt den Kopf, aber er ist sich sicher, dass das nichts mit ihrem Verstehen zu tun hat, dass sie parallel Gespräche mit sich selbst führt.

»Tanzen war nie eine Option.«

Noch eine Endgültigkeit.

»Aber sehen Sie hier, Fred und Ginger. Was wäre, wenn Ginger das gesagt hätte? Mit wem würde er dann diesen Zauber in Schwarz-Weiß vollbringen können?«

Sie dreht sich zu ihm um, es ist zu dunkel, um ihr Gesicht genau zu sehen, er hofft, ihr Ausdruck hätte ihm gefallen, hätte ihn beruhigt.

»Machen Sie sich lustig über mich?«

Und verschwunden ist der kühne, selbstsichere, verrückte Romanheld, und Christian steht schnell auf, geht auf sie zu.

»Aber natürlich nicht, ich dachte wirklich … Warum nicht? Was haben Sie denn viel zu tun? Und mir würde es Spaß machen. Lassen Sie es uns probieren, was können wir schon verlieren?«

Er ist jetzt einen einzigen Schritt von ihr entfernt, er kann sie deutlich sehen, auch bei dem schwachen Licht. Aber ihr Gesicht kann er nicht lesen, nicht, weil es eine Maske wäre, es ist eher verschlossen, wenn auch offen, sie versteckt sich nicht, und dennoch.

»Ich bin müde.«

Das ist unmissverständlich genug. Dazu kann man nichts sagen, nicht einmal dem unverschämtesten Helden aller Zeiten würde da etwas Freches einfallen. Oder wie auch immer. Er geht in den Flur, ohne ein Wort zu sagen.

»Es war ein langer Tag.«

Er packt sein Buch ein.

»Danke für Ihre Hilfe.«

Er zieht seine Sneakers an, hängt den Rucksack über die linke Schulter.

»Ohne Sie wäre das nicht möglich gewesen.«

Er wartet nicht darauf, dass sie ihm die Tür aufmacht.

»Bis bald.«

Das hört sich wie eine Frage an, aber er antwortet nicht, sagt lediglich »Gute Nacht« und verschwindet, er kann nicht schnell genug verschwinden.

Er hört nicht, dass die Tür hinter ihm zugeht. Er stellt sich vor, sie wird die ganze Nacht oder wenigstens noch stundenlang an der offenen Tür stehen und auf seine Rückkehr warten, um alles wieder gutzumachen.

Daran sind definitiv die Bücher schuld.

Die Nacht ist einladend und grenzenlos und gleichzeitig schüchtern.

Als er durch den Park geht, tänzelt er ein paar Schritte. Dann muss er denken: Das ist doch nicht normal. Und lachen.

9.

Michael. Tot.

Das Aufwachen wäre nicht so schlimm, wenn diese zwei Gedanken nicht immer zusammenkämen.

Unzertrennlich.

Das Aufwachen in der neuen Wohnung, im neuen Bett, alles neu, ist wie jedes andere Aufwachen seit einem Jahr.

Aber ein Traum, da hat es einen Traum gegeben. Sie hat getanzt. Sie hat mit Hans getanzt. Sie ist erleichtert. Ein gutes Gefühl ist ihr im Körper geblieben. Entschlossen steht sie auf.

Das Handy findet sie im Wohnzimmer auf dem Sofa. Im Nu ist die Nachricht geschickt. Sie sieht sich um in diesem unbekannten Raum. Wie das Licht hereinfällt. Geräusche von der Straße. Ein unvertrauter Geruch. Die DVD-Hüllen auf dem Boden vor dem Fernseher. Einen Augenblick bleibt Brigitte so stehen, in ihrem Morgenmantel, mitten im Zimmer, als würde sie auf etwas warten. Nichts passiert. Noch eine Minute hier und noch eine da. Nichts. Eine rasche Handbewegung und noch eine, und glatt ist die Welt.

Dann sieht sie den Spiegel.

Sie sieht sich selbst in dem Spiegel. Das Leben fließt plötzlich schneller durch ihren Körper. Als kenne ihr Abbild alle Fragen. Die Eule beobachtet sie. Das dauert an.

Dann räumt sie auf.

Als das Buch vom Bett herunterfällt, wacht Christian auf. Die Lampe auf dem Nachttisch leuchtet noch, das Sonnenlicht überflutet die zwei Fenster. Es muss schon Mittag sein, denkt er und schließt wieder die Augen.

Es ist Sonntag, und sonntags wird lange im Bett gelesen, bei den Eltern gegessen und dann wieder gelesen. Christian liebt Sonntage, schon als Kind waren sie seine Lieblingstage. Sonntage bergen eine Freiheit in sich, die er nicht beschreiben kann, nur fühlen und genießen. Die schlimmen Zeiten sind vergessen, Zeiten, in denen ein Sonntag kein Sonntag mehr sein durfte, wenn … Nein. Dahin will er nicht. Die Gedanken unter Kontrolle zu haben, das sollte er können.

Christian schaltet die Lampe aus, hebt das Buch auf, blättert darin, sucht die Seite, die Stelle, über der er gestern eingeschlafen ist. Aber er ist abgelenkt, der vergangene Moment, ein entfremdetes Gesicht drängen sich vor, lange schwarze Haare, leere Flaschen. Volle Flaschen. Das Klirren von Glas überall und zu jeder Zeit. Aber nein. Dahin will er nicht.

Er steht auf und geht ans Fenster, das Licht blendet, er zieht die Vorhänge zu. Die Vorhänge kommen von seiner Mutter, Fenster ohne Vorhänge dürfe es nicht geben, das sei doch nicht normal, das ist ihre Meinung, sie glaubt fest daran, an solche Rettungsanker. Man müsse sich doch im Leben an etwas festhalten können, meinte sie, und Christian hat sich schließlich ergeben, chancenlos war er, nur blumig wollte er sie nicht haben, weiße oder keine, und die Mutter hat gejammert und geseufzt, aber in ihren Augen blitzten Funken auf, und der Vater konnte sich der Zeitung wieder widmen.

Er schaltet das Handy an und findet eine Nachricht von Brigitte. Brigitte, die auch Vorhänge hat, natürlich.

Wortkarg die Nachricht, was sonst.

Die Freude überwältigt ihn.

Der Tag ist wunderschön. Wenn Hans noch in ihrem gemeinsamen Haus wohnt – wo soll er denn sonst wohnen –, geht er sicher im Wald spazieren. Auch allein? Nein. Hat er jemanden gefunden, bei dem er sich unterhaken kann, im Wald, in ihrem gemeinsamen Wald? Und hat dieser jemand auch für Hans Taschentücher eingepackt?

Brigitte weiß nicht, woher diese Gedanken kommen, sie gefallen ihr nicht, sie machen sie lächerlich. Brigitte ist nicht lächerlich, das lässt sie nicht zu. Der Rock sitzt richtig, und die Bluse ist faltenlos, noch einmal darüberstreichen kann nicht schaden. Der Tag ist wirklich wunderschön.

In Perpignan hat es ununterbrochen geregnet, und ein Mädchen, das sich weigerte, einen Regenschirm zu tragen, war durch einen Unfall blind geworden. Brigitte fand das Mädchen sehr interessant, die Augen, die nichts sehen, sie starrte es die ganze Zeit an – und fühlte mit. Eine tiefe Rührung, ja, das hat sie empfunden und war verwirrt. Dachte an Michaels Glatze und wurde noch verwirrter. Dann ist sie gegangen, sie hat das blinde Mädchen angelächelt und ist gegangen. Michael hatte sie – wie üblich – mit keinem Wort erwähnt.

Und jetzt dieser blendende Sonnenschein.

Sie sieht ihn schon von Weitem vor dem Restaurant stehen und in einem Buch lesen. Er hat keine Ähnlichkeit, weder mit Hans noch mit Michael. Er gehört nur sich selbst, ihr auf keinen Fall. Vielleicht dieser Frau, den Namen hat sie vergessen, oder sie kennt ihn gar nicht, sie weiß es nicht. Und es spielt auch keine Rolle.

»Guten Tag.«

Christian klappt das Buch schwungvoll und laut zu, lächelt sie an: »Ist das nicht ein absolut herrlicher Tag?«

Brigitte nickt. Beim Einatmen denkt sie an jenes Mädchen, was bleibt einem, wenn man dieses Licht nicht mehr sehen kann? Beim Ausatmen ist alles schon vorbei. Sie nickt noch einmal.

Im Restaurant finden sie einen Tisch am Fenster und bestellen schnell. Der dunkelhaarige Mann von gestern ist auch heute am Ofen beschäftigt. Als ihre Getränke kommen, wird Brigitte plötzlich bewusst, dass sie seit drei Tagen keinen Wein getrunken hat. Sie nimmt einen kleinen Schluck, der Wein ist herb, sehr trocken.

»Morgen kann es schon losgehen.«

Brigitte ist nicht überrascht. Alles passiert schnell in dieser Stadt, alles fügt sich, als wäre alles genau richtig. Alles neu, aber richtig.

Und Probleme gibt es nicht, lediglich Dinge, die noch gelöst werden müssen, das ist alles. Lediglich Situationen, die gelöst werden müssen. Vielleicht ist aber das Finden von Lösungen auch lediglich eine Ablenkung. Wovon nur?

»Sie sagen nichts. Ist das zu früh?«

»Nein. Genau richtig.«

Christian lehnt sich zufrieden zurück. Dann kommt das Essen, Pizza für Christian, Lasagne und Salat für Brigitte.

»Gestern Pizza, jetzt wieder Pizza. Und es ist Sonntag.« Ihre Stimme klagt nicht an, es ist eine Feststellung. Christian lächelt und isst weiter.

»Und wie war die erste Nacht in der neuen Wohnung? Haben Sie gut geschlafen?« Er spricht mit vollem Mund.

»Eine Nacht wie jede andere.«

»Das glaube ich nicht. Das ist eine große Sache.«

Sie betrachtet ihn beim Essen. Und wieder hat er keine Ähnlichkeit, weder – noch. Wobei sie mit Michael schon sehr lange nicht an einem Tisch gesessen hat. Zwei Jahre haben sie sich nicht gesehen. Obwohl er nicht nach Australien ausgewandert war. Wie konnte das passieren? Sie hat keine Antwort, sucht auch keine, es ist vorbei. Aber Wundern ist erlaubt, ja, das darf sie. Hans hat dieselbe Frage gestellt, unzählige

Male hat er sie geschrien und geflüstert, und sie, Brigitte, hat geschwiegen. Es war vorbei. Es war nicht zu ändern. Dann ist sie gegangen und hat ihn mit der Frage und allen anderen Fragen sitzen lassen. Plötzlich fällt ihr ein Philosophieprofessor ein, von dem Michael ihr einmal erzählt hat, bei seinem ersten Besuch als Student, voller Begeisterung meinte er, dass dieser Professor die Antwort auf jede Frage kennt, was Brigitte schon damals bezweifelt hat, heute noch mehr. Wie war noch sein Name? Ein beeindruckender Name war es, ein machtvoller … Stark, ja genau, Stark hieß er, Konrad Stark. Warum erinnert sie sich daran?

»Brigitte?«

»Ich schlafe immer gut.«

»Nehmen Sie Schlafmittel?«

»Nie.«

Er sieht sie lange an, als wäre er sich nicht sicher, ob er ihr vertrauen kann. Dann steckt er sich ein großes Stück Pizza in den Mund.

»Als meine Frau mich verlassen hat, habe ich wochenlang nicht geschlafen, ich war sogar beim Arzt. Nichts hat geholfen, nichts.«

»Und jetzt?«

»Jetzt schlafe ich meistens wie ein Baby.«

»Meistens.«

Sie fragt nicht.

»Manchmal denke ich zu viel. Manchmal liegt es an einem guten Buch. Manchmal ist es der Vollmond.« Beim letzten Satz zwinkert er. Brigitte wäre nicht überrascht, wenn er anfangen würde, wie ein Wolf zu heulen. Wie jung er ist! War Michael auch so jung?

»Und mit Ihrer Frau, da konnten Sie gut schlafen?«

Sie weiß nicht, warum sie das fragt, denn wissen will sie es nicht. Diese Frau kümmert sie nicht, sie hat mit ihr nichts zu tun. Brigitte ist kein Mensch, dem andere sich anvertrauen, ihre Herzen ausschütten wollen. Sie ist kalt. Sie sei so kalt, hat Hans gesagt, als sie ihm den

Rücken zugedreht hat, mit ihm nicht reden wollte, nicht mehr und nicht über ihren toten Sohn.

»Ich war verrückt nach ihr«, kommt aus Christians Mund, und Brigitte erträgt es nicht, ihm dabei zuzusehen. Diese Worte sind wie ein Schlag für sie. Zweimal, dreimal. Viermal, dann atmet sie wieder ruhig, hebt aber nicht den Blick, kann dem seinen nicht begegnen. »Ich war am Boden zerstört, als sie weg war, als sie mich verlassen hat. Trotz ihrer Trinkerei. Am Boden zerstört.« Brigitte kann eine perverse Zufriedenheit in seiner Stimme entdecken, als würde es ihm Spaß machen, sich selbst zu verletzen. Brigitte findet das erniedrigend. Sie will nicht die Zeugin seiner Dekonstruktion sein. Auch wenn er keine Ähnlichkeit hat, weder – noch. Eben deswegen will sie es nicht.

»Das will ich nicht hören, Christian, das geht mich nichts an.«

Er ist verletzt, das kann sogar sie sehen.

Sie schweigen und essen, und Brigitte trinkt ihren Wein, es ist ihr zweites Glas.

Aber dann aus dem Nichts: »Nach der Scheidung habe ich nichts mitgenommen, alles habe ich dagelassen, in der Wohnung, die wir gemeinsam gemietet hatten, gemeinsam ausgestattet, in der sie immer noch wohnt – und sich besäuft, soviel ich weiß. Immer noch in unserem gemeinsamen Bett schläft. Hoffentlich allein. Alles habe ich dagelassen. Vielleicht in der Hoffnung, irgendwann, bald, sehr bald, oder auch sehr viel später, Hauptsache, irgendwann, wieder einzuziehen. Ich weiß nicht.« Er ist nicht aufzuhalten. Brigitte geht es nicht gut, sie sagt aber nichts. »Wenn sie, die Liebe meines Lebens, verstanden haben wird, dass sie nur mich liebt, ohne mich nicht kann, nicht will, dass sie alles falsch gemacht hat, dass sie mich, nur mich, Christian, wiederhaben will. Wenn sie nicht mehr trinkt. Das alles habe ich gehofft. Dann, dachte ich, würde ich in meine, immer noch meine Wohnung wieder einziehen, ein Triumphzug.« Er verspottet sich selbst, er ist grausam. Er hat die Pizza vergessen. Vielleicht hat er auch sie vergessen. »Sie war nie meine Familie, sie wollte es nicht sein.« Er starrt die Tischdecke an. »Diese Erkenntnis ist neu. War neu.«

»Christian.« Sie erkennt ihre Stimme kaum.

»Sie hat einmal gesagt, ich sei ein Schatten, sie sehe mich nicht mehr.« Er hebt den Blick, trifft ihren. »Sehen Sie mich? Können Sie mich sehen?«

Brigitte antwortet nicht. Sie möchte aufstehen und alles verlassen, dieses Leben hier verlassen.

»Klar.« Er zuckt mit den Achseln. »Aber das war erst am Ende. Am Ende vom Ende.« Wieder hebt er die Schultern, lässt sie ganz langsam sinken. »Als es zu spät war. Nichts, was ich damals noch hätte tun können, hätte die Zärtlichkeit, die Klarheit in ihre Augen zurückgezaubert. Verdammte Zeit. Man denkt immer, man hat Zeit genug, und alles ist noch machbar, und alles kann man noch zurechtbiegen. Ich habe das auch gedacht, ich, der all die Bücher gelesen hat, ich hätte es besser wissen müssen.« Er trinkt einen großen Schluck Wasser. Sie denkt, jetzt vielleicht, jetzt ist der Augenblick, jetzt kann sie rausrennen. Oder nicht. »Aber es gibt die geschriebenen Geschichten, die verführen, und es gibt das Leben, das geduldig und beständig ist, und es gibt die Sylvies dieser Welt, die dich mit einem mehr oder weniger lauten Schrei ins Ohr aufwecken und am Fallen nicht hindern.« Seine Stimme so frostig, so alt, alt, alt. »Der Abgrund, der ist tief, der ist tiefer als Fjodors tiefster Gedanke.«

»Wer ist Fjodor?« Unterbrechen. Hauptsache, unterbrechen.

»Verdammter Alkohol.«

Brigitte sieht ihr fast leeres Weinglas. Jetzt, vielleicht jetzt.

»Fjodor ist ein Genie. Sie nicht so sehr.«

»Sylvie?«

»Seit der Scheidung habe ich ihren Namen nicht ausgesprochen. Niemand durfte es. Sie ist mein Voldemort geworden, mein ganz persönlicher Er-dessen-Name-nicht-ausgesprochen-werden-darf.« Er lacht nicht.

Brigitte versteht nichts. »*Vol-de-mort*. Ganz genau.« Einatmen, ausatmen in langen tiefen Zügen. »Aber das ist vorbei. Ich sehe sie nicht mehr in jeder Frau mit langen schwarzen Haaren. Es ist vorbei.«

So vieles weiß Brigitte nicht, und es ist ihr egal.

Und dann, als hätte ihre Hand ein eigenes Leben und würde eigene Entscheidungen treffen, findet sie den Weg zu seiner Hand und legt sich leicht auf sie. Ihre Blicke treffen sich. Seiner wärmt ihr Gesicht, ihre Haut prickelt, es ist kein angenehmes Gefühl, und dennoch will sie nicht, dass es vorbeigeht. Vielleicht ist es der Wein. Vielleicht. Aber sie glaubt es nicht. So ein Kribbeln ist ihr unbekannt. Hans' Finger, seine Berührung: Haben sie sie je erzittern lassen? Sie hat alles vergessen. Sie hat Hans vergessen.

Pinocchio, ton nez s'allonge!

»Brigitte.« Er ist zurück. Sie auch. Seine Augen sind trocken und klar. Es ist tatsächlich vorbei.

Alles geschieht zu schnell und zu unerwartet.

Brigitte schüttelt den Kopf. Sie entdeckt etwas in seinem Blick, etwas, das sie nicht kennt und nicht erkennen kann, aber sie sieht es, es kommt auf sie zu, es ist rasend und heiß und rötlich und allverschlingend und atemberaubend. Das Atmen fällt ihr schwer.

»Brigitte?«

Sie kann nicht. Sie kann nicht atmen.

»Wollen Sie rausgehen?«

Sie nickt. Das will sie schon lange.

Draußen umarmt er sie.

Er ist groß, Brigitte hat das Gefühl, sie könnte in ihm verschwinden, so klein ist sie in seinen Armen. Und so verängstigt. Kein Mann hat sie je so umarmt. Vielleicht Hans. Aber Hans war anders. Hans mochte Umarmungen genauso wenig wie sie. Hans und sie, sie passen perfekt zusammen. Passten. Wer weiß das? Hans hat sie umarmt, weil man das so macht. Weil er Sex wollte. Weil er nicht wusste, was er sonst tun konnte. Hans war … Hans ist anders.

Und diese Umarmung ist alles, was Hans nicht ist.

Eine Zärtlichkeit mitten auf der Straße, das geht nicht. Sie wird unruhig. Sie versucht zu entkommen. Sie kann nicht. Diese Wärme zwischen ihren Körpern, das geht auch nicht. Die Wucht. Ausgeschlossen.

Sie kann wieder atmen. Sie atmet und denkt, dass ihre Bluse ganz zerknittert ist. Ihre Hände werden flatterig.

»Christian, bitte.«

Ich habe mich verliebt, ist das Erste, was er denkt, während er sie langsam loslässt, während sie so vor ihm steht, unsicher, verloren fast. Während sie wieder atmen kann. Während sie angeblich alles das ist, was er nicht braucht, gebrauchen kann. Während sie ihre Bluse glättet, ihren Rock, alles, mehrmals, endlos.

Sie meidet seinen Blick.

Sie gehen zurück ins Restaurant, der schwarzhaarige Pizzabäcker beobachtet sie amüsiert, als wüsste er Bescheid.

Sie setzen sich und essen weiter, aber seine Pizza ist kalt, und ihm ist warm, und er ist so durcheinander, dass er einen Schnaps bestellt. Da gibt sie es ihm zurück, ihr Lächeln, sie kann wieder lächeln, nicht dass sie das oft oder ausgiebig täte, aber ab und zu, vor allem verschmitzt oder spöttisch oder höhnisch, das kann sie.

»Habe ich denn keinen verdient?«

Er bestellt noch einen.

Er würde gerne etwas sagen, etwas Kluges, Lustiges, Passendes – aber nichts fällt ihm ein. Er spürt immer noch ihre Stirn auf seiner Schulter.

Sie trinken Schnaps, ohne anzustoßen.

»Also Ihre Frau? Wie war das? Was ist passiert?«

Er sieht sie eingehend an, er will, dass sie weiß, dass er sie durchschaut hat. Er will sicher sein, dass er nicht träumt. Er will sicher sein, dass er ihr schon alles erzählt hat.

»Ich will es wirklich wissen, alles der Reihe nach!«

»Ich würde Sie gerne duzen dürfen.« Jetzt oder nie.

Christians Stimme ist verändert, er selbst erkennt sie nicht wieder, sie ist älter und jünger zugleich, ruhiger und aufgeregter. So kann das gehen. Er ist verwirrt. So kann das gehen? Was soll das bedeuten?

»Aber bitte. Gerne.« Sie sieht ihn an. »Wir sind doch Freunde. Freunde duzen sich. Freunde erzählen sich Sachen. Oder?«

Christian vermutet, dass sie nicht viele Freunde hat, dass sie von Freundschaften nicht viel Ahnung hat. Aber das stört ihn nicht. Das macht ihn ganz besonders, und das gefällt ihm.

»Natürlich. Aber eigentlich habe ich Ihnen schon alles gesagt.«

Sie schüttelt den Kopf.

Ihre Hände liegen auf dem Tisch. Er findet sie schön. Sie sind groß und stark, an ihnen ist nichts Zerbrechliches, und das zieht ihn an. Er stellt sich vor … Aber bevor er seine Hand auf ihre legen kann, entfernt sie sie, gibt ihnen zu tun, einmal, zweimal Bluse, dreimal Rock. Er weiß nicht, was er davon halten soll.

»Sylvie, sie hieß Sylvie.«

»Sie sprechen ihren Namen aus.«

»Ja, das mache ich.«

Sie sehen sich lange an.

»Ich war verrückt nach ihr.«

»Und jetzt nicht mehr?«

Christian will einen Wunsch darin hören.

»Jetzt nicht mehr. Verrückt, nein.«

»Wie war sie?«

»Wunderschön, voller Leben, sie lachte viel.«

Er hört ihr Lachen, er kann es immer hören. Wenn er selbst lacht, lacht sie immer noch mit. Das muss er aber nicht sagen.

»Was ist dann schiefgegangen?«

»Wir passten nicht zueinander. Wir waren zu verschieden. Wir wollten verschiedene Dinge im Leben.« Er schüttelt den Kopf. »Sie konnte auch ohne mich. Sie brauchte zwar vieles, aber leider nichts, das ich ihr geben konnte, wollte. Nichts war genug und alles zu viel.« Wieder schüttelt er den Kopf. »Dann hat sie angefangen zu trinken.«

»Wie lange waren Sie zusammen?«

»Ihr, wart ihr zusammen.«

»Ja, wart ihr zusammen.« Er erwartet ein Lächeln, bekommt keines.

»Sieben Jahre, sechs Jahre verheiratet.«

»Das ist lang.«

Christian nickt, was soll er sonst tun. Lang ist untertrieben, eine Ewigkeit war das.

»Und so lange haben Sie, habt ihr gebraucht, um festzustellen, dass ihr nicht zusammenpasst?«

»Wir waren verliebt.«

»Und dann nicht mehr?«

»Sie nicht.«

»Und du?«

Er hört dieses Du aus ihrem Mund, er hört es, so, wie sie es sagt, zum ersten Mal, unsicher, ein wenig befremdend, das Wort ist neu zwischen ihren Lippen, weil er dieses Du ist. Es schlummert eine Aufregung darin, unzählige Möglichkeiten. Als wäre das Wort soeben erfunden worden, nur für ihn, für ihre Stimme.

»Manchmal denke ich, ich liebe sie immer noch. Aber … aber jetzt kann ich ihren Namen wieder sagen. Es ist vorbei.«

Er würde gerne ihre Hand halten, während er das sagt, nur die Hände sind weg, sie hat sie im Schoß versteckt. Plötzlich kommt es ihm vor, als hätte er die Umarmung von vorhin geträumt. Ihren Körper an seinem. Eine Einbildung. Ein Wunschdenken, vielleicht, er weiß es nicht mehr. Er hat das Gefühl, dass Sylvie dabei ist, ihm etwas kaputt zu machen, wieder einmal, und Panik ergreift ihn.

Schluss damit.

»Es ist nicht deine Schuld, Christian. Der Alkohol. Man entscheidet selbst, sich zu zerstören. Da kann keiner helfen.«

Die Panik, die Panik. Leere Flaschen. Leere Flaschen, die in der Dunkelheit auf dem Boden rollen. Weglaufen. Er will weglaufen. Er schüttelt den Kopf, er würde gerne schreien.

»Christian.«

Tief einatmen. Leere Flaschen, leere Blicke, leere Worte schießen durch seine Erinnerung. So lebendig. So unerträglich lebendig.

»Christian?«

Er schließt die Augen.

»Genug davon. Es ist vorbei. Vergangenheit. Ich bin nicht mehr dort. Sylvie. Da, ich kann das, ich kann es aussprechen. Es ist vorbei. Keine Gespenster mehr. Vorbei.«

»Sind … bist du sicher?« Natürlich fragt sie das, sie ist nicht dumm, es gibt keinen Menschen, der dumm genug ist, ihm so etwas abzukaufen. Er denkt an seine Geschwister. Marléne würde ihn als Erste auslachen.

»Ja. Keine Hoffnung mehr. Keine Angst mehr. Ich habe mich dafür entschieden.«

Sie nickt. Sie weiß, wovon er spricht. Er ist überzeugt, dass sie eine Meisterin im Entscheidungentreffen ist. Nicht nur, wenn es um Möbel oder Elektrogeräte geht. Er ist sich sicher, dass sie mit einem Skalpell durch das Leben geht, ein Schnitt hier, ein Schnitt da, schnell und sauber und unwiderruflich. Was weg ist, ist weg. So sieht sie aus.

Und dann ist da aber auch ihr Kopf auf seiner Schulter, das gibt es auch. Und ihre Hand auf seiner, ganz sanft und warm.

»Lass uns hier verschwinden.« Er lächelt. Er lächelt, denn er hat wieder einmal aus einem Buch zitiert. War das eine Liebesgeschichte! Aber zu früh für sie. Obwohl, jemand der »Die Regenschirme von Cherbourg« in- und auswendig kennt, müsste auch damit klarkommen können. Aber lesen und sehen ist nicht das Gleiche. Er weiß nicht. Er will nichts Falsches tun.

»Wohin denn?«

»Einfach raus, der Tag ist zu schön.«

Sie zahlt. Christian ist es müde, sich mit ihr ständig um Rechnungen zu streiten.

Als sie vor dem Restaurant stehen, fragt sie: »Wie kann ein Tag zu schön sein?«

Sie ist voller Überraschungen. Sie sieht nicht so aus, sie sieht einfach und offen aus, und dann stellt sie so eine Frage.

»Du hast recht.« Er lässt sich das Du auf der Zunge zergehen, er liebkost es mit den Lippen, bevor er es auf die Reise in ihr Ohr schickt.

Sie laufen los, er hat kein Ziel.

»Ich liebe Sonntage. Sonntage sind die schönsten Tage, findest du nicht?« Sie sagt nichts. »Ich kann sie wieder genießen.« Sie fragt nicht nach. »Vorbei sind die Jahre des Leidens, in denen Sylvie versucht hat, mich am Wochenende zum Sport oder Wandern oder Ausgehen zu bewegen. Immer wollte sie in Bewegung sein.« Nichts. »Sie hat auch gerne gelesen, aber nicht so gern wie ich.« Er lacht. »Niemand liest so gern und so viel wie ich.« Sie schaut geradeaus. »Es ist nicht so, als hätte ich nicht mein Bestes gegeben, ich bin gelaufen und ausgegangen und habe eine Zeit lang ein Fitnessstudio besucht, mit ihr und für sie, aber es kam nicht von Herzen, irgendwann habe ich mich beim Joggen fallen lassen, einfach so, mir die Hand dabei gebrochen und damit meine Sportlerkarriere beendet.« Wieder lacht er kurz. »Ich konnte mich wieder meinen Büchern widmen. Und sie, sie rannte allein weiter, und alle schienen zufrieden zu sein.« Ihm kommt es so vor, als hätte sie leise gestöhnt. »Dann hat Sylvie eine Flasche Wein geleert und gesagt, ich sei langweilig, und ab dem Moment ist alles schiefgelaufen, und nichts war zu retten, auch wenn ich mir viel Mühe gegeben habe. Da war keine Liebe mehr in ihren Augen, und im Augenblick dieser Erkenntnis habe ich die Bücher verflucht, alle Bücher der Welt – denn die Liebe können auch sie nicht ersetzen.« Er bleibt stehen. Zwingt dadurch auch sie, innezuhalten. »Den Wein und alles Hochprozentige habe ich auch verflucht. Denn das Ausgetrunkene kann man nicht unausgetrunken machen.«

So stehen sie.

Und er glaubt, er wird nie mehr ein Wort über Sylvie sagen. Sagen müssen. Sagen wollen. Vorbei. Wenn man die Angst loslässt, ist jeder Name einfach nur ein Name.

Dann sieht er Brigitte an, sehr bewusst, sehr präsent.

Er würde gerne ihre Schulter berühren, sie umarmen. Er traut sich nicht, er hat das Gefühl, das wäre ihr zu viel, sie würde flüchten, vielleicht tatsächlich von hier verschwinden. Eine andere Wohnung in einer anderen Stadt mieten, kaufen.

Dann fällt ihm etwas ein.

»Ich zeige dir, wo die Tanzschule ist, willst du?«

Sie will.

Vorbei. Ja, vorbei.

Ja, sie will. Sie wollte es nie, aber jetzt will sie es. Tanzen. Sie stellt sich das vor. Es fühlt sich gut an. Die Vorstellung, die Bewegung in ihrem Kopf, die Musik – sie muss nicht einmal die Augen schließen, sie sieht es ohne Wirklichkeitsfilter, als wären die Klänge und Noten in ihr. Das stimmt aber nicht, keine Musik würde sie ihre eigene nennen, keine berührt sie tief: Brigitte ist stolz darauf, dass sie nicht so leicht zu entführen ist. Sie ist stolz darauf, sich selbst immer treu bleiben zu können. Als Michael starb, gab es keinen Grund, auf Musik in ihren Filmen zu verzichten. Darauf war sie auch stolz.

Und jetzt will sie tanzen gehen. Mit Ginger vor Augen will sie tanzen lernen. Hans würde es ihr nicht glauben, nie wollte sie tanzen. Er auch nicht, das passte hervorragend. Eine Ausrede hat sie nicht. Aber sie braucht keine, Brigitte Weichmann braucht keine Ausreden und keine Rechtfertigungen. Und jetzt wird sie tanzen gehen.

»In Tours …«

»In Tours gibt es die besten Rochers Pralinés auf der Welt!« Er leckt sich die Lippen, seine Augen leuchten hungrig auf, als hätte er nicht soeben eine Riesenpizza verschlungen.

Brigitte kann damit nichts anfangen, denn: »In Tours gab es eine achtzehnjährige Balletttänzerin, die seit einem Autounfall querschnittgelähmt ist.« Brigitte erinnert sich gut an ihren Blick, verzweifelt, flehend.

Und jetzt wird sie, Brigitte, tanzen. Vielleicht ist das unfair.

»Das Leben ist nicht fair«, sagt Christian mit gesenktem Kopf, und Brigitte weiß nicht, ob er ihre Gedanken lesen kann oder ob er immer noch an die Schokolade denkt oder ob er sich beim Anblick seiner Beine dafür schämt, dass er sie nicht schon früher, viel früher, für Tanzschritte, einfache oder gewagte, benutzt hat.

Sie sieht sich auch ihre Füße an. Die Balletttänzerin war schön, die versammelten Trauernden konnten den Blick kaum von ihrem zarten Gesicht abwenden. So ein sinnloser Verlust.

Als gäbe es auch sinnvolle.

Brigitte wird auf jeden Fall tanzen.

Und niemand wird es wissen. Niemand, der zählt. Weder Hans noch Michael. Darf die Mutter eines toten Sohnes tanzen? *Mon fils*. Tanzen hat etwas mit Liebe zu tun, jedenfalls hat sie diesen Eindruck bekommen – all die Musicals. Ein Tanz endet meistens mit einem Kuss, oft mit einer Hochzeit – fast immer mit Tränen. So gesehen ergibt das eigentlich keinen Sinn. Was soll sie mit alledem? Liebe. So ein Unsinn. Und dazu kommt noch – der Sohn ist tot. So ein Unsinn, die Liebe.

Wie gelegen ihr jetzt der Audi mit dem deutschen Kennzeichen kommt. Vielleicht hat Gott sie nicht ganz vergessen.

»Es gibt da diesen Ort in Bayern. Erlangen, die Stadt der Liebesgötter!« Er sieht sie verwirrt an. »ER-OS überall. Verstehen Sie?« Sie deutet auf das parkende Auto, und er lacht auf, er lacht und lacht, bis ihm die

Tränen kommen, und Brigitte ist verwundert, sie hat noch nie einen Menschen zum Lachen gebracht. Außer früher einmal Michael, als er noch klein war, ganz, ganz klein, als er sie noch liebte, sie noch nicht kannte und anspruchslos war.

»Brigitte, du bist wunderbar!«

Das hat sie bisher auch noch nie gehört. Sie würde sich doch daran erinnern, oder? Hans hielt nichts von großen Worten, auch von kleinen nicht. Vielleicht hielt er aber auch einfach nichts von ihr. Brigittes Verwunderung findet kein Ende: solche Gedanken, Fragen – Brigitte zweifelt doch nie. Wenn sie jetzt damit anfängt, wird sie ihren Namen ändern müssen. Ein Name darf nicht missbraucht werden. Wie soll sie dann heißen? Und wer soll den neuen Namen für sie aussuchen?

»Und du hast mich wieder gesiezt.«

»Das Duzen fällt mir schwer. Das Sie gibt Sicherheit, es ist ein Schutz.« Sie ist überrascht ob so viel Offenheit. Was für ein merkwürdiger Tag. Wenn Brigitte schon einen anderen Namen hätte, würde sie sich Sorgen machen. Aber so lässt sie die Hände über den Rock an den Hüften gleiten und geht einfach weiter. Bald kommt schon die nächste Ecke, hinter der sich wahrscheinlich etwas befindet, das sie gebrauchen könnte. Schritte zählen, das geht jetzt nicht.

»Du bist sicher bei mir, das musst du mir bitte glauben.«

Sie sagt nichts. Sie spürt wieder seine Arme um sich, seine Schulter ist sanft und stark gleichzeitig, sie zieht ihren Kopf unwiderstehlich an. Aber noch ist sie Brigitte, also sagt sie nichts. Tut auch nichts.

Bald stehen sie vor einem alten Gebäude, um die Ecke sozusagen.

»Hier. Morgen schon kann es losgehen.«

Brigitte schaut auf das Schild mit dem Namen und den Öffnungszeiten und der Telefonnummer und stellt sich alles vor. Das fällt ihr nicht schwer. Nur einen Gedanken meidet sie. Das kann sie gut, ohne sich zu betrügen.

»Morgen also.«

»Morgen.«

Sie sehen sich an. Eine Brise legt ihr sanft eine Strähne an die Wange. Eine Berührung, die sein darf. Ein Blick, der ihre Hände in Bewegung setzt, dreimal, viermal. Dann senkt sie den Kopf.

»Da bist du ja!«

»Wir haben überall nach dir gesucht!«

»Mama ist *not amused*, mein Lieber.«

»Wo bist du gewesen? Warum bist du nicht gekommen?«

»Eine halbe Stunde haben wir auf dich gewartet, die Suppe ist kalt geworden.«

»Und das am Sonntag!«

»Mutter war außer sich.«

Christian befürchtet, Brigitte könnte untergehen, verschwinden, diese Menschen könnten sie verschlingen. Er streckt die Hand nach ihr aus, berührt sie aber nicht, spürt lediglich ihre Wärme. Die Luft erzittert von den schnellen Bewegungen ihrer Hände. Funken springen auf seine Finger. Das beruhigt ihn. Aber auch wieder nicht.

Geschwister zu haben ist manchmal nicht sehr vorteilhaft.

Doch irgendwann hören selbst sie auf zu reden. Und starren Brigitte an.

»Das ist Brigitte, eine Freundin von mir. Sie ist neu in der Stadt.«

Marléne schnaubt amüsiert. Christian möchte sie erschlagen.

Brigitte reicht allen vieren die Hand, sie lächelt nicht, was nichts Ungewöhnliches ist, auch wenn sie das nicht wissen können. Alle sagen, dass es sie freue. Christian glaubt ihnen nicht, vor allem Brigitte nicht, sie will das nicht, er weiß es. Sie kann es nicht gebrauchen. Seine neugierige Familie ist das Letzte, womit sie zu tun haben will, dessen ist er sich sicher, als hätte sie es ihm ausdrücklich gesagt.

»Wir haben zu tun, war schön, euch zu sehen.«

»Und Mutter?«

»Hat sie euch auf die Suche geschickt?«

»Was denkst du denn?«

»Dann sagt ihr, ich melde mich.«

»Das genügt nicht.«

»Wie wäre es, wenn du vorbeikommst, es gibt Kuchen.«

»Und Sie natürlich auch.«

Brigitte glättet die Bluse, es schmerzt Christian, Zeuge der Hastigkeit ihrer Finger sein zu müssen, der Grund sogar.

Seine Arme um sie. Das würde ihr auch jetzt guttun, aber jetzt geht es nicht, jetzt würde sie es nie, nie im Leben erlauben. So schnell ändern sich die Dinge, und Christian wundert sich, wie schnell man etwas vermissen kann, etwas, das man gar nicht hatte, lediglich ganz kurz, sogar nur flüchtig erlebt hat.

»Nein, das geht nicht, wir haben andere Pläne«, sagt Christian und sieht Brigitte an, ihr Blick ist aber unerreichbar.

»Den Kuchen hat Mama nur für dich gebacken.«

»Das kannst du ihr nicht antun.«

»Und uns auch nicht.«

»Wenn wir ohne dich nach Hause kommen …«

»… dann sind wir erledigt!«

»Und meine Kinder werden mutterlos.«

»Und ich werde wahrscheinlich nie Kinder bekommen können.«

»Und ich ihr mein Kind überlassen müssen.«

Er hört Brigitte einen Ton von sich geben, als müsste sie stöhnen, will es aber nicht. Als würde sie gegen einen Vulkan kämpfen.

Die Litanei geht aber weiter, als würden keine Steinbrocken Brigittes Kehle hochsteigen.

»Sie wird uns auf dem Dachboden einsperren.«

»Uns tagelang nichts zu essen geben.«

»Sie wird uns die Hölle heißmachen.«

»Uns das Fernsehen verbieten.«

»Und uns um sieben ins Bett schicken.«

»Das ist nicht normal!«

Christian muss lachen, was soll er sonst tun. Wer kann schon erwachsen werden mit so einer Mutter! Die Gesichter seiner Geschwister sind erhitzt, sie sind alle voll dabei, sogar Claude, der sich meistens für alles Unseriöse zu schade ist, denn es passt nicht zu seinem Anzug. Heute ist er aber in Jeans, da gibt es kein Halten mehr. Und Martha, obwohl die Älteste, hatte nie die Gelegenheit, ihnen die Mutter zu spielen, auf ihre eigenen Kinder musste sie warten, aber auch da klappt es nicht so, wie sie sich das vorstellt: Florine ist allgegenwärtig, und Martha will nicht wegziehen. Und Joceline, die immer behauptet, sie wäre älter als Christian, und das Alter habe mit den Zahlen nichts zu tun und sie sei schon Mutter und er nicht mehr verheiratet und übrigens sei Bücher verkaufen kein richtiger Job und er solle sich ein Beispiel an ihrem Mann nehmen, dem Arzt aber eigentlich hauptberuflich dem Gott aller Götter. Sogar Marléne, die Schönste und Süßeste von ihnen, ihrer aller Baby trotz des Verlobungsrings, denkt, sie müsse sich um ihn kümmern, ihn verwöhnen, ihn zum Lachen bringen.

Christian liebt sie, er liebt sie wirklich, aber heute will er sie nicht sehen. Heute hat er keine Zeit für sie und ihre Unreife und ihre Spielchen. Brigitte ist da, und er hat sie umarmt und in einem Augenblick gedacht, er hätte sich in sie verliebt. Das ist alles zu viel, und er braucht Ruhe, um darüber nachzudenken. Aber vor allem braucht er Brigitte.

Die er augenblicklich retten muss, das ist nicht zu übersehen.

»Ihr seid völlig verrückt, verschwindet!« Noch lächelt er, macht aber einen kleinen Schritt auf Brigitte zu.

Blicke werden ausgetauscht, Martha nickt schließlich.

Sie verabschieden sich.

»Und passen Sie auf meinen kleinen Bruder auf«, sagt Joceline, ohne zu zwinkern, sodass Christian die Augen verdreht.

Marléne umarmt ihn, flüstert ihm ins Ohr: »Weißt du auch sicher, was du da tust?« Aber sie wartet nicht auf eine Antwort, sie sieht ihn nicht einmal mehr an, sie gibt Brigitte die Hand: »Und wie lange bleiben Sie in Dijon?«

Brigitte sieht sich um, als wäre nicht sie gemeint. Christian spürt, er sollte sich nicht einmischen, Brigitte duldet es nicht, dass jemand für sie spricht, dessen ist er sich sicher.

»Solange ich Lust habe«, kommt dann doch die Antwort, und Christian ist überrascht. Er hätte nicht gedacht, dass Lust eine Rolle spielt, nicht in Brigittes Leben. Vielleicht liegt es am Tanzen. Morgen wird er klüger sein. Was ihm aber auffällt, ist, dass sie nicht sagt, sie wisse es nicht. So etwas kann sie wahrscheinlich nicht aussprechen.

Ihre Stimme hat gezittert.

Und vielleicht bildet er sich das alles auch nur ein, er kennt sie ja gar nicht.

Und vielleicht belügt er sich selbst. Es wäre nicht das erste Mal.

Die Unsicherheit, die Brigitte in einem Augenblick gespürt hat, hat nichts mit diesen lauten und aufdringlichen Menschen zu tun. Es hat alles mit Michael zu tun, der tot ist. Es hat alles mit Brigitte zu tun, die so weit ist zu denken, dass sie einen neuen Namen bräuchte – ein neuer Name für eine neue Frau.

Sie will wegspazieren, weggehen und ihre Schritte zählen. Sie will Brigitte bleiben. Sie mag keine Veränderungen. Es kommt ihr so vor, als hätte sie diesen Gedanken in den letzten Tagen viel zu oft gedacht. Als müsste sie eine Verbindung aufbauen – zu ihrem Leben, zu sich selbst.

Sie ist doch stehen geblieben, hat nur in Gedanken weiter ihre Schritte gezählt.

Dann sind sie plötzlich verschwunden, nicht plötzlich, aber es kommt ihr so vor, abwesend, wie sie ist.

Wie oft kann man in wenigen Sekunden das Wort »Kinder« aussprechen?

Sie spürt Christians Blick auf sich, zählt weiter. Sie sollte nach Hause gehen. Sie hat jetzt eine Wohnung hier. Sie hat eine Adresse, von der Hans nichts weiß. Dorthin sollte sie jetzt gehen und nachdenken und Entscheidungen treffen.

Und sich nicht zum Narren machen.

»Ich gehe nach Hause.«

Zu Hause gibt es auch eine Eule zum Anfassen.

Ein Spiegelbild, das ihr vielleicht einen neuen Namen verraten könnte?

»Darf ich mitkommen?«

»Ja.«

Definitiv muss ein neuer Name her.

10.

Ginger will nicht. Sie entfernt sich elegant von Fred, der hinter ihr tänzelt. Ihr Kleid ist ein leichter Nebelstreifen. Sie sieht ihn nicht an. Ihr Blick gilt der Ferne. Fred fängt an zu singen, ein wunderschönes Lied. Er umschreitet sie, kreist um sie wie eine hungrige Katze. Sie senkt den Kopf, denkt nach, entscheidet sich: Fred, ja oder nein. Die Nachtbrise spielt mit ihrem Kleid, ihren Gefühlen. Hat sie welche?, man weiß es nicht, sein verliebter Blick, voller Hoffnung. Wenn sie sich der Musik hingeben, kann alles noch gut werden. Er lächelt sie an, sie sieht es nicht, aber er lächelt dennoch. Er singt, seine Stimme ist ein Kristall, seine Augen groß vor Erwartung, vor Berührtsein. Sie kann sich noch nicht entscheiden, es scheint ein gewaltiger Schritt für sie zu sein. Seine Füße leicht wie Regentropfen, seine Finger auf ihrer nackten Haut, sie erzittert, er singt. Er singt um sein Leben, um ihr Leben. Seine Lippen legen sich leicht auf ihr Ohr, er spürt ihre Gänsehaut, bekommt selbst eine. Sein Oberschenkel ist ihrem Kleid ganz nahe. Ein Hauch von nichts. Ein Hauch von Leidenschaft, die nicht sein darf, nicht jetzt, nicht hier. Die Zeit ist ein Schiff, er singt, sie kann nicht. Die Zeit will umworben, muss an manchen Stellen erst ausradiert werden. Er lächelt sie von allen Seiten an, sie schaukelt, sie beginnt, mit ihm zu schwingen, sie berührt ihn nicht, nicht sofort, sie wiegt sich leise in seine Arme, er singt. Er hält sie sanft, er will sie nicht erschrecken, er will nicht zu viel auf einmal, das Schiff hat den Hafen verlassen. Es ist dunkel, es gibt nur sie und ihn und die Nacht. Und die Musik. Sie tanzen. Sie sind frei und tanzen, und es ist niemand da, und niemand sieht sie, die Welt existiert nicht, nicht auf ihrem Schiff, nicht in diesem Lied. Der Tanz ist alles, was es gibt. Und seine Hand, zärtlich und flüchtig und sehnsüchtig auf ihrem bloßen Oberarm.

Was bleibt, ist die Vergessenheit.

Was nicht vergessen wird, entschwindet.

Der Spiegel, der einzige Zeuge.

11.

Montag ist der Tag der Stammkunden, besessener Büchermenschen, die den ganzen Sonntag darauf warten, dass die Geschäfte am Montag wieder öffnen und sie sich vergewissern können, dass es sie noch gibt, die Bücher, dass ihnen nichts entgangen ist an diesem einen Tag, wo ihnen der Zugang zur Quelle verschlossen blieb. Montag ist der Tag, an dem sie sich wieder den Büchern hingeben können – nach einem endlosen Sonntag voller Zweifel und Angst, egal, wie hoch der Stapel ungelesener Bücher ist. Das sind die Kunden, die stundenlang in der Buchhandlung bleiben, jedes Buch herausnehmen, darin blättern, daran riechen. Wenige kaufen tatsächlich etwas, alle haben genug Lesestoff zu Hause, sie brauchen lediglich die Nähe, die Zuversicht, dass die Welt noch in Ordnung ist.

Christian lässt sie machen, verweilen, herumstehen und herumsitzen. Wenn sie einen Musikwunsch haben, erfüllt er ihn, wenn möglich.

Montag ist ein guter Tag.

Montag ist für Christian wie ein Wiedersehen mit alten Freunden, mit denen man am besten schweigen kann. Entspannt.

Normalerweise.

Aber nicht heute.

Alles ist wie sonst, einige warten schon vor dem Laden, als er kommt: wenige Worte – viel Unruhe. Er lässt sie rein, kümmert sich nicht weiter um sie. Noch bevor der Computer hochgefahren ist, sind Weitere gekommen, verkriechen sich zwischen den Regalen, ab und zu tauschen sie Meinungen und Erfahrungen aus, aber erst später, erst nachdem sie eine gewisse Zeit allein mit den Büchern verbracht haben.

Alles wie immer. Alles bekannt und vertraut und beruhigend.

Aber nicht heute.

Christian ist zerstreut. Er ist nicht aufgeregt, er ist überreizt. Die leisen Schritte der Kunden, das Rauschen der Bücherblätter, Laute, die keine Worte sind und dennoch viel sagen, all das verstärkt das Fieber in ihm.

Gestern Abend.

Er versteht es nicht. Er versteht nicht, was gestern Abend passiert ist. Nichts ist passiert, und das versteht er nicht. Nichts ist passiert, oder doch?

Da war dieser Film, es wurde viel getanzt und gesungen, und er hat alles lustig gefunden, dann wurde ihm langweilig, und er hat an den heutigen Abend gedacht, an ihre erste Tanzstunde.

Er würde sie umarmen dürfen.

Hat er sie gestern Abend auch schon umarmt?

Es klingelt, die Tür geht auf, eine Frau mit einem Kleinkind kommt herein, sie ist zielstrebig, für Christian hat sie nur ein halbes Lächeln als Begrüßung übrig.

Hat er ihre nackten Arme angefasst? Waren Brigittes Arme entblößt? Warum sollten sie? Hat er alles lediglich geträumt? Er erinnert sich nicht, geträumt zu haben. Ist er beim Filmschauen eingeschlafen? Er erinnert sich nicht daran. Hat er ihr ins Ohr geflüstert, oder sie ihm oder hat er auch das geträumt oder hat er sich das nur gewünscht?

Die vielen Mails zu beantworten, daran ist jetzt nicht zu denken – vor allem ist die wichtigste Mail nicht darunter. Die Bestellungen werden auch warten müssen. Das ganze Leben wird abwarten müssen, bis er sich erinnert.

Er hat nichts getrunken. Warum ist alles verschwommen, und nur die Gefühle sind klar?

Er holt sein Handy aus der Tasche. Keine Nachricht. Er aktualisiert mehrmals, unnötigerweise. Keine Nachricht heißt keine Nachricht.

Der Balken hat sich kaum merklich bewegt. Besser als gar nicht.

Dann ruft er im Tanzstudio an und lässt sie vormerken.

Als er auflegt, steht Frau Neuville vor ihm. Frau Neuville ist um die vierzig Jahre alt, liest Hardcore-Thriller, hat vor nichts Angst – wenn es um die Bücher geht. Aus den Gesprächen mit ihr weiß Christian, dass sie eine Romantikerin ist, die sich durch die gelesene Gewalt abhärten will. Sie hat sich gleich für sein Musik-Buch-Konzept begeistert, unterbreitet ihm mittlerweile eigene Vorschläge, sie ist eine liebe, einfühlsame Person. Christian würde sie gerne fragen, wo seine Erinnerung geblieben ist.

»Eine Entdeckung, ganz zufällig, Herr Rolland, eine echte Entdeckung und zwar von einem deutschen Künstler.« Sie reicht ihm eine CD, ihre Augen strahlen. »Ich schenke sie Ihnen. Ich höre, Sie stehen seit Neuestem auf deutsche Kunst.« Sie zwinkert ihm zu.

Er nimmt die CD entgegen. *In My Blood.* Er sieht Frau Neuville an. Was weiß sie? Woher weiß sie es? Vielleicht sollte er sie tatsächlich fragen. Alles so passend. Auf dem Cover laufen Tiere herum. Deutsch sehen sie nicht aus. Er lächelt in sich hinein.

»Hören Sie mal rein, es wird Ihnen sicher gefallen. Mich hat sie wunderbar durch die letzten zwei Skandinavier gebracht«, sagt sie und lacht: »Gegensätze ziehen sich an, sagt man nicht umsonst.« Und dann ist sie weg, die Tür fällt langsam ins Schloss. Und Christian hat kein Wort gesagt.

Gegensätze ziehen sich an, ja, das sagt man. Aber Christian kann damit nichts anfangen.

Eine Frau geht an seinem Laden vorbei, sie hat langes schwarzes Haar – und er spürt keine Angst, weder Angst noch Hoffnung.

Dann muss er Bücher und CDs abkassieren, Leute finden sie auch ohne ihn, er lächelt, als er sieht, dass Jane zweimal über den Tisch geht. Und einmal Paul mit seiner Frau. Auf einige Leser ist Verlass. Er muss einen schönen Liebesroman für diese Musik finden, denkt er. Denn ohne sie gehört zu haben, weiß er, wie sie sein wird, er kennt Frau Neuville.

Und er kennt sich, und diesen Tag – und was in seinem *Blood* steckt.

Der Balken nach wie vor da, wo er war. Eine Antwort immer noch abwesend.

Verdrängen ist angesagt.

Zweimal überprüft er, ob vielleicht doch Nachrichten von ihr da sind. Dann lässt er diesen Montag richtig beginnen.

Wie wunderschön Ginger getanzt hat, das ist ihr erster Gedanke.

Dann Michael.

Mon fils, denkt sie, während Ginger weiterhin ihre Runden dreht. Und heute wird auch sie tanzen. Das ist ausgemacht. Brigitte weiß nicht, wie es dazu kommen konnte. Hans würde ihr das übel nehmen. Zuerst würde er es nicht glauben, dann würde er es ihr übel nehmen. Er würde sie fragen, was sie sich dabei gedacht habe, tanzen zu gehen.

In diesen Tagen hat Brigitte manchmal das Gefühl, Dinge entgleiten ihr. Kleinigkeiten, nichts Wichtiges. Mit der Wohnung hat alles fehlerfrei geklappt. Hier und da eine Entscheidung, so einfach ist das Leben. Ihr Leben. Dass der Sohn tot ist, ändert nichts daran. Dem Leben ist das egal. Das Leben geht weiter. Das hat Hans nicht verstanden. Plötzlich hat er das nicht mehr verstanden, und sie ist gegangen.

Und jetzt wird sie tanzen gehen.

Wassertropfen haften am Glas. Sie steht am Fenster und schaut zum Kinderspielplatz. Das hat sie nicht bedacht, sie hofft, es wird nicht zu laut sein. Jetzt sind noch keine Kinder da, es ist zu früh. Michael war ein ruhiges, stilles Kind. Dann irgendwann nicht mehr. Sie kann sich nicht erinnern, was zuerst gekommen ist, dass er sie mit ihren Filmen alleingelassen hat oder dass er laut geworden ist und sich nichts mehr von ihr hat sagen lassen.

Und im Nu war er dann tot.

Wäre er bei ihr geblieben, still und ruhig, hätte er dann auch den Tod auf einem kroatischen Felsen gefunden? Eine Frage für Hans. Sie stellt sich solche Fragen nicht. Vergangen ist vergangen. Nichts mehr kann die Vergangenheit ändern, weder sie noch jemand anderer. Den anderen vertraut sie nicht. Aber das ist nicht schlimm, denn sie weiß immer, was zu tun ist.

Und mit Hans auf dem Sofa oder im Garten oder im Bett oder im Auto oder im Wald zusammen zu weinen, das ist keine Lösung. Keine Möglichkeit. Also ist sie weggefahren. Sie hatte keine Wahl.

Und sie wollte Michael nahe sein. Frankreich war seine Leidenschaft. Ein Traum. Sie wollte ein Teil davon werden. Schon immer. Und jetzt, als *mon fils* … Einen Traum leben, der nicht ihrer ist. Das geht. Das kann sie. Denn sie hat keine eigenen. Sie schuldet ihm etwas. Sie schuldet ihm sein Leben. *Mon fils est …*

Ginger fällt ihr wieder ein.

Und noch etwas fällt ihr ein, und sie lässt das Glas auf den Boden fallen. Scherben überall. Kleine Stücke der Erinnerung, die keinen Sinn ergeben.

Sie geht in die Küche. Eine leere Flasche Wein steht auf der Anrichte. Noch immer kein Sinn.

Etwas kommt in ihr in Bewegung, Ginger ist es nicht. Das würde Christian sagen, sie ist nicht so witzig. Oder vielleicht doch? Vielleicht kann man sich doch ändern. Besser, sie geht den Weg nicht, die Richtung ist verboten, eine Sperre wurde errichtet, vor vielen Jahren. Damals am See, als sie anfing, die Schritte zu zählen.

Übrigens, es sind neun Schritte vom Fenster bis zur Küche. Alles geregelt.

Damals am See, als die Gänse sie aufgeschreckt und sie gerettet haben.

Und jetzt dieser Humbug.

Ihr Morgenmantel ist faltenlos, ihre Hände dennoch fleißig und unaufhaltsam.

Sie kehrt das Zerbrochene zusammen. Sie denkt über dieses Wort nach und fragt sich gleichzeitig, seit wann sie über Wörter nachdenkt. Es hallt in ihr nach. Es findet etwas in ihr, das ihm passt, das Zerbrochene bleibt drinnen. Brigitte weiß nicht, was vor sich geht.

Immer noch Humbug.

Ginger tanzt, so wie sie auch gestern Abend bis in die Nacht getanzt hat. Wein wurde getrunken. Ihre Haut glaubt, sich an eine Berührung zu erinnern, an eine Gänsehaut, die aber noch kein Beweis ist, denn sie könnte alt, uralt sein. Oder lediglich ein Jahr alt: Michael war tot, und sie hatte eine Gänsehaut, und das war es. Dann ist sie weggefahren. Aber erst, nachdem Hans geweint hatte.

Das Zerbrochene kratzt von innen an ihr.

So ein Wahnwitz.

Ihre Hände in frenetischem Reiben, fast scheuern sie über den leichten Stoff. Sie schaut sich die Innenflächen an, ganz entflammt, ganz kribbelig. Wie ein Ausschlag breitet sich die Röte auf ihrer Haut aus.

Und die Scherben stechen weiter.

Und keine Gänse in Sicht.

Ihr scheint es, als wäre Michael gestern erst gestorben. Als müsste Hans in dieser Wohnung sein. Als müsste diese Wohnung ihr Haus sein, ihr Haus am See.

Als müsste sie im See sein, da, wo sie vor siebenundzwanzig Jahren sein wollte.

Hat sie gestern mit dem jungen Mann geschlafen?

Keine Nachricht. Es ist Mittagszeit, und immer noch keine Nachricht von Brigitte.

Er hat sich die CD angehört. Er weiß noch nicht, zu wem sie am besten passt, ist noch auf der Suche. Es ist nicht immer einfach, ein Paar zu finden, es gibt so viel Verborgenes, Unklares. Manchmal ist eine Musik einfacher zwischen den Zeilen zu finden als in ihnen. Manchmal muss man mehrmals lesen und mehrmals hören. Etwas Zartes und Modernes schwebt ihm vor, Alice vielleicht, oder Annie, aber er ist noch nicht so weit. Vielleicht muss das Buch erst noch geschrieben werden.

Keine Nachricht.

Er hat keinen Hunger, er beschließt, keine Pause zu machen, man weiß nie.

Er verabschiedet sich von einem David und einem Jonathan, nicht dem neuesten, den hat er auch selbst noch nicht gelesen. Ein Alessandro ist auch dabei mit seinem geheimnisvollen Schriftstellerprotagonisten, Christian freut sich über das gute Zuhause, das sie alle finden. Und die ganze Zeit läuft jene Musik im Hintergrund.

Er lässt das »Geöffnet«-Schild hängen.

Der Balken immer noch nicht im grünen Bereich, immer noch keine Antwort. Was wenn? Nein, es ist noch Zeit genug. Keine Antwort ist noch keine Ablehnung.

Keine Nachricht ist aber keine Nachricht.

Plötzlich entscheidet er, dass dieses Warten ohne zu warten lächerlich ist. Er ruft Brigitte an.

Brigitte meldet sich nicht.

Also schreibt er ihr eine Nachricht: *Um sieben vor dem Tanzstudio, denke an dich.* Dann löscht er die letzten drei Worte, schreibt seinen Namen, als wüsste er nicht, dass nur seine Nummer in ihren Kontakten steht. Er schickt sie ab.

»Heute keine Mittagspause?«

Er erschrickt, sieht aber ein bekanntes Gesicht. Das ist Monique, keine Freundin, eine gute Bekannte, die einmal in der Woche ein Buch kauft und es vom Anfang bis zum Ende liest, auch wenn es ihr nicht gefällt, sie meint, das schuldet sie dem Autor. Sie arbeitet an der Theke in der Kneipe nebenan, wo er oft ein Sandwich isst oder ein Omelett bestellt.

»Du hast dich rargemacht. Deine Leute suchen dich …«

»Es tut mir leid, dass sie dich belästigen.«

»… und ich brauche mein Buch, es ist Montag!«

Christian schmunzelt, er hat genau das richtige für sie.

»Was ist das für ein Name!«

»Vergiss den Namen, das wird dir gefallen. Ich habe mich lange geweigert, aber sie ist wirklich gut.«

»Ich weiß nicht.« Monique dreht das Buch in den Händen, als wäre es vergiftet. Christian lacht auf.

»Es wird dich schon nicht beißen!«

»Die Nachbarin einer Freundin von mir hatte eine Katze, die Jojo hieß. Wurde überfahren, die Arme.«

»Diese hier ist quicklebendig und sehr erfolgreich.«

»Und wenn du mir noch eins gibst, für alle Fälle?«

Christian sieht sie überrascht an.

»Ja, ich weiß. Aber das ist es nicht, ich habe die Woche frei, da schaffe ich sicher auch zwei, oder?«

»Das ist was anderes! Dann gebe ich dir noch einen Rafik, das sollte reichen.«

»Der ist aber dick!«

»Ja, das ist er, der ist immer dick, aber es lohnt sich.«

»Habe ich eine Wahl?«

Sie holt ihr Portemonnaie aus der Tasche, reicht ihm die Karte.

»Und du? Was machst du so? Die ganze Woche. Warst nicht viel hier …«

Christian spürt ihren Blick, kann nicht mit absoluter Sicherheit sagen, ob sie einfach neugierig ist oder aber von seiner Mutter rekrutiert wurde.

»Ich war anderweitig beschäftigt, habe einer guten Freundin geholfen, die ist hergezogen letzte Woche.« So, das müsste alle zufriedenstellen, die Bekannte und die Spionin.

»Höre ich da was zwischen den Zeilen?« Monique zwinkert ihm zu.

»Ich weiß nicht, was du hörst.« Er lächelt sie breit an.

»Also noch nicht so weit, verstehe.«

Sie steckt ihre Karte wieder ein, und er lächelt weiter.

»Viel Spaß mit den Büchern!«

»Ja, sicher.« Sie verlässt den Laden. Bevor sie die Tür zumacht, wirft sie ihm noch einen Blick zu.

Christian hat sie schon vergessen.

Keine Nachricht.

»Weiße Weihnachten« ist genau das Richtige jetzt. Auch wenn nichts passt. Ein Weihnachtsfilm im Mai, unvorstellbar. Vormittags Filme zu schauen ist auch gegen ihre Regeln. Genauso gut könnte sie im Bett bleiben, nachdem sie aufgewacht ist – ohne krank zu sein. Diese Gedanken verstören sie ein wenig. Und sie ist immer noch im Morgenmantel.

Der Spielplatz ist nicht mehr leer. Ab und zu ist ein Schrei zu hören, oder ein Name wird gerufen.

Sie setzt sich auf die Couch mit der DVD-Hülle in der Hand. Gefrühstückt hat sie auch noch nicht. Sie gleitet abwesend über den Mantel. An den Seiten klafft er auseinander, unter dem langen Nachthemd zeichnen sich ihre Beine ab.

Sie denkt an das Zerbrochene.

Sie hat noch nie versucht, etwas Kaputtes wieder zusammenzukleben oder zu reparieren. Sie wirft es weg, was immer es ist. Sie wird nie emotional. Sie bedauert es nie. Und jetzt muss sie pausenlos an dieses zersplitterte Glas denken, das sie schon heute, jetzt gleich, wenn sie will, ersetzen kann, und keiner wird es wissen, nicht einmal sie selbst. Und doch beschäftigt es sie. Als hätte sie es geschluckt. Was lächerlich ist. Brigitte hat keine solche lächerlichen Gefühle. Wie kommt sie dazu, so etwas zu fühlen, zu denken, dass sie es fühlt, fühlen könnte?

In Poitiers saß ein Mann im Kreis, er war durch eine Fensterscheibe gestürzt. So viele Narben hat Brigitte noch nie gesehen. Er weinte leise aus blinden Augen.

In diesem einen Jahr ist sie mehr blinden Menschen begegnet als ihr ganzes Leben davor. Wenn Brigitte an Zeichen und Botschaften glauben würde …

Sie steht auf, streicht über den Mantel, legt die DVD in den Player, betätigt alle nötigen Tasten, sodass Bings Gesicht vor ihr erscheint. Sie mag ihn nicht besonders. Sie findet ihn langweilig, der Film ist dennoch gut und wird sie sicher auf andere Gedanken bringen.

Sie setzt sich nicht hin.

Das Lied verklingt.

Dann fällt ihr etwas ein, sie eilt in den Flur, holt die Tasche und daraus ihr Handy.

Ein verpasster Anruf.

Eine Nachricht.

Mit dem Handy in der Hand geht sie zum Sofa und setzt sich. Bing tanzt. Flüchtet aus dem offenen Fenster. Singt. Brigitte schaltet den Ton aus.

Die Nachricht bestätigt nichts, enthüllt nichts.

Sie bringt keine Erleichterung. Sie fügt nichts zusammen, nichts, was auseinandergefallen ist. So viele Scherben, es muss jemand verletzt worden sein!

Bald ist Mittagszeit.

Liebschaften und Streitereien, einer gegen den anderen.

Sie spürt Hunger, sie ist es nicht gewohnt, Mahlzeiten zu überspringen. Diese Ordnung hält sie, erhält sie am Leben.

Brigitte weiß nicht, woher so ein Satz kommt. Sie hat so einen Satz noch nie gedacht. Ihr Leben ist einfach. Ihr Sohn ist tot. Aber das ist kein Grund. Und es ist schon ein Jahr her. Warum jetzt? Brigitte glaubt nicht an Fehler, sie glaubt nicht an Zeichen. Und dennoch, jemand wie Christian könnte sicher einiges dazu sagen. War diese Wohnung eine Fehlentscheidung?

Zwölf Schritte vom Sofa zum Bett.

In der Küche schenkt sie sich Kaffee ein und toastet sich eine Scheibe Weißbrot. Sie isst es ohne Butter, ohne Marmelade, einfach so, trocken, so trocken, dass es in ihrem Hals kratzt.

Wie Glasscherben.

Das Zerbrochene sollte man entsorgen und vergessen.

Ist Hans zerbrochen? Hat sie ihn deswegen verlassen? Hat sie ihn verlassen? Ist sie zerbrochen? Ist das ihr Versuch, wieder ganz zu werden? Diese Stadt, diese Wohnung? Christian?

Um sieben Uhr abends kommt sie zum Tanzstudio. Christian steht schon da, sein Blick auf sie gerichtet, vielleicht schon den ganzen Weg lang. Den ganzen langen Tag.

Er lächelt sie an, also vergisst sie die Erinnerungen, vor allem die fehlenden.

Es sind zwölf Schritte zu ihm.

12.

»Tanzen ist Lieben. Tanzen ist Leben. Wer das nicht glaubt, ist hier fehl am Platz und kann gleich wieder gehen.«

Die Worte schweben einen Augenblick lang still und erhaben im Raum. Einige Augenpaare sehen zu Boden, einige aus dem Fenster, einige den Mann vor ihnen, ganz in Schwarz, an. Und einige Blicke begegnen sich, um sich gleich wieder zu trennen. Niemand verlässt den Raum.

»Wir fangen mit einem kleinen Spaziergang an. Bilden Sie einen Kreis, ja, genau so, laufen Sie einfach zur Musik. Lassen Sie sie rein, spüren Sie sie. Gut so. Gehen Sie im Kreis, bewegen Sie sich im Takt, denken Sie an nichts, machen Sie sich keine Gedanken, gehen Sie einfach, ein Schritt nach dem anderen.«

Es ist ein Walzer. Sogar Christian erkennt den Takt.

Er hält Brigittes Hand, alle Paare halten sich an den Händen. Ihre Hand ist weich in seiner, kraftlos. Er kommt sich merkwürdig vor, seine Füße machen seltsame Bewegungen. Brigittes schreiten lediglich, folgen nicht der Musik. Es würde ihn nicht überraschen, wenn sie bei der nächsten Runde durch die Tür verschwindet.

Noch bevor er sie in den Arm nehmen kann.

»Das erinnert mich an unsere erste Begegnung.«

Einen Moment lang sieht er sie verständnislos an, dann lacht er auf – und erntet einen vorwurfsvollen Blick des Lehrers. Er hebt die Hand als Zeichen der Entschuldigung. Aber er kann nicht aufhören zu schmunzeln.

»Brigitte, du bist so lustig!«

Sie zuckt mit den Achseln, schreitet weiter, missachtet die Musik.

»Wollen Sie etwas mit uns teilen?«, fragt der Mann in Schwarz, der jetzt neben ihnen läuft, sehr geschmeidig, sehr stimmig, Christian kann nicht umhin, ihn zu bewundern. Er hat die Frage laut genug gestellt, um von allen gehört zu werden.

Christian und Brigitte sehen sich an, flüchtig, sie kann sich beherrschen – er nicht ganz. Er wird rot im Gesicht, Tränen steigen hoch vor lauter Anstrengung, nicht zu lachen, er ist so kurz vor einem gewaltigen Knall.

Die Musik hört auf, aber das macht es noch schlimmer, jetzt sehen alle sie an, der Lehrer wartet.

»Es tut mir leid, es ist nur einer dieser Momente …« Christian vollführt eine nichtssagende Handbewegung. »Sie wissen schon.«

Der Mann, der klein und elegant und stolz vor ihm steht, will nicht wissen, nicht mitspielen. Er muss zeigen, wer der Chef ist, er kann nicht erlauben, dass die Mäuse auf den Tischen tanzen, das versteht Christian. Er entschuldigt sich noch einmal. Brigitte schüttelt leicht den Kopf.

Und plötzlich erinnert er sich an alles, an die letzte Nacht, und muss fast lachen, muss wieder fast lachen, obwohl er sich soeben entschuldigt hat, da ist ein Wurm drin, ein tanzender Wurm. Er erinnert sich an alles, und endlich lacht er, lacht unaufhaltsam – denn es gibt nichts, woran man sich erinnern könnte.

Aber dann sieht er, wie sie aufrecht, fast könnte man sagen steif neben ihm steht, ihren entschlossenen Gesichtsausdruck, spürt ihre Haut unter den Fingern und ist wieder verwirrt. Gut, dass er gelernt hat, mit Unklarheiten zu leben.

»Es tut mir wirklich leid«, sagt er noch einmal, diesmal in die Runde.

Der Lehrer nickt lediglich und begibt sich zur Stereoanlage.

Brigitte schaut Christian an, er ist sich der Zärtlichkeit ihres Blickes sicher. Und einer tiefen Traurigkeit. Sie trifft ihn, sie trifft ihn hart, er fragt sich, wieso er das bis jetzt nicht gesehen hat. In dem Augenblick scheint alles möglich.

Und vielleicht ist es besser, nicht zu wissen; vielleicht muss man das überhaupt nicht; vielleicht ist nicht wichtig, was wahr ist und was nicht; vielleicht ist das Gewollte und das Ersehnte prägender und wertvoller als das Geschehene; vielleicht sind ihm aber auch nur all die Bücher in den Kopf gestiegen und haben ihn die Realität vergessen lassen.

Oder diese Musik.

Die Aussicht auf ihren Körper.

Während der Mann in Schwarz, Jacques heißt er, Anweisungen gibt, sie in die richtige Position bringt, Arme, Hände. »Walzer ist nicht zum Schmusen da!« Er umkreist die Paare und berührt leicht eine Schulter hier, einen Ellenbogen dort, ein Kinn da.

»Bist du bereit?«

Brigitte nickt kaum merklich.

Jacques bewegt sich im Kreis, zählt eins, zwei, drei, eins, zwei, drei. Er hat keine Partnerin im Arm, und es sieht dennoch berückend aus.

Christian bewegt die Hand an Brigittes Rücken.

Sie sind nicht gleich groß, und Jacques hätte Platz zwischen ihren Körpern, so weit sind sie voneinander entfernt.

Dann machen sie den ersten Schritt und stoßen zusammen. Sie sind nicht die Einzigen, aber die Einzigen, die dabei nicht lachen.

Ihre Bluse, sein Hemd, als stünde nichts zwischen ihnen. Die Weichheit, die Sanftheit. Ihre Gesichter, nur die Musik trennt sie. Ein Atemzug.

»Und noch einmal, die Männer führen, eins, zwei, drei, eins, zwei, drei.«

Ihr Händedruck ist fest, als würde sie Sicherheit suchen. Ihr Blick auf die Füße geheftet.

»Kopf hoch, eins, zwei, drei, eins, zwei, drei, sehen Sie Ihrem Partner in die Augen, vergessen Sie Ihre Füße, eins, zwei, drei, eins, zwei, drei.«

Und so weiter und so weiter und immer wieder und ohne Ende.

Ohne Ende wäre schön. Ohne Ende würde Christian gefallen. Bald klappen die Drehungen, und bald hat er das Gefühl zu schweben.

Jacques reckt seinen Daumen nach oben, lächelt, und Christian lächelt zurück – er freut sich, den Lehrer überrascht zu haben. Sich selbst auch.

Er freut sich, Brigittes Haut unter der Seide erahnen zu können.

»Das war gut. Pause zehn Minuten.«

Die Musik dreht sich weiter.

Die Welt auch.

Hand in Hand stehen sie da. Berührung, als gäbe es keinen Stoff, keine Haut.

Christian neigt den Kopf zu ihrem Gesicht. Er weiß nicht, was er tun will, er will es einfach.

Sein Kopf ist fast an ihrer Wange, als Brigitte sich zurückzieht. Ihre Unsicherheit überwältigt sie, sie muss sich hinsetzen. Ihre Hände immer noch miteinander verbunden. Schon vertraut.

Die Musik dreht einsame Runden.

Der Rock wird geglättet, mehrmals, die Bluse nur einmal.

Er begleitet sie zu einer Bank am Fenster, macht es auf –, als wüsste er schon, dass sie Fenster mag, vor allem offene, sie braucht immer viel Luft. Hans hat sie immer ausgelacht, jeder brauche gleich viel Luft, hat er gemeint, Luft sei Luft, und Lunge sei Lunge, und dass sie damit nicht einverstanden war, das hat sie nicht gesagt. Sie hat schon immer das meiste für sich behalten.

Sie wünscht sich, er würde schweigen, ihr Bedürfnis nach Schweigen spüren.

Und dann sagt sie selbst doch: »Hast du nicht auch an die Selbsthilfegruppe denken müssen, vorhin?« Sie ist bereit, auch zu lächeln, wenn es nötig sein sollte. Sie kann sich nicht erinnern, wann sie zuletzt, ganz bewusst, nach einer Ablenkung gesucht hat.

Sein langer Blick will verstanden werden, aber sie kann das nicht: Gefühle sind so wankelmütig, unzuverlässig, heute so, morgen so. Das ist ihr zu wenig, sie ist ein solider Mensch, auf sie ist Verlass. Das denkt sie und fühlt sich dabei wie eine Betrügerin. Die Welt! Etwas passiert mit ihrer Welt. Blicke ohne Ende erträgt sie nicht.

Brigitte steht auf.

Sogar Tanzen ist besser.

Und wenn sie die Augen schließt, sieht sie Hans, er lächelt. Wo ist Hans jetzt? Hält er eine fremde Frau in den Armen und tanzt ebenfalls? Auch wenn man sich Sachen nicht vorstellen kann, heißt das nicht, dass sie nicht möglich sind. Oder nicht geschehen, genau jetzt, in diesem Augenblick.

Bevor Michael ihr Sohn geworden ist, hat sie sich vorgestellt, er wäre tot. Jetzt ist er es. *Mon fils est* ... Alles eine Frage der Zeit. Jeder Gedanke kann wahr werden. Die Frage ist nur, wann. Hans lächelt immer noch.

Jacques zählt wieder, er zeigt ihnen, wie man eine Standdrehung macht, und sie machen es, Christian und sie, sie machen es, als hätten sie es schon seit Jahren gemacht, als wären sie keine Anfänger, Anfänger in so vielerlei Hinsicht.

Seine Hände sind fest und warm, aber nicht unangenehm warm. Vor allem die an ihrem Rücken gefällt ihr. Sie hat eine Stelle dort gefunden, und der leichte Druck, den sie da ausübt, um Brigitte zu führen, um ihr zu zeigen, dass Christian für sie da ist, dass sie sich ihm anvertrauen kann, sich vollkommen entspannen und loslassen kann, dieser Druck verwirrt Brigitte und gefällt ihr zugleich. Zum ersten Mal glaubt sie, Gingers glücklichen Gesichtsausdruck nachvollziehen zu können.

Christians Augen lächeln sie an. Nicht einmal Brigitte kann das übersehen.

Seine Hand an ihrem Rücken bewegt sich, kleine, sanfte Fingerbewegungen sind das. Brigitte verliert ihren Schritt, sie vergisst zu zählen, sie, die Meisterin in dieser Disziplin. Das ist dieses oberflächliche Streicheln, das vielleicht keine Berge versetzen würde –, aber Brigitte zutiefst berührt, Stellen in ihr erreicht, die ihr unbekannt sind, die wahrscheinlich erst in diesem Augenblick entstehen, die sich gerufen und angesprochen fühlen, die mit einer Zärtlichkeit zum Vorschein kommen, die Brigitte erschüttert.

Und die Musik. Nie hätte sie gedacht, dass sie so tief eintauchen kann in diese Töne und Rhythmen. Wie ein Nachthemd umhüllen sie sie. Wie feinste Seide. Wie Schmetterlingsflügel. Und bald hört sie Jacques' Zählen gar nicht mehr, ein neuer Tag in ihr. Fast ein neues Leben. Eine neue Ginger.

»Warum lächelst du?«

»Ich dachte an Ginger.«

Er hat sie schon ein wenig vergessen, ihre Ginger, muss sich konzentrieren, findet sich schließlich in Brigittes Augen, lächelt auch.

»Wir sind gut«, sagt er einfach und lässt sie eine Pirouette drehen. Aber schon liegt seine Hand wieder an ihrem Rücken, an jener Stelle. Und Brigitte muss erkennen, dass Seide keinen Schutz bietet, sie ist kein unüberwindbares Hindernis: Ein kleiner Druck dieser Hand genügt, und schon steht Brigitte nackt da, auf der Tanzfläche, vor anderen Paaren, vor dem Lehrer – und es kümmert sie nicht. Sie gesteht sich ein, dass sie nicht wissen will, was Hans dazu sagen würde, zu ihrer verdeckten Nacktheit. Und sie gesteht sich ein, dass sie nirgendwo anders lieber wäre.

Und was Blicke sich erzählen, das muss nicht ausgesprochen werden. Die Musik ist die vollkommene Zutat.

13.

Montagabends ist nie viel los. Christian liebt diese leeren nächtlichen Straßen im Frühlingsduft. Es war ein langer Tag. Ein Karussell der Gefühle und Gedanken und Erwartungen, die Dunkelheit tut ihm gut.

Und er hat Brigitte im Arm gehalten und weiß nicht, wohin mit sich selbst jetzt. Er weiß nicht, wo er steht, wo er stehen will und – ob er sich verliebt hat.

Er begleitet sie nach Hause.

Den ganzen Weg schweigen sie, und Christian denkt nicht, dass er falsch liegt, wenn er denkt, dass es ihr genauso geht wie ihm.

Manchmal, im Gehen, berühren sich ihre Arme. Oder ihre Ellenbogen, wenn sie ihren Rock glättet.

Und die ganze Zeit hält er sie in den Armen.

»Bist du schon müde? Oder wollen wir uns noch einen Film ansehen?«

Sie hat diese Frage erwartet und befürchtet. Denn sie ist überwältigt. Sie ist wie übernächtigt. Sie ist überfordert. Und sie ist verunsichert, und das ist neu. Alles ist neu. Sie hat keine Antwort parat, und sie weiß nicht, was sie will.

Sie sieht ihm in die Augen.

Er berührt ihre Wange.

Er küsst sie.

Leise ist dieser Kuss, sie bekommt keine Angst.

Seine Umarmung ist fest, tut aber nicht weh. Sein Körper ist fremd, aufregend.

Sie macht einen Schritt zurück, lässt ihn leer dort stehen.

»Es wäre besser …«

Er fragt nicht, warum, er sieht sie lediglich an.

Er küsst sie aus einer Entfernung von drei Schritten – drei Schritte wie Tausende – sie spürt es unverkennbar und mit Nachdruck. Ihr Körper hat ein verborgenes Leben, als wäre alles bis zu diesem Augenblick eine Lüge gewesen. Ihr Körper ist jung. Wieder oder zum ersten Mal, sie weiß es nicht und dieses Nicht-Wissen, dieses Sich-so-vieler-Dinge-nicht-mehr-sicher-Sein erschöpft sie, es fällt ihr schwer zu atmen. Und dass sie eben in diesem Moment jene Walzermelodie hört, ist keineswegs hilfreich. Sie erfüllt ihren ganzen Körper, durchdringt sie, fordert sie heraus und beruhigt sie. Die warmen Töne, der strenge Takt.

Eins, zwei, drei, eins, zwei, drei.

Alles gleichzeitig, so viele Gegensätze gleichzeitig. Die Augen offen zu halten, kostet sie den letzten Tropfen Kraft. Wer ist sie? Wer ist sie geworden?

»Ich will dich jetzt nicht verlassen.«

»Ich kann nicht.«

Er fragt sie nicht, was sie nicht kann. Fragen macht keinen Sinn. Verlangen macht noch weniger Sinn. Er will sie lieben, aber sie muss es wollen und zulassen und ihn einladen. In diesem Augenblick gibt es nur ihre Lippen, die so anders sind als alles, was er kennt, die streng aussehen und doch so weich und sich ergebend und doch zögernd und doch betörend und entschlossen und doch verängstigt und doch bestimmend sind.

Er wünscht sich, wieder auf dem Tanzparkett mit ihr zu sein. Die Musik macht alles leichter. Eins, zwei, drei, eins, zwei, drei, und schon wären sie miteinander verbunden, aneinander gebunden. Ein Walzer wie ein Roman.

Er berührt ihre Schulter. Er will sie an sich ziehen, tut es nicht, natürlich nicht. Es ist ihre Entscheidung, das weiß er. Er weiß nicht, wieso er es weiß, aber er weiß es. Er muss abwarten, dass sie zu ihm kommt.

Seine Hand auf ihrer Schulter verstärkt die Musik in ihrem Körper, Brigitte bedauert es, nicht singen zu können. Sie würde jetzt gerne laut singen, den Mund aufmachen und die schönsten Töne herauslassen können. Das wäre die Lösung. Das denkt sie wirklich.

So eine Verwirrung.

Dann küsst sie ihn.

Sie ist so unerwartet schnell an seinem Körper, an seinem Mund, dass er versäumt, ihren Kuss zu erwidern. Für einen Augenblick. Dann erwischt er ihn, sie erwischt ihn, ihre Lippen erwischen ihn. Er lebt. Plötzlich lebt er auf. So ist ihr Mund. Ihr Mund duldet keine Enttäuschung. Ihr Mund fordert alles. Er spürt die Frische in ihm, in diesem Mund. Als wäre er neugeboren.

Und alles passt und passt nicht zu dieser Frau, und er hört auf zu denken.

Sie braucht ihre ganze Kraft, um sich von ihm zu trennen, von seinem Kuss. Von all den Küssen. Von dieser neuen Welt.

Sie verabschiedet sich von ihm.

Sein Blick folgt ihr ins Treppenhaus.

Er bleibt bei ihr.

Christian sieht sich um. Sie ist weg. Sie hat sich entschieden, für heute Abend hat sie sich entschieden. Und was jetzt?

Zum ersten Mal in seinem Leben ist ein Buch keine Lösung.

Er geht nach Hause.

14.

Vor dem Haus wartet Sylvie auf ihn.

Sie sitzt auf der Treppe vor dem Haustor, sie ist nicht zu übersehen.

Sylvie.

Er hat sie monatelang nicht gesehen, nicht gesprochen. Sie ist wunderschön. Auch im Schatten der Nacht. Sie ist wunderschön.

Sie ist nicht betrunken.

Mit Brigitte auf den Lippen sieht er Sylvie an.

Jetzt, wo er keine Angst mehr vor ihrem Namen hat.

Nein, auf keinen Fall betrunken.

Sie lächelt nicht. Sie ist irritiert. Sie steht auf, stellt sich vor ihn.

Jetzt, wo er sie nicht mehr überall sieht.

»Wo warst du? Ich warte schon seit Stunden.«

Christian weiß nicht, was er sagen soll. Es ist wie ein Déjà-vu, dem er nicht trauen kann. Er fragt sie nicht, wie sie herausgefunden hat, wo er wohnt, wer ihn verraten hat. Er fragt nicht, was sie hier will.

Jetzt, wo er die Hoffnung losgelassen hat.

»Du siehst wunderschön aus.«

Ja, das sagt er. Er glaubt es nicht, aber es ist wahr. Das sind seine ersten Worte nach all den Monaten und all dem, was vorgefallen ist.

Und als wären diese Worte eine Zauberformel, ändert sich ihr Gesichtsausdruck, sie erstrahlt, sie glänzt – wie in uralten Zeiten.

Jetzt, wo alles vorbei ist.

Christian nimmt das alles wahr, aber er ist abwesend. Er liest es, er sieht es nicht. Er staunt über sein Gefühl der Entfremdung. Als wäre alles verschoben, nicht viel, lediglich einige Millimeter, aber die genügen schon, um die Welt zu verzerren. Als würden Zeitebenen durcheinanderkommen. Als gäbe es die Zeit nicht. Vielleicht stimmt das auch. Darüber hat er nie nachgedacht. Aber jetzt. In diesem Augenblick macht diese Zeit etwas mit ihm, sie zieht ihn auf, sie bietet ihm Trost an und verschwindet in demselben Moment. Brigitte taucht in ihm auf, eins, zwei, drei, eins, zwei, drei. Ihre Beine berühren sich im Rausch der Musik.

»Ich habe dich auch vermisst.«

Etwas mit Sylvies Augen stimmt nicht, er kann nicht sagen, was es ist. Er kommt ihr näher, starrt sie an.

Jetzt, wo er ein Tänzer geworden ist.

»Ja, ich bin es wirklich, du träumst nicht.« Und als er sie weiter anstarrt: »Und ich trinke nicht mehr.«

Das hört sich alles so falsch an. Christian ist durcheinander. Jetzt würde ein Buch tatsächlich helfen. Er spürt den Rucksack über der Schulter, und das Buch darin. Ein Taschenbuch, die Rettung in den wirren Augenblicken des Lebens.

Und das stimmt nicht, er muss träumen.

»Ich musste dich sehen.«

All diese Sätze, sie sind so unvorstellbar, wenn sie aus Sylvies Mund kommen.

»Kann ich mit hochkommen?«

Sie lächelt wie jemand, der es besser weiß, der sich seiner Sache sicher ist.

Sie ist wunderschön.

Sie ist nüchtern.

Jetzt, wo …

Sie steigen zusammen in die zweite Etage, er schließt auf, lässt sie herein. Die Wohnung ist leer, er hat keine Ahnung, wo seine Mitbewohner sind, er hat sie seit Tagen nicht gesehen.

Er führt Sylvie in die große Wohnküche. Das grelle Licht hilft ihm, den Gedanken und Gefühlen offen zu begegnen, sie zu ordnen. Als würde ihr das nicht behagen, macht sie das Deckenlicht wieder aus und die Tischlampe auf dem Kühlschrank an. Als wäre sie hier zu Hause. Und sie lächelt, die ganze Zeit lächelt sie, und er ist sichtlich verstört. Er blättert schnell in diesem sechsmonatigen Buch des Alleinseins, des Geschiedenseins – nirgendwo findet er Sylvie, in keinem Kapitel. Sie war zwar überall anwesend, sie hat sich nicht entfernen lassen – nicht bis vor einem Tag, obwohl es sie eigentlich, körperlich, nicht gegeben hat. Und jetzt sitzt sie in seiner Küche, jetzt, wo er gelernt hat, Walzer zu tanzen, endlich und ohne sie. Ausgerechnet heute.

Sie lächelt, schlägt die Beine übereinander, zeigt Haut unter ihrem kurzen Rock. Erst jetzt fällt er ihm auf, dieser Rock, er ist neu und sehr kurz, und sie hat ihn extra angezogen, für ihn, um ihn … was? Um ihn was?!

Jetzt wäre der richtige Moment, diese Frage zu stellen. Jetzt, genau jetzt.

Jetzt, wo nicht alle Frauen lange schwarze Haare tragen.

»Erzähl mir, wie geht es dir?«

Er sieht auf die Uhr, fast Mitternacht. Wie lange hat sie auf ihn gewartet? Nur ein Notfall kann, könnte das erklären, das alles hier.

»Was macht der Laden? Was machen deine Bücher?«

Was sind das für Fragen? Das kann man nicht einmal Small Talk nennen.

Christian holt sich ein Glas Wasser, ihr bietet er nichts an.

»Könnte ich auch ein Wasser bekommen?«

Sie ist wunderschön. Aber das muss jetzt sein.

Jetzt, wo eins, zwei, drei mehr bedeutet als ein Dreivierteltakt.

»Was willst du, Sylvie?«

So, er hat es geschafft.

Sie wendet den Blick von ihm, berührt ihr langes Haar – Christian hat das Gefühl, sie will ihm damit sagen: »Hier, mein Haar, in das du so vernarrt warst.« Und das würde stimmen, das war er.

»Sylvie?«

»Ich musste so oft an dich denken, an uns.«

Er erinnert sich sehr gut, nichts hat er vergessen, weder vergessen noch verdrängt.

»Was ist mit uns passiert? Wie konnte es dazu kommen?« Ihre Augen glitzern, als wären sie voller Tränen.

Christians erster Impuls ist, sie zu beschützen. Das hat er jahrelang gemacht. Er will sie in den Arm nehmen. Sie ist so klein, so zerbrechlich. Sie ist viel, so viel kleiner als Brigitte. Das ist seine Rettung, dieser Gedanke ist seine Rettung.

Jetzt, wo …

»Das ist kein Geheimnis. Du hast mich nicht mehr geliebt und alles an mir gehasst, was du irgendwann mal bewundert und geliebt hattest.«

»Das kann nicht sein!« Und da sind sie schon, die Tränen. Aber Sylvie ist keine Heulsuse. Christian weiß nicht, was er denken soll. Das Gefühl, dass hier etwas nicht stimmt, verstärkt sich.

Jetzt, wo lediglich ein Anruf oder eine E-Mail ihn von der Vollendung seines tollkühnen Plans trennt.

Aber es ist Sylvie.

»Und du hast getrunken. Du warst fast jeden Abend betrunken.«

Sie lässt den Kopf hängen, sie bedeckt das Gesicht mit den Händen, ihre Schultern beben leicht – volles Programm, das er nur aus Büchern, meistens schlechten, die er nicht zu Ende liest, kennt. Und doch ist er gerührt. Und doch will er sie umarmen, ihr alles versprechen, was sie will, ihr alles sagen, was sie braucht, um sich zu beruhigen – und um wegzugehen.

Jetzt, wo …

Wegzugehen.

Eins, zwei, drei, eins, zwei, drei.

Er lächelt. Er geht zum Fenster, starrt in die Nacht. Eins, zwei, drei.

»Ich weiß, du liebst mich noch. Und ich bin jetzt trocken. Seit drei Monaten habe ich nicht mehr getrunken.« Ihre Stimme ist plötzlich ganz nahe, sie umschmeichelt ihn. Er schließt die Augen, stellt sich vor, das Geschehene wäre nicht passiert und sie wäre immer noch seine Sylvie, die Sylvie, die verrückt nach ihm war, so wie er nach ihr verrückt war.

Als wäre es ein anderes Leben.

Aber heute hat er seinen ersten Walzer getanzt. Und nichts ist mehr, wie es einmal war.

Sie lehnt sich an seinen Rücken, er versteift sich. Sie legt die Arme um ihn, und die Musik verschwindet aus ihm.

»Christian«, flüstert sie.

Der Kreisverkehr vor ihm ist gut beleuchtet, aber es ist zu spät, als dass noch jemand unterwegs wäre. Wie kann er sie jetzt nach Hause schicken, in die Leere der Straßen?

Er kann es nicht mit absoluter Sicherheit sagen, aber ihm scheint es, als hätte sie seine Schulter geküsst. Er packt ihre Arme und entfernt sie von sich. Er dreht sich um. Was vielleicht ein Fehler ist, denn sie ist wunderschön. Sie ist begehrenswert, ihr Blick verschleiert nichts. Es ist alles da, in diesem Blick – ein großes Versprechen. Ein Angebot und ein Versprechen. Und Christian denkt einfältigerweise, er sei auch nur ein Mann. Und er hat heute schon getanzt, geküsst und sich nach einer Frau gesehnt. Er weiß, dass er nach Ausreden sucht, und das macht ihm Angst, das beschämt ihn.

Jetzt, wo …

Ein Schritt und noch ein Schritt, und er ist außer ihrer Reichweite, aber nicht weit genug, es wäre ein Kinderspiel für sie. Und sie lächelt, sie hat es erkannt, sie hat ihn durchschaut, und sie lächelt.

»Es ist sehr spät, du solltest nach Hause gehen.«

Überzeugung und Entschlossenheit klingen anders. Also lächelt sie weiter, als hätte sie schon gewonnen.

Aber Christian weiß nicht, was es da zu gewinnen gibt, weder für sie noch für ihn. Der Schmerz der letzten Monate, der letzten Jahre, ist so präsent, so lebendig in ihm – da genügt ein Walzer nicht, vielleicht ein Tango, er weiß es nicht. Und dennoch. So viel ist am letzten Tag geschehen, so, als wäre schon alles geschehen.

»Du willst, dass ich gehe?« Sie glaubt es nicht, ihr Blick fordert ihn heraus, sie ist sich ihrer Sache so sicher, dass Christian wütend wird. Auf sich selbst. Denn sie hat recht. Er hat gedacht … Aber er hat falsch gedacht. Oder? Offensichtlich falsch. Es sieht so aus, als wäre »Jetzt, wo« lediglich eine Chimäre, eine Herzenstäuschung. Oder?

Oder ist alles, aber auch alles nur ein Spiel?

Sie konnte schon immer gut spielen, wie eine Wildkatze schleicht sie um ihn herum –, ohne einen Schritt auf ihn zugemacht zu haben. Ihre Finger spielen mit ihren Haaren, ihr Lächeln, ihre Augen.

Er fühlt sie schon in den Armen, er kennt ihren Körper, er weiß, wie sich ihre Haut anfühlt. Er ist verloren. Also beginnt er damit, sich selbst zu überzeugen, es fällt ihm nicht schwer, Gründe für eine Versöhnung zu finden. Ein Umzug, eine gemeinsame Wohnung, Sex am Morgen, den er mag, sie nicht so sehr, Abende mit Freunden oder in Zweisamkeit, all die Reisen, die sie machen wollte und er nicht, endlich einmal zusammen kochen, dieselben Bücher lesen, Bücher überhaupt, und darüber reden. Sein Herz schlägt schneller vor Aufregung, angesichts dieser Kurzgeschichte in seinem Kopf. Die schon längst beendet wurde, die er jetzt zu einem Roman ausdehnen will, unbedingt will er das, keinen Zweifel lässt er zu, kämpft mit dem Christian, der die vergangene Zeit überlebt hat, ja, doch, entgegen den Erwartungen seiner Familie oder seiner Freunde – oder seinen eigenen. Er hat es geschafft. Er ist nicht zusammengebrochen, oder vielleicht doch, aber er steht wieder. Er tanzt sogar!

Ein großes Durcheinander.

Jetzt, wo …

Und in diesem Durcheinander macht Sylvie den ersten Schritt, fast unmerklich, so sanft sind ihre Bewegungen. Und bevor Christian eine Entscheidung treffen kann, hat sie schon ihren Mund auf seinen gelegt und küsst ihn, umarmt ihn nicht, berührt seinen Körper nicht, aber sie küsst ihn.

Und er hört auf zu denken und abzuwägen und zu deuten.

Jetzt, wo.

Brigitte kann nicht einschlafen. Zum ersten Mal in ihrem Leben kann sie nicht einschlafen. Und es ist nicht wegen der Gedanken oder Gefühle oder Bilder im Kopf. Es liegt an der Musik und diesem Eins-zwei-drei-eins-zwei-drei-Takt. Sie dreht sich, und die Welt dreht sich mit ihr. Die Welt war noch nie so groß und allumfassend, und sie kann nicht schlafen. Es ist beinahe, als hätte sie Angst. Was natürlich nicht sein kann.

So vieles konnte nicht sein, und dann doch.

Diese Musik hat etwas mit ihr gemacht, macht es immer noch, während sie wach im Bett liegt. Und doch ist Musik nichts Neues für sie. Wenn sie nur an all ihre Musicals denkt: Was für Tänze sie schon gesehen hat! Die Besten der Besten haben auf ihrem Bildschirm das Tanzbein geschwungen!

Und dann ist dieser junge Mann gekommen, ja, sie kann nicht anders, sie muss ihn so nennen, dieser junge, buchvernarrte, tief verletzte Mann, und sie haben getanzt, und die Welt auch, und was jetzt.

Sie will Hans hören. Sie will Hans sprechen. Sie will ihn sogar sehen. Hans tanzt nicht, aus Musik macht er sich auch nichts. Woraus sich Hans jetzt etwas macht, davon weiß sie nichts. Was sie ihm sagen könnte, das weiß sie auch nicht. Das ist alles so beunruhigend. Denn das hat nichts mit Brigitte zu tun, wer sie ist und was sie denkt und wie sie lebt und ihre Entscheidungen trifft. Ohne zu zögern. Das ist Brigitte. Das war Brigitte, bevor sie getanzt hat. Nicht mit Hans. Mit einem jungen Mann. Aber eigentlich hätte es Hans sein müssen. Hans ist ihr Mann. Sie haben in der Kirche geheiratet, und auch wenn sie nicht mehr an die Kirche und ihren Gott, der Michael umkommen ließ, glaubt, ist Hans ihr Mann, da kann es keinen anderen geben.

Aber die Musik.

Aber der Tanz.

Kein Wunder eigentlich, dass sie jetzt nicht schlafen kann.

Diese Musik in ihr, sie hört sie wie ein Lied, es ist ein Lied, aber keines, das sie singen könnte.

Der Himmel wird hell, rosa, hellblau-hellrosa.

Das Lied in ihr. Die Farbe erkennt sie nicht.

Das will sie Christian morgen erzählen, und den Gedanken, dass ein Lied eine bestimmte Farbe haben kann, wird sie ihm auch verraten.

Und dann wird sie Hans anrufen.

Sechs Uhr. Brigitte steht auf, zieht ihren Morgenmantel an und geht auf unsicheren Beinen ins Wohnzimmer. Sie sucht nicht lange, sie legt die DVD ein und setzt sich auf das Sofa. Die Musik fängt an, die Welt ist schwarz-weiß, nach Brigittes Geschmack, keine Zwischentöne, alles ist klar und eindeutig.

Die Musik, ein Spiegel.

Der Spiegel, eine Offenbarung.

Was soll das bedeuten?

Sie dreht sich um, wirft einen Blick auf das gute Stück, das immer noch an der Wand lehnt. Wunderschön.

Und Rita darin.

Brigitte ist überrascht, vielleicht stimmt es doch. Das wird sie morgen, nein heute, heute schon, Christian fragen.

Sie widmet sich wieder dem Film.

Es ist Rita, die herumtänzelt, sie lächelt ununterbrochen, aber das stört Brigitte nicht, soll sie ruhig lachen, alle sagen, Lachen sei gesund, Brigitte glaubt das nicht. Brigitte war keinen Tag in ihrem Leben krank. Die Schwangerschaft zählt nicht, das ist keine Krankheit, auch wenn es einige gibt, die anderer Meinung waren, damals. Und dann stirbt dieses Kind, und sie bleibt gesund. Ihr Körper ist unzerstörbar. Wäre sie auf jene Felsen gefallen, wäre sie sicher heil geblieben. Ihr Körper.

Also tanzt sie.

Und oh, wie sie tanzt.

Sogar ihr Spiegel kann ihr nicht widerstehen.

Und dann schläft sie doch ein.

15.

Christian ist allein im Bett.

Als er aufwacht, scheint die Sonne, und er ist allein im Bett. Und das Gefühl der Erleichterung ist unermesslich. Es ist nicht geschehen. Wahrscheinlich ist es nicht geschehen.

Vielleicht.

Hoffentlich.

Aber die Erinnerung an jede Bewegung und jeden Kuss und jeden Blick ist zu lebendig, um lediglich ein Traum zu sein. Er hört noch jedes Wort, als wäre sie in seinem Ohr, ihre Stimme. Sie hat gesagt, sie liebe ihn. Das hat sie gesagt, geflüstert, und er hat es gehört, und es hat ihm nichts bedeutet. Er ist in ihren Armen eingeschlafen und hat nicht gesagt, er liebe sie.

Vielleicht war es doch ein Traum.

Christian schließt wieder die Augen, der Schlaf kommt aber nicht mehr zurück, was auch gut ist, die Buchhandlung wartet auf ihn.

Und Brigitte.

Sein Herzschlag fällt aus dem Rhythmus.

Die Tür geht langsam auf, und Sylvie kommt herein.

Sie hat sein T-Shirt an und trägt ein überfülltes Servierbrett vor sich, vorsichtig, ihre nackten Füße machen winzige Schritte. Es riecht nach Kaffee und Tee und Rührei und Käse.

»Guten Morgen, Liebling.« Sie lächelt ihn kurz an, schaut sich nach einem geeigneten Platz für das mobile Frühstück um. Ihre Zehennägel sind türkisfarben. Schließlich stellt sie das Tablett auf den Boden und setzt sich aufs Bett, neigt sich zu Christian und will ihn küssen.

Er dreht den Kopf zur Seite.

Das alles ereignet sich, ohne dass er eine Entscheidung getroffen hat. Sein Magen rebelliert, alles in ihm rebelliert gegen ihren Mund, der sich nicht abwimmeln lässt, der entschlossen ist, den seinen zu finden. Es ist ein grausames, unwürdiges Spiel, das keines ist. Ein Spiel macht Spaß. Ein Spiel bringt Lachen mit sich. Eine Kissenschlacht ist ein Spiel, zum Beispiel. Das hier nicht. Das Wort »Nötigung« kommt ihm in den Sinn, aber das stimmt auch nicht, das wäre unfair. Denn letztendlich ist er nicht einmal betrunken gewesen. Warum fühlt er sich dann dennoch ausgenutzt?

»Nein«, sagt er leise, ohne sie anzusehen.

»Was ist los?« Sie ist überrascht, noch nicht verletzt, nein. Sie kann sich nicht vorstellen, dass er sie zurückweisen könnte. Sie doch nicht, seine Sylvie, die Liebe seines Lebens.

»Nein, ich will nicht.« Er sieht sie immer noch nicht an.

»Aber du liebst mich!« Immer noch überrascht. Ihre Hände suchen verwirrt nach seinem Gesicht.

»Nein, ich liebe dich nicht. Du solltest gehen.« Er weiß nicht, woher diese Worte kommen, er ist gleichzeitig verstört und ganz klar, Gefühle und Gedanken überlappen sich, er braucht Zeit, aber auch nicht, denn es ist klar, sie will er nicht, nicht mehr, und es war ein Fehler, alles, was letzte Nacht vorgefallen ist, war ein Fehler, oder auch nicht, denn vorgestern hat er noch nicht gewusst, dass er sie nicht mehr liebt, vorgestern hat er noch getrauert, so wie all die

Monate davor, vorgestern war er sich noch seiner unsterblichen Liebe zu ihr sicher, glaubte sich verdammt in alle Ewigkeit. Vorgestern noch. Und jetzt ist alles geklärt. Er hat ihren Namen ausgesprochen, und die Welt ist nicht zusammengebrochen. Ein Abend voller Musik und Tanz und Brigitte, alles so neu und unerwartet, und eine Nacht voller Sylvies Körper und Sylvies Geflüster und Sylvies Geruch, alles so vertraut und aufregend – und es ist klar geworden, die Last der gescheiterten Liebe ist verschwunden, der Frühling zeigt sich in seiner ganzen Feierlichkeit. Endgültig. Zweifellos.

Ein neuer Kreis des Lebens beginnt. Dieser Gedanke kommt ihm ein wenig pompös, sogar pathetisch vor, aber damit kann er leben.

Er sieht sie an, endlich sieht er sie an, er hat keine Angst mehr, er weiß, er kann ihr widerstehen. Er weiß, sie wird jetzt nach Hause gehen, und er wird frei sein.

Aber Sylvie hat andere Pläne.

»Das glaube ich nicht.« Sie steht auf. »Du liebst mich, die ganze Nacht hast du mich geliebt.«

Sie scheint verloren in seinem T-Shirt. Wie ein Kind, das sich weigert, die Gartenparty zu seinem Geburtstag wegen des Gewitters zu verlassen. Mit jeder Sekunde wird es nasser. Nichts ist rückgängig zu machen: Die Torte ist ruiniert, die Kerzen sind umgefallen, die Geschenke heulen mit, sie hört sie, sie weiß es, glaubt es aber nicht, will es nicht glauben.

Zerbrechlich und ungebrochen steht sie vor Christian. Er liebt sie nicht mehr – endgültig und zweifellos, aber er ist noch immer ein guter Mensch. Er steht auf. Er ist nackt. Das kann er jetzt nicht ändern. Er geht auf sie zu, sie sieht ihm in die Augen, ihr Blick verlässt ihn für keinen Augenblick. Sie ist immer noch wunderschön, und diese Schönheit bewegt ihn, sie rast durch seinen Körper, er kann es nicht verbergen. Sie lächelt.

»Du willst mich, siehst du, du willst mich«, sagt sie selbstzufrieden.

Christian sagt nichts, er greift nach seiner Unterhose, die auf dem Stuhl am Fußende des Bettes liegt. Er beugt sich vor. Er kommt ihr ganz nahe. Er riecht ihren morgendlichen Körper. Er will sie tatsächlich, sie hat recht – aber er liebt sie nicht. Er kann widerstehen. Endgültig.

Sie legt ihre Hände auf seine Schultern.

»Nein«, sagt er langsam, sanft. Er wünscht sich, er könnte sie verletzen, aber er kann nicht. Er zieht sich an.

»Das ändert nichts, du kannst nicht anders, du liebst mich.« Sie macht die zwei Schritte, und ihr Körper lehnt sich an seinen. Ihre Augen funkeln. Sie ist wahrhaftig wunderschön.

Christian nimmt ihre Hände von seinen Schultern, behält sie aber in seinen.

»Was willst du, Sylvie? Warum das alles?« Er spricht leise, überlegt.

»Es war ein Fehler, ich vermisse dich, das Ganze war ein Fehler. Ich war so dumm, wir gehören zusammen, das hast du doch immer gesagt.«

Christian hört sie, und er hört auch das, was sie nicht sagt.

»Es ist also schiefgelaufen.« Er sagt es, als wüsste er, wovon er spricht.

Etwas ändert sich in ihrem Blick.

»Also weißt du es«, sagt sie schließlich, senkt kurz den Kopf, trifft mutig wieder seinen Blick. »Wer hat es dir erzählt? Martha?«

Christian versteht nicht, was sie meint, aber er versteht, was passiert, was passiert ist. Und noch mehr Last fällt von ihm ab, er fühlt sich so leicht, er könnte in einem Raumschiff sein, auf dem Weg zum Mond.

»Ja, sicher war es Martha, sie hat uns gesehen, vor ein paar Monaten hat sie mich mit Daniel gesehen, hat mich aber nicht begrüßen wollen, das war okay, ich dachte schon, sie würde es dir gleich weitersagen, natürlich, das verstehe ich, aber das war ein Fehler, ich meine, Daniel war ein Fehler, alle Männer sind ein Fehler, verglichen mit dir.«

Was für Worte! Ob sie es auch so meint oder nicht, ob das wahr ist oder nicht, sie kommen zu spät. Sie kommen eine Woche zu spät. Oder einen Tag. Egal. Zu spät ist zu spät. Zweifellos.

Er schüttelt den Kopf. Er tut es mit Bedacht und Einsicht und Verständnis.

»Niemand ist wie du, Liebling, ich weiß nicht, was mit mir los war, ich war so unglücklich, ich habe gedacht, es gibt da draußen noch was anderes für mich, was Besseres, ich war abgelenkt, ich wollte nicht, dass mein Leben schon vorbei ist, ich dachte, ich weiß nicht, ich wollte noch mehr, und du hast nichts getan, du hast einfach weitergemacht, du dachtest, es genügt, dass du mich liebst, aber das war nicht genug, du hast es nicht verstanden, ich musste gehen, verstehst du, ich musste sehen, was da noch ist für mich.« Sie ringt nach Luft, sie hatte offensichtlich nicht vor, so viel zu reden, sie dachte offensichtlich, es würde nicht nötig sein, sie hat sich auf ihren Körper verlassen, auf seine Liebe zu ihr. »Ich liebe dich, ich habe dich immer geliebt, du bist das Beste, das mir passiert ist, du bist lieb und nett und treu, und auf dich ist Verlass …«

Christian lacht auf, er lacht so unerwartet so laut auf, dass Sylvie zusammenzuckt. Er hat verstanden. Er hat endlich verstanden und freut sich noch mehr über diesen Morgen und den neuen Kreis des Lebens und alles das. Er hat verstanden. Endgültig und zweifellos. Sein Leben kommt ihm plötzlich wie ein Buch vor, wie ein gutes Buch, in dem sich schließlich doch alles zum Guten wendet. Alles ergibt einen Sinn, einen Sinn, den man nicht in Worte fassen kann.

»Warum lachst du?«

Er schüttelt den Kopf. Er hat nichts zu sagen. Es ist vorbei, endlich und unwiderruflich vorbei.

»Wir verdienen eine zweite Chance, glaubst du nicht? Und jetzt, wo ich trocken bin …« Sie ist nicht mehr so sicher, ihr Blick ist unruhig. Aber Christian kann ihr nicht mehr helfen. Und er muss los. Deswegen sagt er: »Sylvie, es ist aus. Du solltest vielleicht diesem Daniel eine zweite Chance geben.«

»Dem Betrüger und Lügner?! Nie.« Der Hass in ihren Augen spricht Trilogien. »Er hat mich …«

Sie hält inne, versteht aber nicht, dass es dafür keinen Grund gibt, sie kann sagen, was immer sie will, es hat keine Bedeutung für Christian. Er fühlt sich frei und leicht und beseelt. Er lächelt sie an. Sie missversteht es freudig, aber er ist schon am Schrank, zieht sich an, sammelt seine Sachen zusammen, packt seinen Rucksack, schnell macht er das, schnell und entschlossen, ein Mann mit Bestimmung.

An der Tür bleibt er stehen, sieht sie an. Sie ist verwirrt, verloren, verschwunden in seinem T-Shirt, in seinem Zimmer, neben der noch warmen Unordnung des Bettes, das den Abdruck ihres Körpers wie einen Stempel auf sich trägt. Auf dem Kissen, auf dem Laken einige ihrer langen schwarzen Haare. Ihre Finger halten sich am Saum seines T-Shirts fest, das ihr fast bis zu den Knien reicht. Er fühlt mit ihr, er ist großzügig in seiner Erkenntnis.

»Ich wünsche dir nur das Beste. Zieh einfach die Tür zu, wenn du gehst.«

Er lässt das Zimmer und alles, was darin ist, hinter sich, macht einen Abstecher ins Bad, das Wasser und der Spiegel tun ihm gut, verlässt die Wohnung in dem Wissen, dass er sich eine neue wird suchen müssen.

Brigittes erster Gedanke, noch bevor sie die Augen öffnet, noch bevor sie feststellen muss, dass sie auf dem Sofa geschlafen hat, zum ersten Mal in ihrem Leben hat sie nicht im Bett geschlafen; ihr erster Gedanke, noch bevor sie sich des Tageslichtes und der späten Stunde bewusst wird, ist Michael.

Sie denkt ihn, wie sie ihn jetzt schon ein Jahr lang denkt. Michael als Kind lächelt vor ihren geschlossenen Augen. Sie lächelt nicht, er ist tot.

Der zweite Gedanke, noch bevor sie richtig wach ist, ist Christian. Er hält sie fest, sie tanzen, er lächelt sie an, seine Lippen so nahe, sie zählt Schritte, die sie trennen, eins, eins, eins, eins, eins.

Bis zum dritten Gedanken. Der geht an Hans. Noch bevor ihr die Trockenheit des Mundes das Atmen erschwert, denkt sie, Hans ist ihr Zuhause.

Sie öffnet die Augen, setzt sich auf, mit Mühe, ihr Körper ist steif und noch nicht bereit für einen neuen Tag – mit diesen ersten Gedanken. Jeder einzelne von ihnen ist einer zu viel. Und wäre Brigitte nicht die Tochter ihres Vaters, würde der Tag sicher in Chaos und Niedergeschlagenheit enden. Die Routine, die Kontrolle, kleine Aufgaben, kleine Schritte, die rettende Macht der Gewohnheit, in der Gedanken keine Rolle spielen, Gefühle auch nicht. Der Alltag, auch wenn er kein Alltag ist.

Also aufstehen, auch wenn man nicht im Bett geschlafen hat, zwölf Schritte zum Badezimmer, auf die Toilette, duschen, Zähne putzen, sich eincremen, kämmen. Sechs Schritte zum Schlafzimmer, sich anziehen, frische Unterwäsche, frische Strumpfhose, die Bluse, der Rock, alles glätten, was schon glatt ist, was immer glatt ist. Und weg sind die Gedanken und Gefühle und Unsicherheiten und Abschweifungen.

Dann wird Kaffee getrunken und Brot mit Butter und Marmelade gegessen, und schon herrschen Ordnung und Ruhe.

Wäre da nicht diese Erinnerung an Christians Arme um ihren Körper. Und an die Musik. Die Musik explodiert in ihrem Kopf, ganz leise, ganz verhalten.

Wäre da nicht dieses Bedürfnis, mit Hans darüber zu sprechen. Ihm zu sagen, was sie versäumt haben. Ihn zu fragen. Hans. Wo ist Hans jetzt? Hat er ihre Ehe annulliert? Kann er das? Geht das überhaupt? Hat er sie für vermisst oder tot erklären lassen? Lebt er noch? Lebt er überhaupt noch ohne sie?

Michael konnte sehr gut ohne sie leben. Bis er gestorben ist. Das konnte er auch sehr gut ohne sie. Man kann alles ohne jeden. Am Anfang, in der Mitte und am Ende und den ganzen Weg ist man allein.

Und plötzlich, so plötzlich, dass sie es nicht sofort begreift, sehnt sie sich nach ihrem Zuhause. Nach diesem Gefühl von Zuhause, das ihr völlig fremd ist, sie hat keine Erinnerung an dieses Gefühl. Und dennoch vermisst sie es. Sie vermisst Hans, also denkt sie, er wäre dieses Zuhause.

Sie sieht sich um. Diese Wohnung, was macht sie in dieser Wohnung? Was glaubt sie hier finden zu können?

Der Spiegel ungerührt. Die Eule stumm.

Mon fils est …

Der Kaffee ist nicht mehr ganz heiß, und es ist bald Mittag.

Ihr Handy ist aus, hat sich von alleine ausgeschaltet, der Akku ist leer. Sie findet das Ladekabel und lässt es laden. Zwei Nachrichten, zwei verpasste Anrufe. Vielleicht ist die Mittagspause eine gute Zeit, um ein Gespräch zu führen. In Hans' Firma war das so. Sie weiß nichts darüber, wie eine Buchhandlung läuft und ob Mittagspausen üblich sind oder nur stattfinden, wenn sie vorbeikommt.

Brigitte kann sich nicht erinnern, wann sie zuletzt so vieles nicht wusste. Und während sie darüber nachdenkt, sich wundert, klingelt das Handy.

»Hallo.« Ihre Stimme ist noch rau, sie stolpert.

»Ich habe etliche Male versucht, dich zu erreichen! Was war los?«

»Der Akku war leer.«

»Geht's dir gut? Hast du gut geschlafen? Du hörst dich merkwürdig an?«

Das könnte sie ihm auch sagen, sie hätte ihn nicht erkannt, wäre er nicht der Einzige, der ihre Telefonnummer hat. Wäre sein Name nicht auf dem Display erschienen. Christian. Der einzige Christian, den sie kennt, je gekannt hat.

»Brigitte? Bist du noch da?«

»Ich wollte zu dir in die Buchhandlung kommen, aber ich weiß nicht, ob du Pause machst, ob du Zeit hast.«

Und wieder ist ihr Kopf voller Musik, eins, zwei, drei, eins, zwei, drei. Ein warmes Kribbeln im Bauch, in den Beinen. Eine Drehung und noch eine und noch eine, in seinen Armen. Seine Arme wie ein Zuhause, aber nur wie. Am Rande dieses Chaos hört sie ihn sagen: »Den ganzen Morgen denke ich schon an dich.« Und sie besinnt sich wieder auf Ruhe und Ordnung, darauf, wer sie ist. Aber wer sie ist, ist womöglich nicht, wer sie mal war. Eins, zwei, drei, eins, zwei, drei. Es wird ihr schwindlig von all dem Kreisen.

»Ich habe abgeschlafen.«

»Verschlafen. Man kann nur verschlafen, wenn man irgendwohin muss.« Da ist eine Gutmütigkeit in seiner Stimme, sie tut Brigitte gut.

»Vielleicht. Oder wenn man seine gewohnte Uhrzeit um Stunden verpasst.«

»Ich würde dich jetzt so gerne sehen, dich umarmen.«

Sie hört die Türglocke seines Ladens im Hintergrund, Stimmen.

»Du bist beschäftigt.«

»Ja, ich bin beschäftigt. Aber um achtzehn Uhr mache ich Feierabend, du holst mich ab, und wir gehen essen. Was sagst du dazu?«

Brigitte muss nicht lange nachdenken.

»Ich sage, du kommst vorbei und ich koche uns etwas. Wozu habe ich sonst eine Küche?«

Er lacht. Es gefällt ihr, wenn er lacht, wie er lacht.

»Da hast du recht.« Er verabschiedet sich schon.

Und Brigitte will sagen, was sie grundsätzlich darauf erwidert, nämlich dass sie immer recht hat, tut es aber doch nicht.

»Hast du einen Wunsch, was das Essen angeht?«

»Nein, nur viel muss es sein, ich habe einen Riesenhunger.«

»Den hast du immer.« Das wollte sie nicht sagen, das ist ihr so herausgerutscht, das ist eine sehr intime Bemerkung. Aber er lacht schon wieder.

»Kurz nach sechs bin ich bei dir. Soll ich was mitbringen?«

»Mein Buch vielleicht?«

Er schweigt eine Weile, im Hintergrund hört sie weiterhin Stimmen, aber keine ist an ihn gerichtet.

»Mal sehen, das ist nicht einfach, habe ich dir ja schon gesagt.« Er lacht nicht mehr, nicht einmal seine Stimme lacht.

»Ja, das hast du. Aber irgendwann. Oder?«

»Absolut. Sicher.«

Dann Schweigen als Zeichen des Unwillens, sich zu trennen.

»Ich muss jetzt.«

»Ich auch.«

»Bis später.«

Sie legt auf.

Sie lässt den Gedanken weiterziehen.

16.

Brigitte war einkaufen, dreihundertzweiundzwanzig Schritte bis zum Geschäft, sie hat gekocht, sie ist keine große Köchin, und sie hat den Tisch gedeckt, nichts Besonderes, es gibt keine Schwanenservietten und keine Blumen und keine Kerzen – und jetzt wartet sie. Nicht am Fenster, nein, sie sitzt auf dem Sofa und tut etwas, das sie noch nie gemacht hat: Sie starrt den schwarzen Bildschirm an, auf dem sie sich andeutungsweise erkennen kann. Die makellose Bluse, den makellosen Rock in Ordnung bringen, das geht schnell. Das Warten selbst ist schon ungewöhnlich genug, Hans würde es nicht glauben, so untätig, fast verträumt, fast entspannt.

In Châteauroux hatte ein Mann eine kostbare Armbanduhr verloren und gedacht, er hätte sich dadurch auch die Zeit selbst verscherzt, er wurde depressiv, zweimal hatte er schon versucht, sich das Leben zu nehmen. Wenn Brigitte Michael wäre, würde sie sich all die Geschichten aufschreiben, sie festhalten wollen. Doch so läuft es im Leben nicht, das weiß sie, sie ist nicht Michael. Die Wahrheit ist, sie hat nichts, absolut gar nichts gegen das große Vergessen. Sie kann nicht schreiben, sie vergisst nicht. Und die Zeit ist ihr plötzlich egal. Sie kann noch stundenlang entspannt hier sitzen.

Nur dass sie nicht entspannt ist, nicht im Geringsten. Ihre Finger drehen viele zusätzliche Runden auf ihrer Kleidung. Sie spürt Bewegungen und Abweichungen und Wandlungen in sich – wenn sie eine andere wäre, bekäme sie Angst. Denn etwas passiert in ihrem Leben, und sie versteht es nicht. Was noch schlimmer ist: Sie kann es nicht steuern, weder steuern noch kontrollieren noch anhalten. Sie denkt an Hans. Sie denkt viel an Hans in diesen Tagen. Sie versucht, einen Entschluss zu fassen. Brigitte hat noch nie etwas versucht, sie hat es einfach immer gemacht. Sie ist keine Philosophin, aber sie glaubt daran, dass das Versuchen sinnlos ist und alles unmöglich macht. Dazu kommt noch, dass sie nicht richtig versteht, was für eine Entscheidung das sein sollte, worüber und wozu.

Und an Christian denkt sie auch.

An die Musik und den Tanz und seinen Körper so nahe an ihrem.

Nichts ist schwarz oder weiß. Der Gedanke überrascht sie.

Als es an der Tür klingelt, fährt sie zusammen – und will nicht aufmachen. Sie bleibt sitzen. Aber ihr Körper antwortet, er freut sich. Dieses Gefühl ist Brigitte fremd, und alles Fremde meidet sie.

Es klingelt, und Brigittes Körper steht gehorsam auf, geht zur Tür, ihr Finger drückt den Knopf, die Hand macht auf, fährt fest über den Rock, und alle zusammen warten sie an der Schwelle.

Brigitte sieht ihn die Treppe hochkommen, er nimmt zwei Stufen auf einmal, als hätte er Angst, den Zug zu verpassen. Als hätte er Angst, die Tür könnte wieder zugehen. In einer Hand hält er einen Blumenstrauß, das findet Brigitte rührend. Hans hat ihr nie Blumen gebracht, und das war in Ordnung. Außerdem hatte sie ihren Garten. In der anderen Hand trägt Christian eine längliche Tragetasche. Er pfeift. Brigitte mag kein Pfeifen, Michael durfte das auch nicht, sie findet es ordinär. Ob Michael angefangen hat zu pfeifen, als er dann weg war von ihr, das weiß sie nicht. Plötzlich ist ihr das sehr wichtig, jemand müsste es wissen, dieser Mann, der Michaels Sachen vorbeigebracht hat, er sollte es wissen. Aber Brigitte hat sich so viel Mühe gegeben, ihn zu vergessen, zu verdrängen. Vielleicht hat Hans noch Kontakt zu ihm, ja, das könnte sie sich gut vorstellen. Hans ist seltsam geworden.

Christian pfeift, und Brigitte vergisst ihre Abneigung, sie horcht, sie hört genau zu.

Als er vor ihr steht, weiß sie es, sie erkennt die Melodie und könnte ihn umarmen, so aufgewühlt ist sie in diesem Augenblick. Aber sie lässt die Arme an den Seiten hängen, sieht ihm lediglich in die Augen.

Wenn Hans von der Arbeit nach Hause gekommen ist, hat er ihr immer einen Kuss gegeben, keinen leidenschaftlichen, nein, natürlich nicht, über Leidenschaft haben sie beide nur gelacht, Leidenschaft ist eine große Lüge, darüber waren sie sich einig; er hat nur leicht ihre Lippen berührt, dieser Kuss hat nichts bedeutet.

Christian stellt die Tüte auf den Boden und umarmt sie mit einer Hand. Sie kann die ganze Länge seines Körpers spüren, so fest ist seine Umarmung. Dann küsst er sie. Und sie küsst ihn zurück, nicht sofort, aber dann doch, und fragt sich, was gewesen wäre, wie es zwischen Hans und ihr so gelaufen wäre, wenn er sie so geküsst hätte.

Als ihre Lippen sich trennen, sehen sie sich an, Christian lächelt.

»Guten Abend, ich freue mich total, dich zu sehen, endlich.«

Sie nickt.

»Ich dachte, die Zeit würde nie vergehen.«

Sie senkt den Kopf.

»Ich habe uns Nachtisch mitgebracht, aus unserer Konditorei«, sagt er und hebt die Tüte hoch.

Brigitte streicht sich über die Bluse, einmal, zweimal. Sie hat nicht gewusst, dass sie beide eine Konditorei hatten, das verwirrt sie, Hans und sie hatten ein Restaurant, da waren sie Stammgäste, aber das war es schon, und das hat Jahre gebraucht, es war nichts Besonderes, nie hätte sie gesagt »unser Restaurant«. Und jetzt soll sie nach einer Woche oder zwei – sie hat kein Zeitgefühl mehr – eine Konditorei mit diesem jungen Mann haben. Hans würde sie auslachen. Würde er das?

Qui est Hans?

Beinahe könnte sie lachen.

Wenn sie nicht gelähmt wäre.

Brigitte ist wie ein Baum im Windschatten, sie kann weder sprechen noch sich bewegen, sie stehen immer noch an der Schwelle.

»Darf ich reinkommen?« Er scherzt, er zieht sie auf, ist aber sanft dabei. Seine Augen strahlen. Dann schiebt er sie mit seinem Körper langsam, vorsichtig aus der Tür, neigt den Kopf zu ihr, küsst sie noch einmal.

Und Brigitte legt ihre Hände auf sein Gesicht.

Ein seltsames Gefühl steigt in ihre Kehle, krabbelt weiter zu den Augen: Wenn sie es nicht besser wüsste, würde sie denken … Aber Brigitte weint nicht. Hans weiß das und nimmt ihr das plötzlich übel. Jahrelang war das in Ordnung, es hat ihm sogar gefallen, dass seine Frau keine Heulsuse ist, er war stolz darauf, als wäre es sein Verdienst, irgendwie. Aber dann auf einmal!

Nichts ist nur schwarz oder weiß.

»Was ist?« Seine Stimme ist voller Sorge.

Sie schüttelt den Kopf.

»Weinst du?«

Sie würde es gerne verneinen, laut auflachen, aber sie traut ihrer Stimme nicht. Alles so neu, fremd, unvorhersehbar.

Also schüttelt sie erneut den Kopf, und Christian küsst sie. Dann nimmt er sie an der Hand und führt sie ins Wohnzimmer, da überreicht er ihr den Strauß.

Sie steckt die Nase nicht in die Blumen, um an ihnen zu riechen, das findet sie albern, sie hat es so oft in ihren Filmen gesehen, sie kann es nicht ernst nehmen. Sie geht in die Küche, füllt ihre einzige Vase mit Wasser. Warum sie eine gekauft hat, ist ihr ein Rätsel, aber so ist Brigitte eben, man tut das so, eine Wohnung muss eine Vase haben, also kauft sie eine. Hans hat sie sogar drei hinterlassen, drei Vasen warten auf Hans, wenn er nach Hause kommt. Ob jemand jetzt Blumen hineinsteckt? Darüber will Brigitte nicht nachdenken.

Christian legt die Hände auf ihre Schultern, sie hat ihn nicht kommen hören. Er küsst ihren Nacken.

»Nein«, sagt sie, überrascht sie beide. Sie kann nicht, während Hans … Sie kann nicht.

»Ich dachte …«

»Nein, nicht.« Sie geht um ihn herum ins Wohnzimmer und stellt die Vase mit den Blumen auf den Esstisch, Platz ist genug. Es sind bunte Blumen, keine Rosen, vor allem keine roten, das ist gut, das gefällt ihr. Sie nimmt den Strauß ein wenig auseinander, die Blumen sollen Platz haben. Platz zum Atmen zu haben ist wichtig.

»Das sieht schön aus, der ganze Tisch sieht schön aus.«

»Es ist nichts Besonderes.« Dann sieht sie ihn an. »In Vire hatte eine alte Frau durch einen schweren Sturm ihren Garten verloren, alle Rosen tot, ja, so hat sie sich ausgedrückt, tot, und sie fühlte sich ihrer Seele bestohlen. Wer kann das verstehen? Tot, sagte sie.«

»Beraubt, man sagt beraubt.« Er lächelt, er ist ein sanfter Lehrer. »Du kennst Geschichten! Du müsstest sie aufschreiben, Brigitte!«

Schwarz, weiß, nein, das gibt es nicht, und alles dreht sich im Kreis, und jedes Ende ist ein Anfang, und das hört sich alles leer und sinnlos und blass an.

Sie geht wieder in die Küche, an ihm vorbei, wünscht sich, er würde sie aufhalten, an sich ziehen, in die Arme nehmen. Küssen.

Sie geht an ihm vorbei und wünscht sich, er würde sie in Ruhe lassen, sie verstehen, so verstehen, dass er ihr erklären könnte, was mit ihr los ist, warum sie einen fremden jungen Mann küsst, während sich Hans in ihrem Kopf jene drei Vasen von einer anderen Frau mit Blumen füllen lässt. Vielleicht hat er ihr die Blumen sogar selbst gekauft. Plötzlich denkt Brigitte, dass alles, aber wirklich alles möglich ist. Sie dreht sich leicht um, sieht Christian an, er steht da: Er steht da, als hätte er vor zu bleiben.

Als er den Mund aufmacht, ist sie sich nicht sicher, ob sie hören will, was er zu sagen hat.

»Wie war dein Tag?«, fragt er und ist mit sich sehr zufrieden: Mit so einer Frage kann er nichts falsch machen. Denn Christian ist sehr sensibel, er spürt all die Veränderungen in Brigitte, er versteht sie nicht, aber er weiß, er muss vorsichtig sein. Und nach der Nacht, die er hinter sich hat, freut er sich, auf andere Gedanken zu kommen.

»Er war gut.«

Christian wartet einen Augenblick, nichts folgt.

»Warst du in der Stadt spazieren?«

»Ja.«

»Hast du jemanden getroffen?«

Sie hebt den Blick vom Servierteller. »Wen soll ich hier schon treffen?« Ihre Verwunderung ist ehrlich gemeint. Christian kann nur mit den Schultern zucken.

Sie glättet den Rock, einmal, nur einmal. Das muss ein gutes Zeichen sein.

»Wo hast du zu Mittag gegessen?«

»Ich hatte keinen Hunger.«

Christian ist nach Verschwinden zumute.

»Was hast du uns Leckeres zubereitet?«

»Lasagne und Salat.«

Sie will an ihm vorbeigehen, die Salatschüssel in den Händen. Er legt ihr die Hand auf den Oberarm, lässt sie aber durch.

»Das hört sich wunderbar an«, sagt er leise, vielleicht ein wenig entmutigt plötzlich. Er ist erschöpft. Er wünscht sich, sie würde sich um ihn kümmern, nur für einen kleinen Augenblick, ein liebevolles Wort, ein Lächeln würde genügen.

Denn er muss auch mit vielen Sachen leben und klarkommen, wie zum Beispiel damit, dass keine E-Mail gekommen ist, keine, auf die er so sehnsüchtig wartet, die plötzlich alles zu bedeuten scheint. Und dass der Prozentbalken sich nur schleppend füllt. Und …

Sie stellt die Schüssel ab, kommt wieder auf ihn zu, geht an ihm vorbei in die Küche, macht den Ofen auf und holt die Lasagne heraus. Es duftet verführerisch, Christian muss über dieses Wort schmunzeln. Mit dem Rücken zu ihm fragt Brigitte: »Und wie war dein Tag?«

Also gibt es sie doch, diese Verbundenheit, die er seit Tagen zwischen ihnen spürt, von Anfang an, vielleicht. Vielleicht genügt es zu wünschen.

»Nicht einfach. Ich hatte eine heftige Auseinandersetzung mit einer Stammkundin.« Er macht eine kleine Pause, sie fragt aber nicht weiter nach. »Sie wollte, dass ich ihr ein bestimmtes Buch bestelle, das habe ich aber abgelehnt, solche Bücher will ich nicht in meinem Laden haben.«

Brigitte dreht sich zu ihm um, ihre Augenbrauen zwei Fragezeichen, leicht spöttische Fragezeichen.

»Nein, nicht *solche* Bücher, damit habe ich im Allgemeinen kein Problem – wenn sie gut geschrieben sind. Darum geht es mir immer: Der Inhalt spielt nicht die entscheidende Rolle, das ist eine Frage der Vorlieben, aber die Sprache muss stimmen, sie muss frei von Plattitüden und Gemeinplätzen sein, sie soll entweder unauffällig oder neu sein.« Er steigert sich wieder hinein, genauso wie mit Frau Martin heute Nachmittag. Brigitte versteht es nicht, das ist nicht zu übersehen; Frau Martin hat es auch nicht verstanden, wollte weiterhin dieses Buch haben. »Rot wie eine Tomate, rund wie eine Kugel, leicht wie eine Feder, dunkel wie die Nacht, fleißig wie eine Biene!«, deklamiert er. »Oder: Die Sonne steht am Himmel, das Meer ist blau, ziemlich elegant!« Er fuchtelt mit den Armen.

Brigitte lacht. »Du bist lustig.«

Aber er will nicht lustig sein, er ist frustriert. Frau Martin hat dann doch zwei Bücher seiner Wahl gekauft und ihm feierlich versprechen müssen, das andere Un-Buch nicht bei Amazon zu bestellen. »Was ist Amazon?«, hat sie gefragt, sie ist zweiundachtzig Jahre alt. Christian hat sie umarmt, und sie hat gegluckst – ein wahrhaftiges buchhändlerisches Happy End.

Aber zu Brigitte sagt er nur: »Das ist mein Ernst. Auch ein Krimi sollte gut geschrieben sein. In der Literatur geht es um die Sprache …«

»Davon verstehe ich nichts.«

»… denn wenn nur die Geschichte, der Inhalt zählt, dann genügten Filme oder Fotos. Jede Kunst hat ihre Ausdrucksmittel, die Sprache ist das der Literatur, ob Ernst oder Unterhaltung spielt keine Rolle. Und überhaupt, was soll diese Unterscheidung! Gute Literatur *muss* unterhalten, sonst ist sie überflüssig!« Christian schnauft laut.

»Wie ich schon sagte, ich verstehe nichts davon.«

Er sieht sie die gläserne Backform abstellen, zurechtrücken. Sie ist alles, was er nicht ist – wenigstens im Augenblick, und das beruhigt ihn, gibt ihm Sicherheit. Ihre Ruhe gibt ihm die Möglichkeit, über sich selbst zu lachen – also tut er es auch.

»Was ist so komisch?«

Er kann nicht reden, er lacht und lacht, erwartet, dass sie mitlacht, aber das geschieht nicht, sie setzt sich an den Tisch, schaut ihn an, als würde sie sich fragen, was zum Teufel er in ihrem Wohnzimmer macht. Natürlich würde sie nie »zum Teufel« sagen, nein, sie würde sich den Rock glattstreichen anstatt …

»Komm, lass uns essen. Es wird kalt«, sagt sie, als wäre sie seine Mutter. Also ist er plötzlich sehr ernst, geht schnellen Schrittes auf sie zu, beugt sich zu ihr, küsst sie.

Sie ist überrascht, erwidert den Kuss nicht, er ist verwirrt, folgt ihrer Anweisung, setzt sich ihr gegenüber, greift nach der Gabel, dem Messer – ist immer noch verwirrt.

Sie füllt seine Salatschale und legt eine gewaltige Portion auf seinen Teller.

»Guten Appetit«, sagt sie. Als einzige Antwort schneidet er ein großes Stück Lasagne ab und steckt es sich in den Mund. Wie ein verratenes Kind.

Schneller, als man Ei sagen kann, steht er hauchend auf, läuft in die Küche, spuckt die Lasagne auf einen kleinen Teller, auf dem benutzte Kochmesser und Kochlöffel liegen. Christians Mund ist taub vor Schmerz, er kann sich nicht vorstellen, je wieder essen zu können.

Als er zum Tisch zurückkehrt, reicht Brigitte ihm ein Glas Wasser.

Christian liebt sie für das, was sie nicht sagt.

»Ich habe letzte Nacht mit Sylvie geschlafen.«

Brigitte will aufstehen und das Zimmer verlassen, aber sie ist zu alt dafür. Also fragt sie: »Wer ist Sylvie?« und stochert weiter in ihrem Salat.

»Meine Ex-Frau«, sagt er, als wäre er von ihr enttäuscht, als hätte sie seinen großen Auftritt vereitelt.

»Waren wir gestern nicht zusammen im Tanzkurs?« Sie ist ruhig, sie ist die Ruhe selbst.

»Sie hat auf mich gewartet, sie saß auf der Treppe vor dem Haus.«

Der Salat ist frisch, knackig. Es ist ihr nie aufgefallen, wie laut so ein Salat sein kann.

»Das war vielleicht eine Überraschung!«

»Und eine erfolgreiche noch dazu.« Sie kann nicht anders.

Der Nudelteig, die Soße, alles zergeht ihr auf der Zunge. Sie ist zufrieden, das Abendessen ist ihr gut gelungen. Sie überlegt, ob sie diesmal etwas anders gemacht hat, sie kann sich nicht erinnern, je so eine köstliche Lasagne zubereitet zu haben. Hans würde sie loben. Aber das tut er immer, immer sagt er, dass es gut schmecke, das hat dann keine Bedeutung.

»Ich wollte, dass sie geht, sie ließ sich nicht abwimmeln, sie kann sehr überzeugend sein, wenn sie will.«

»Ich freue mich für Sie.«

Die Weichheit des Teiges und die Knackigkeit des Salats, das Kauen und das Herunterschlucken helfen ihr, bei sich zu bleiben – und den jungen Mann jung sein zu lassen, gehen zu lassen.

»Sie? Wieso siezt du mich auf einmal wieder?«

Die Tomaten sind auch genau richtig, haben die richtige Reife. Brigitte ist sehr zufrieden.

»In Amiens hatte eine junge Frau einen Fallschirmsprung überlebt, bei dem ihre beste Freundin ums Leben kam, und seitdem kocht sie, sie kocht nur noch, und wenn sie nicht kocht, weint sie, also kocht sie, steht den ganzen Tag in der Küche und kocht und isst und hat in fünf Monaten dreiundzwanzig Kilo zugenommen.« Sie schüttelt nicht den Kopf, sie erinnert sich noch sehr gut an das schöne Gesicht des Mädchens.

Sie erinnert sich sehr gut an Michaels Gesicht, noch ist es schattenlos.

»Brigitte? Sieh mich an! Sieh mich bitte an!« Christian steht auf und geht neben ihr in die Hocke. »Brigitte, bitte. Das war gut, es war gut, dass sie gekommen ist und dass ich verstanden habe, dass es vorbei ist, endgültig vorbei. Ich habe an dich gedacht ...«

»Sie sind geschmacklos.«

»Nein, so meine ich das nicht! Der Gedanke an dich hat mir geholfen, das zu verstehen, das ist so wichtig für mich, jetzt kann ich loslassen, ich kann mit dieser Geschichte endgültig abschließen.« Er versucht, sie zu sich zu drehen, sie leistet passiven Widerstand, sie will nicht. »Jetzt brauche ich keine Selbsthilfegruppe mehr«, sagt er, und sie hört Entspannung in seiner Stimme, sie kann aber, wieder einmal, nichts Lustiges darin finden. Sie sieht ihn nicht an. Sie kann nur daran denken, dass sie ein Stück dieser himmlischen Lasagne für Hans aufbewahren könnte. »Und lass bitte den Unsinn mit Sie. Bitte.«

Als er ihr Gesicht berühren will, steht sie auf und stößt ihn weg.

»Sie gehen jetzt am besten.«

Sie fängt an, den Tisch abzuräumen. Das Bedürfnis, die Bluse, den Rock zu glätten, zu beschwichtigen, ist überwältigend. Sie muss sich umziehen. Wenn sie eine andere wäre, würde sie denken, dass das zu viel sei, einfach zu viel.

Nichts ist nur schwarz oder nur weiß. Sie verabscheut diese Erkenntnis.

Noch drei Schritte bis zur Küche.

Aber schon ist er da, drängt sich an ihr vorbei, stellt sich vor sie. Sie meidet seinen Blick. Sie hat zu tun.

»Ich gehe nicht weg.«

»Dann gehe ich.«

Und plötzlich weiß sie, dass das wahr ist und dass das nichts mit seiner Ex-Frau zu tun hat und dass sie nicht jetzt, in diesem Augenblick, weggehen wird. Aber sie geht weg. Sie wird weggehen.

»Das lasse ich nicht zu.«

»Seien Sie nicht so melodramatisch, das ist ja nicht auszuhalten. Das hier ist weder einer Ihrer Romane noch einer meiner Filme.«

Er lässt sie in der Küche stehen und kehrt ins Wohnzimmer zurück, sie hört ihn aufs Sofa fallen. Es ist ein unangenehmes Geräusch, etwas Lebloses lauert darin, also dreht sie sich um, sieht ihn in sich versunken, zerbrochen.

Sie stellt das schmutzige Geschirr in die Spülmaschine. Sie fährt mit beiden Händen entschlossen über den Rock. Sie zieht die Schultern hoch. Sie ist eine kinderlose Mutter. *Mon fils*. Sie kann mit allem fertig werden.

Aber es ist schwer. So schwer.

Wenn man die schwarz-weiße Welt verlässt …

Ihr Vater hätte gesagt: »Tu so, als würde dein Leben davon abhängen.«

Das tut es auch.

Christian versteht nichts mehr. Er weiß nicht, was er falsch gemacht hat. Dass er seine Ex-Frau endlich, endlich! losgeworden ist, dass er endlich frei ist – das ist doch eine gute Nachricht, oder nicht? Was nimmt Brigitte ihm denn so übel? Die Verständnislosigkeit verstärkt die Müdigkeit, er ist überwältigt. Plötzlich hat er das Gefühl, einen Schritt zurück statt nach vorne gegangen zu sein. Er will weit weg sein, von hier, von dieser Frau, von diesem Sofa, und wenn er die Kraft hätte, die Entschlossenheit und die Zuversicht, dass er weiß, was er tut – dann wäre er schon aus der Tür, um nie mehr wiederzukommen, um sie nie mehr zu sehen. Melodramatisch? Womöglich. Kümmert ihn ihre Meinung? Nein. Was nicht ganz stimmt, aber auf jeden Fall tut es gut, so zu tun als ob.

Nichts entwickelt sich so, wie er es geplant hat, wie er es sich wünscht.

Er nimmt ihre Bewegungen wahr, sie stellt sich vor ihn, verdeckt den schwarzen Bildschirm. Ihre Hände sind fleißig.

Schließlich sieht er sie an.

Noch nie hat er einen Menschen mit so viel Energie – und doch dermaßen ohne Leben gesehen. Das erschreckt ihn.

Er blättert seine Bücher durch, wird nicht fündig. Was für eine Tragödie! Plötzlich tut sie ihm noch mehr leid als er sich selbst. Er würde sie gerne umarmen, beschützen, ihr helfen, ihr Leben wiederzufinden. Überhaupt zu finden. Aber er weiß, sie wird es nicht zulassen, Schwäche hat keinen Platz in ihrer Welt.

Also tut er das einzig Mögliche in diesem Moment, in dieser Situation: Er erzählt ihr die ganze Geschichte von Sylvie. Vom Davor und Danach, vom Leben und dem Tod, den er überlebt hat, und wie stolz er auf dieses Überleben ist. Keine Flasche lässt er aus. Keinen Verrat.

Er erzählt ohne Angst, sich zu wiederholen.

Er erzählt, ohne sie anzusehen, er beachtet sie nicht, er macht genau das, was jeder Dompteur so gut beherrschen muss – die Kunst des vermeintlichen Ignorierens.

Und siehe da, in zahlreichen schleichenden Schritten und zahlreichen kantigen Handbewegungen ist sie neben ihm, setzt sich zu ihm, wahrt den Abstand, ist aber neben ihm. Er müsste nur den Arm ausstrecken, und schon …

Er tut immer noch so, als wäre er zu tief in seine eigenen Worte versunken, in den eigenen Schmerz, in die Augenblicke, die er jetzt noch einmal zum fünfhundertsten Mal durchlebt. Seltsam ist das. Er ist so mit ihr beschäftigt, aber andererseits sind seine Gefühle und die Erinnerung an das Leid echt. Er fühlt sich nicht als Betrüger, nein. Er ist in dem Moment ein offenes Buch, und er hofft, sie kann dieses Buch lesen – auch wenn sie keine Leserin ist und er noch keinen Roman für sie gefunden hat.

Er spürt, wie angespannt ihr Körper neben seinem ist, auch wenn sie sich nicht berühren. Aber er ist entschlossen zu warten.

Kinderschreie und lautes Kinderlachen und Elternrufe bedecken das Schweigen. An einen Spielplatz kann er sich nicht erinnern. Zum ersten Mal ist Christian froh, keine Kinder mit Sylvie gezeugt zu haben.

Er schaut zum Fenster und sieht dabei den Spiegel, wunderschön, majestätisch. Er begegnet seinem eigenen Abbild, erkennt sich und ist erleichtert.

Eine Brise nimmt Anlauf, wird lauter. Blätter winseln mit stetig wachsender Dringlichkeit. Christian fällt ein, dass ein Gewitter angekündigt wurde. Die Vorhänge vor den offenen Fenstern bekommen dicke Bäuche.

Und immer noch sagen sie nichts und rühren sich nicht.

Ein schwaches Donnern ist zu hören. Die frühabendliche Sonne hat eine breite schwarze Brille aufgesetzt, dunkel wird es, die Luft bebt.

»Hast du je darüber nachgedacht, ob du vergessen könntest zu lieben? Verlernen, wie man liebt? Wie man Liebe zeigt?«

Ihre Stimme ist kaum zu hören, und er ist so überrascht von ihren Worten, dass er tatsächlich erst einmal nachdenken muss. Verlernen zu lieben, wie soll das gehen? Dann denkt er an Sylvie. Er sieht Brigitte an. Er weiß, dass es Menschen gibt, denen es nicht nur schwerfällt, Liebe zu zeigen; sie wissen nicht, wie sie sie zeigen können. Als wären sie ohne ein Körperteil geboren worden. Aber wenn man lernen kann, mit den Füßen zu essen –, dann wohl auch, Gefühle zu zeigen. Auch Liebe.

Das denkt er nur, er sagt nichts, er will nicht wieder etwas Falsches sagen, Worte sind wichtig.

Ein Donner kracht irgendwo ganz in der Nähe, die Fensterläden knurren laut auf. Man kann schwere Regentropfen auf dem Balkon, auf der Straße, auf dem jungfräulichen Laub vernehmen.

Christian will schon aufstehen, höchste Zeit, die Fenster zu schließen, als er sie sagen hört: »Mein Sohn ist tot.«

Da ist es. Sie hat es gesagt. Laut. Vor jemand anderem. Und nichts ist passiert.

Mein Sohn ist tot.

Mon fils est mort.

Die Worte haben endlich ihren Kopf verlassen. Endlich. Ihren Körper. Die Luft, das Licht hat sie jetzt.

Christian ist mitten im Schwung stehen geblieben. Wie vom Blitz getroffen, wie passend, aber laut darf sie es nicht sagen, wahrscheinlich gehört das zu den sprachlichen Plattitüden, über die er sich vorhin so aufgeregt hat. Nun, das hier ist ihr Leben, kein Roman. Bald aber setzt er sich wieder in Bewegung und eilt umher, schließt die Fenster. Als er die Hand auf den Lichtschalter legt, sagt sie: »Nein.«

Wie einfach das Leben sein kann.

Er geht vor ihr in die Hocke, legt die Arme um ihre Hüften, den Kopf in ihren Schoß. Sein warmer Atem streichelt unregelmäßig ihre Oberschenkel durch den leichten Stoff. Sie denkt an die Falten, die genau in diesem Augenblick entstehen. Sie hofft, er wird nicht weinen.

Mein Sohn ist tot.

So. Sie hat es ausgesprochen. Sie ist frei. Ein neues Spiegelbild soll her.

Mon fils. Mon fils.

Und dann erzählt sie vom Sturm, von einer Insel, von fremden Menschen, von ihrer Abwesenheit. Von ihrer Ahnungslosigkeit. Genau. Sie hatte keine Ahnung.

»Ich hatte keine Ahnung.« So. Auch das hat sie ausgesprochen, auch wenn ihr das seit frühester Kindheit verboten war. Das dürfe man nicht sagen, hat ihr Vater immer behauptet, das höre sich so endgültig an, vermittle kein anerkennungswürdiges Bild von einem Menschen. Sie war damals zu klein, um es zu verstehen, aber man musste auch nicht verstehen, lediglich gehorchen. Noch eine Weisheit, die sie an Michael weitergegeben hat.

Und jetzt ist er tot.

»Brigitte.«

Mehr gibt es offensichtlich nicht zu sagen.

»Hans hat angefangen zu weinen, und ich bin weggegangen.«

Und schon ist die Geschichte zu Ende.

Der Tod braucht so wenig Platz, es ist erschreckend, mit wie wenig Platz er sich zufriedengibt.

Augen trocken wie Sandkörner, alle Augen trocken.

Brigitte hat sich zurückgelehnt und beide Hände auf Christians Kopf gelegt. In der Dunkelheit ist alles möglich. Grenzen werden verwischt, Ebenen fließen ineinander, parallele Wege kreuzen sich, Menschen ändern sich. Zeit gibt es nicht.

Das denkt sie zum ersten Mal.

Das Gewitter wird noch lauter und kräftiger, noch aufdringlicher.

So auch das Gefühl in Brigittes Magengrube.

So auch der Druck von Christians Körper auf ihrem.

Diese seltsame, unnatürlich grauschwarze Naturfarbe des Abends erschafft die Illusion einer anderen Welt, eines anderen Lebens. Brigitte ist wie entwurzelt, nichts kann ihr helfen, keine Erinnerung. All die Toten und Lebendigen und Vermissten sind durch diese Dunkelheit ausgeschlossen.

Nur Christian gibt es noch.

Und als er sie küsst, als sein Mund fordernd ihren erreicht, ihn öffnet, ihn einsaugt; als sie das Gefühl hat, sie würde fallen, endlos lang fallen, fallen, ohne je den Boden, etwas Festes zu erreichen; als ihre Arme und Beine und Finger und Haare und Atemzüge sich so verweben, dass ein Entknoten unmöglich scheint; als Worte und Laute ihre Kehlen mit einem Stöhnen verlassen, das wenig Menschliches an sich hat, das Brigitte noch nie gehört hat – da vernimmt sie ein leises Eins-zwei-drei-eins-zwei-drei, da geht etwas in ihr auf, da öffnen sich Türen und Fenster und Tore und Dachluken und Pforten und Portale, die Nacht strömt herein und sie hat Ahnung, sie hat all die Ahnung dieser Welt, dieser und aller anderen Welten.

Und weg ist der Staub.

Die Nacht ist da, ruhig und mild, als hätte es kein Gewitter gegeben. Das Grauschwarze hat sich zurückgezogen, seine Zeit war gekommen und ist jetzt um. Die Nacht ist blau.

In Lille hatte ein Mann seine Tochter verloren.

»Mein Sohn ist tot.«

»Lass uns spazieren gehen.«

17.

Zehn Schritte bis zur Ecke, vierzehn bis zum Park.

Der Rock wird noch glatter. Es ist ein anderer Rock, der getragene wäre für ihre Hände zu viel gewesen. Für jedermanns Hände.

Ihre Arme und Hüften berühren sich manchmal beim Gehen, Brigitte kommt damit klar. Einen Arm um ihre Schultern hätte sie nicht ertragen können.

Die Nacht ist menschenlos. Nur ihre Füße machen Lärm, wenn sie auf die abgebrochenen Zweige und Äste und die abgefallenen Blätter treten.

»Christian.«

»Brigitte?« Er verspottet sie ein wenig, aber das ist in Ordnung. Denn sie wird ihn überraschen. Sie wird ihn enttäuschen. Jetzt, sofort.

»Ich werde weggehen.«

»Was meinst du? Wohin? Wann?«

»Ich fahre nach Hause.«

»Dein Zuhause ist hier um die Ecke!«

Sie sagt nichts.

»Ich verstehe nicht. Ich dachte …«

»Du bist so klug, meinst du nicht, ich sollte aufhören zu fliehen?« Es hat eine Zeit gegeben, es ist Jahrzehnte her, da hat sie so zu ihrem Sohn gesprochen, da hatte sie noch diese Zärtlichkeit in der Stimme, sie weiß nicht, woher sie kam, sie war sich damals sicher, dass sie mit Michael kam, als Zubehör für Mütter und Väter, aber dann, nein, das konnte nicht stimmen, sie ging so schnell verloren, diese Stimme, die wie keine andere nach der wahren Brigitte klang. Nie hat sie das jemandem anvertraut, mit keinem Wort.

»Ich dachte, das hast du schon getan. Die Wohnung hier, das Handy, ich.« Er bleibt stehen, sieht sie offen an. Im Schaufenster hinter ihm kann man die neuesten Fernsehgeräte bewundern.

»Ich muss Hans sehen. Ich muss nach Hause. Ich muss herausfinden, wer ich bin. Wo ich bin.«

»Aber ich liebe dich.«

»Ich könnte deine Mutter sein.« Sie hofft, er würde lachen, sich an ihr erstes Gespräch erinnern.

»Ich liebe dich.«

»Ich habe noch nie jemandem gesagt, dass ich ihn liebe.«

»Das ist traurig.«

»So bin ich. Ich bin ein zerbrochener Mensch.«

»Brigitte.«

»Ich glaube, ich war schon immer zerbrochen.«

Er umarmt sie, sie lässt es zu, sie ist müde und aufgewühlt.

Und nichts ist schwarz, nichts ist weiß.

»Als ich damals erfahren habe, dass ich schwanger bin, wollte ich mich ertränken.« Seine Umarmung wird fester. »Ich konnte den Gedanken nicht ertragen, noch so einen toten Menschen wie Hans, aber vor allem, wie ich einer war, in die Welt zu setzen. Die Eltern zerstören ihre Kinder. Das ist ein Verbrechen, ein wahres Verbrechen.« Sein Körper ist warm, und diese Wärme tröstet.

»Aber sieh mich an. Ich bin lebendig. Mich hat keiner zerstört. Ich bin mit viel Liebe großgeworden. Ich schätze mich glücklich. Und ich liebe dich.«

Brigitte kann nur den Kopf schütteln.

»Es ist die Wahrheit, ich liebe dich.«

»Und Sylvie?« Brigitte stellt die Frage, obwohl sie weiß, dass diese Frage für Christian Hoffnung bedeutet: Wenn er nur eine richtige Antwort gibt, wird sie bleiben. Genau so wird er sie verstehen.

»Du weißt, es ist vorbei, du weißt, die Geschichte ist abgeschlossen.«

Brigitte nickt, ja, sie weiß es, aber das spielt keine Rolle. Sie wird gehen. Sie wird ihn verlassen.

Siebzehn Schritte bis zur Kreuzung, die Straßen sind leer.

»Der Weg damals zum See, es waren genau einundfünfzig Schritte vom Parkplatz. Das war das erste Mal, dass ich sie gezählt habe. Seitdem immer.« Sie starrt ihre Schuhspitzen an. »Das hat zwei Leben gerettet. Damals. Jetzt ist er tot.«

Sie hat das Gefühl, sie kann diese Worte nicht oft genug sagen, als hätten sie jegliche Bedeutung verloren, als gäben sie ihr ein neues Leben, eine neue Chance.

»Da waren aber auch noch Gänse. Hast du je bemerkt, wie laut sie sein können? Wie angriffslustig?«

Er sagt nichts.

Sie spazieren weiter, an einem Haus vorbei, vorhanglose Fenster im Erdgeschoss, weit offen, da brennen Lichter, zwei fleißige junge Leute sitzen an einem mit losen Papierblättern und Heften überfüllten Esstisch, aufgeschlagene Bücher vor ihnen. Wo Michael für seine Studien saß, das weiß Brigitte nicht. Wo hat er gelernt? Hat er allein studiert oder lieber zu zweit? Das Mädchen im Zimmer hebt den Kopf, sieht sie flüchtig an.

»Ich habe ihn lange vor seinem Unfall verloren.« Brigitte geht entschlossen weiter, der Blick der jungen Frau hat sie beunruhigt.

»Du warst seine Mutter. Man liebt seine Mutter, was auch immer geschehen mag.«

Ach, wie gerne hätte Brigitte darüber gelacht.

Wie gerne hätte Brigitte das geglaubt.

Am Place Grangier biegen sie rechts in die Rue des Godrans, und schon sind sie in der Fußgängerzone.

»In deiner Welt ist das wahrscheinlich so.«

Alles ist geschlossen, für die Nacht abgesperrt.

»Das ist das Gesetz der Natur.«

»Lieber Christian.«

»Rede nicht mit mir, als wäre ich ein Kind.«

Sie bleibt vor dem Brillengeschäft stehen. Vielleicht kauft sie sich morgen eine neue Sonnenbrille. Bevor sie diese Stadt verlässt.

»Ich habe ihn genauso kaputtgemacht wie meine Eltern mich. Aber er war klüger als ich, mutiger. Er ist mir entwischt, ist weggelaufen.«

Christian legt eine Hand auf ihren Nacken.

»Für immer weggelaufen.«

»Ich bin mir sicher, er hat dich geliebt.«

Armer Christian. Was soll er sonst sagen?

Zweihundertsechsunddreißig Schritte bis zum Place de la Libération. Da unterhalten sich ein paar Betrunkene oder Obdachlose oder beides. Brigitte sehnt sich nach einem Glas Wein.

»Die Wohnung behalte ich noch, drei Monate Kündigungsfrist. Du kannst sie gerne haben. Sie ist für diesen Zeitraum schon bezahlt.«

Christian hat den Kopf gesenkt. Sie vermisst seine Augen.

Sich jetzt mit einem Buch zurückzuziehen, das wäre die Lösung. So tun als ob. Er sieht sich in ihrer Wohnung auf dem Sofa sitzen, wo sie zusammen Filme geschaut haben. Alles so schwarz. Wo sie ihm alles gesagt hat, alles. Schwärzer als schwarz. Wo sie sich geliebt haben. Ja, geliebt. Egal, was sie jetzt sagt. Sie muss ihn lieben. Schwarz, schwarz, schwarz.

Er braucht nur mehr Zeit.

Aber was kann er noch machen? Er kennt ihre Entschlossenheit.

Die Melodie kommt schleichend, er nimmt sie nicht sofort wahr, er ist noch mit dem Sofa und ihren Spuren darauf beschäftigt. Aber dann fängt er an zu summen. Brigitte schaut ihn überrascht an. Er ist ja selbst überrascht.

Er öffnet die Arme. Sie sieht sich um. Er macht einen Schritt auf sie zu, ihr Körper ist warm. Er lächelt nicht, sie noch weniger. Sie halten sich fest.

Und dann tanzen sie.

Er summt laut, und sie tanzen auf dem halbrunden Platz, um die Reihen von springendem Wasser herum.

Sie drehen sich und drehen sich, als wäre das Leben ein Traum.

Eins, zwei, drei, eins, zwei, drei.

Wenn Jacques sie jetzt sehen könnte.

Ob er sagen würde, dass sie noch nicht so weit sind, dass sie noch üben müssen, bevor sie in der Öffentlichkeit auftreten können?

Ach, Jacques!

Sie tanzen, ein Orchester im Kopf.

Sie tanzen, und die Betrunkenen applaudieren, leider nicht im Takt, anfangs verhalten, ungläubig, dass es noch Verrücktere als sie selbst gibt, aber dann sind sie nicht zu bremsen – im Nu haben sich Paare gefunden. Im Nu folgt jeder seiner eigenen Melodie. Im Nu herrscht Karneval.

Aber Brigitte und Christian tanzen unbeirrt weiter. Da lebt Musik in ihnen, die nur ihnen gehört.

Sie tanzen.

Manchmal ist das alles, was man braucht.

18.

Niemand wartet auf Christian vor dem Haustor. In seinem Zimmer ist es leer und unordentlich. Er hat Hunger, viel hat er am Abend nicht gegessen. Ihm fällt der Kuchen ein, den er bei Brigitte gelassen hat.

Er setzt sich langsam aufs zerwühlte Bett, betrachtet die Falten im Laken, seine Gedanken folgen jeder Vertiefung und Erhebung. Gedanken wie Finger. Dann steht er auf und bezieht das Bett frisch.

Vorbei.

Er würde gerne Martha oder Marléne anrufen, jetzt kann er nicht allein bleiben. Aber es ist zu spät. Zu früh. Und was soll er ihnen sagen? Dass er sich in eine Mutter ohne Kind verliebt hat, die zurück zum Vater ihres Sohnes will?

Morgen schon.

Heute schon.

Aber in diesem Zimmer kann er auch nicht bleiben.

Brigitte steht am Fenster: schwach beleuchtete Nacht – viel ist da nicht zu sehen.

Sie lauscht dem Klingeln des Telefons auf der anderen Seite. Sie lässt es bis zum Ende läuten, bis die Verbindung unterbrochen wird. Drei Mal. Als sie mit der Wiederholtaste die Nummer zum vierten Mal wählt, denkt sie, dass es keinen Sinn hat. Sie denkt, wenn eine Frauenstimme sich meldet, ist alles entschieden. Sie denkt, wenn er ihre Stimme erkennt und auflegt, ist alles entschieden. Sie denkt an die drei Vasen mit Blumen.

Mit einem Klick in der Leitung meldet er sich.

Vor dem Laden steht eine Straßenlaterne, er muss das Licht nicht anmachen. Gespenstische Schatten begegnen ihm. Alles sieht befremdlich und kurios aus, überspannt. Oder liegt es an ihm? Natürlich liegt es an ihm.

Langsam geht er die Regale entlang, liebkost die bunten Rücken, bei einigen Büchern bleibt er stehen, nimmt sie heraus und steckt sie wieder hinein, ohne sie näher anzusehen oder darin zu blättern.

Wie er diese Bücher liebt! Die besten Freunde der Welt. Paul und Ernest und John und Milena und Jane und Margaret und Julian und Alessandro und Michail und Jaume und A.S. und Charles und Miguel und Colette und Don und Patrick und Anthony und Fjodor und Umberto und Patricia und Anne und Hans und Annie und William und Jonathan und David und Marianne und Jostein und Claudie und Anna und André und Graham und Maarten und Elizabeth und Siri und Kazuo und Howard und Henry und James und Sadie und Nikos und Daniel und Nicole und Michael und D.H. und Clarice und Colum und Ann-Marie und Thomas und Klaus und Yann und Gabriel und François und Nancy und Elsa und Alberto und Kate und Harry und Audrey und Lawrence und Amélie und Joyce Carol und Nuala und Amos und Rascha und Richard und Marcel und Alejandra und Astrid und Tatiana und Philip und Rafik und Eric-Emmanuel und Taiye und Maria und Elif und Irwin und Anita und Muriel und Stendhal und Kathryn und Antonio und Amor und Jonathan und Lew und Mark und

Oscar und Linn und Alissa und Martin und Jess und Urs und Virginia und Nataša und Gilbert und Jasper und Tana und Martha und Janet und Dennis und Donna und Barbara und Jorge und Pierre und Mirko und Agatha und Chris und Jan und Kiana und Grégoire und Françoise und Gerard und Wilhelm und Kathrin und Sabine und A.M. und Yasushi und Jean-Claude und Jonas und Rachel und Walter und Margarita und Guiseppe und Mariana und Deborah und Kristof und Dacia und Ian und Pascal und Andrea und Margriet und Jacques und Meg und Christiane und Ralf und José und Alice und W.G. und Steve und Delphine und Minette und Sarah. Und all die anderen.

Und als er so über seine Freunde nachdenkt, sie in der tiefsten Stille der Nacht noch einmal herzt und streichelt und liebkost, voller Dankbarkeit, voller Ergebenheit – weiß er es. Als wäre er in diesem einen Moment mit der unendlichen Quelle der absoluten Weisheit verbunden, weiß er, welches Buch er Brigitte schenken will. Ihr erstes Buch. Das wichtigste.

Er ist überglücklich und übertraurig und überwältigt – und gleichzeitig ruhig, endlich ruhig, wie nur jemand, der den Augenblick erkannt hat, es sein kann.

Plötzlich ist ihm nach Tränen zumute.

Also schaltet er seinen Computer ein. Es gibt so viel zu entdecken.

Brigitte kann sich an diese Stimme nicht erinnern.

In Beauvais hatte ein junger Mann sein Hörvermögen verloren. Er war Musiker. Er hat viel geweint.

Hans und seine Stimme. Sie versucht, ihn sich auszumalen: in Schlafanzug und Pantoffeln. Aber was weiß sie schon über ihn. Ein Jahr ist eine sehr lange Zeit. Vielleicht schläft er jetzt nackt.

»Brigitte hier.«

Aber Hans, nackt mit dem Hörer in der Hand, das kann Brigitte sich nicht vorstellen.

»Brigitte.« Er ist noch nicht ganz wach, aber er fragt das nicht, er wiederholt es einfach. Er weiß noch, wer sie ist.

»Ich komme nach Hause.« Und dann, als wäre das eine Erklärung oder Neuigkeit: »Mein Sohn ist tot.«

Und er sagt nicht »meiner auch«. Nein. Er fängt auch nicht an zu weinen. Nein. Er schweigt. Hans schweigt. Vielleicht ist er auch wieder eingeschlafen. Oder erfroren.

»Ich habe tanzen gelernt. Walzer.«

»Walzer.«

»Und ich habe hier eine Wohnung gemietet.«

Hans räuspert sich.

»Und die nötigen Möbel dafür gekauft.«

Brigitte hat noch nie so ein Gespräch mit Hans geführt. Sie sind achtundzwanzig Jahre zusammen. Noch nie.

»Und meine DVDs auch.«

»Brigitte.«

»Ja, ich bin es, wirklich.«

Dann schweigen sie wieder, und Brigitte überlegt, ob sie ihm von dem Abend erzählen soll, von dem Gewitter, von den Fenstern, die sie nicht rechtzeitig zugemacht hat, vom Regen und den Blättern, die hereingeflogen sind. Die immer noch herumliegen. Denn es gab keine Zeit. Alles hat sich so schnell abgespielt, schnell und unerwartet. Aber wozu? Hans würde ihr nicht glauben.

»Und gestern habe ich auf der Straße getanzt, mitten auf einem Platz zwischen den Reihen mit springendem Wasser.«

Hans räuspert sich wiederholt, sagt aber nichts.

»Die Leute haben geklatscht. Wildfremde Leute.«

Brigitte sieht seinen müden und zusammengesunkenen Körper, sie streckt die Hand nach ihm aus.

»Ich habe ein Handy gekauft.«

»Ein Handy.«

Sie nickt.

»Brigitte?«

»Ja, Hans?«

»Ich fahre gleich los.«

Seine Stimme ist weich, als wüsste er, dass sie keinen Widerstand leisten wird.

Christian schreckt hoch, sein Handy leuchtet grell auf. Eine Nachricht.

Es wird hell und die Zeit knapp.

Aber er kann nichts mehr tun. Es ist entschieden. Das Buch hat er schon eingepackt. Er ist bereit.

Langsam, sehr langsam, steht er auf, sieht sich um. Überall Freunde, liebe Freunde – die auch nicht helfen können, nicht jetzt, nicht in diesem Augenblick. Aber ihre Zeit wird kommen.

So wie die E-Mail gekommen ist, ja, sie ist gekommen, er hat gewartet, und sie ist gekommen. Und der Balken hat sich grün gefärbt, und Christian hat gedacht, wenn eine Tür zugeht und so weiter, und alles läuft nach Plan.

Das ist so unbeschreiblich wunderbar.

Und dennoch.

Die kleine Leseecke leer, voller enttäuschter Hoffnung.

Dann macht er sich auf den Weg.

Brigitte sieht ihn die Treppe heraufsteigen, und sie denkt im ersten Moment, er wäre krank oder verletzt. Etwas stimmt nicht, das ganze Leben ist aus ihm entwichen, entschwunden, entrückt. Sie streckt ihm den Arm entgegen, auch wenn er es nicht sehen kann, sein Blick gesenkt.

An der Türschwelle bleibt er stehen.

»Bleibst du?«

Sie müsste jetzt lächeln; wenn es je einen richtigen Zeitpunkt zum Lächeln gegeben hat – dann jetzt.

Sie tut es nicht.

Er geht an ihr vorbei, betritt die Wohnung, die sie ihm überlassen will. Sie wartet nur darauf, dass es neun schlägt, um die Maklerin anzurufen und alles in die Wege zu leiten. Sie hat auch beschlossen, ihm den Wagen zu überlassen. Ihre Filme auch. Alles kann er haben.

Sie glaubt zu wissen, was er dazu sagen wird.

Er setzt sich aufs Sofa, das sie noch in sich trägt, ihre Körper und ihren Geruch und ihre Leidenschaft.

Ja. Leidenschaft. Brigitte hat sie entdeckt. Es gibt sie, die Leidenschaft.

Hans wird in zwei Stunden hier sein.

»Bleibst du?«

Sie schüttelt den Kopf.

Sie setzt sich zu ihm, legt eine Hand auf sein Knie, er schiebt sie weg. Brigitte lässt sich nicht beirren.

»Ich möchte, dass du hier einziehst.«

Er schüttelt den Kopf.

»Wenigstens, solange die Wohnung bezahlt ist. Danach wirst du sehen.«

Er schüttelt den Kopf, was nicht heißen muss, dass er nicht einverstanden ist, nein, das glaubt Brigitte nicht. Sie glaubt, dass er einfach müde und verletzt und traurig und bockig und unvernünftig und verärgert ist.

»Und den Wagen lasse ich dir auch da. Damit du einen Grund hast, den Führerschein zu machen.« Noch ein guter Moment für ein Lächeln. Und für das Kopfschütteln. »So machen wir das.«

Seine Augen sind gerötet und sein Blick erschöpft, als hätte er die ganze Nacht ohne ausreichend Licht gelesen. Das kann sie sich gut vorstellen.

»Bleibst du?«

Und sie denkt: eins, zwei, drei, eins, zwei, drei.

Und küsst ihn.

19.

Es ist elf Uhr, der Koffer ist gepackt, Brigitte hat eine frische Bluse und einen frischen Rock an, ihre Hände sind ruhig.

Es ist elf Uhr, und Hans ist da.

Sie sieht ihn die Treppe hochkommen. Sie erkennt ihn – auch wenn er um Jahre gealtert ist. Ein toter Sohn, und das Leben ist vorbei. Aber Brigitte glaubt nicht daran. Sie hat ihn angerufen, weil sie nicht daran glaubt. Weil sie denkt, etwas in sich entdeckt zu haben, etwas, das sie noch ausleben will. Irgendwo, mit irgendjemandem. Oder allein. Sie glaubt, sie schuldet das allen, sich selbst, vor allem sich selbst – aber auch Michael, auch Hans, auch ihren Eltern. Und Christian.

Hans, der vor ihr steht, ist lediglich ein Schatten des Schattens seiner selbst.

Sie sehen sich lange an, versuchen sich zu erkennen.

Dann küsst Hans sie auf den Mund, so wie immer, leicht, bedeutungslos, und Brigitte bekäme Angst, wenn sie jenen Glauben nicht hätte.

Christian beobachtet diese Begegnung und will nicht verstehen, dass Brigitte sich für diesen Mann entschieden hat. Das ist einfach falsch.

Er stellt den Koffer ab, den er aus dem Schlafzimmer getragen hat, überlegt sich, loszuschreien, dass er diese Frau liebt, dass er sie glücklich machen kann, dass er sie mehr verdient als dieser Mann, dass er ihr alles geben kann, was sie will. Er will sie fragen, ob sie schon alles vergessen hat. Den Abend und das Gewitter und den leeren Platz und die Obdachlosen.

Der Magen, vollgefüllt mit heruntergeschlungenen Schreien, quält ihn bis zum Erbrechen.

Das Schweigen bringt ihn um.

»Das ist Christian, ein guter Freund.«

Sie sieht den Schmerz, aber mehr kann sie nicht sagen.

»Christian, das ist Hans.« Einfach so, Hans.

Hans spricht kein Französisch. Er nickt.

Hände werden geschüttelt. Brigitte fragt Hans nicht, ob er sich die Wohnung anschauen will. Sie weiß, dass er hier nichts zu suchen hat. Diese Wohnung gehört ihm nicht. Es scheint, als wüsste Hans es auch.

Das Gepäck ist im Auto. Hans sitzt schon am Steuer. Brigitte umarmt Christian. Es tut weh. Seine Kraftlosigkeit tut weh. Seine Augen wollen nicht loslassen. Sie küsst eine Wange, erwischt eine Träne.

Dann steigt sie in den Wagen, und noch bevor sie sich anschnallen kann, legt Hans eine Hand auf ihren Oberarm: »Es ist schön, dich wiederzuhaben.«

»Wir werden sehen«, erwidert sie und bedeckt seine Hand mit ihrer.

Dann lässt sie das Fenster hinuntergleiten.

»Dein Buch«, sagt Christian und legt ihr ein Päckchen in den Schoß.

»Also hast du doch etwas gefunden, das freut mich.«

»Versprich, dass du es lesen wirst.«

»Das verspreche ich.«

»Es sollte hier einen Bahnhof geben, wir sollten auf einem Gleis stehen, kalt sollte es sein, wir sollten uns festhalten und alles versprechen.«

Sie sagt nichts.

»Ein richtiger Abschied, das hier zählt nicht.«

Sie kann ihn nur ansehen.

»Ich habe dir so viel zu erzählen.«

Sie streckt ihre Hand aus dem Fenster.

»Ich bekomme mein Literaturfestival, stell dir mal vor, ein richtiges Festival, eine Woche lang.«

Sie könnte in die Hände klatschen, so freut sie sich für ihn – sagt aber nichts.

»Und David kommt, er hat zugesagt, stell dir mal vor, David Foenkinos hat mir geschrieben, sein Agent hat mir geschrieben, er kommt, ist das zu fassen!«

Sie muss aussteigen.

»Und das Crowdfunding hat geklappt, jetzt macht die Stadt auch mit, und die Philosophische Fakultät, aber ich bin der Veranstalter, ich entscheide …«

Sie muss aussteigen und ihn umarmen.

»Ich gratuliere.« Sie weiß nicht, was das bedeutet, wie viel das bedeuten kann, den Namen kennt sie nicht, aber sie kennt Christian, sie denkt, sie kennt ihn, sie freut sich, dass er einen Plan hat, dass er beschäftigt sein wird, dass sein Traum in Erfüllung gegangen ist. Sie freut sich mit ihm.

Mehr kann sie nicht tun.

»Brigitte.«

Er sagt nichts, was sie nicht hören darf.

Dann spricht sie auch seinen Namen aus, richtig. Ihre Hände sind an seinen Wangen.

»Kümmere dich gut um meinen Spiegel, streichle die Eule vor Zeit bis Zeit …«

»Von Zeit zu Zeit.«

»Von Zeit zu Zeit. Versprochen?«

Als würde sie ihm einen Welpen anvertrauen.

Er hält sie einfach fest. Das muss genügen.

Dann fahren sie ab, Hans und sie. Sie winkt nicht, Christian schaut ihr nicht nach.

Als sie um die Ecke biegen, macht sie das Päckchen auf, betrachtet das Bild auf dem Cover, streichelt mit den Fingern darüber, über den Namen der Autorin, über den Titel, über die langen, verwehten Haare der Frau am Strand. Dann macht sie das Buch auf und liest den Anfang, das erste Wort, das allererste Wort: »Wahnsinn!«

Und plötzlich ist Michael ihr näher, näher denn je. So nahe, als wäre er wieder in ihrem Bauch, glücklich und zufrieden. Und lebendig.

Und als hätte sie es ihr Leben lang getan – fängt sie an zu weinen.

Danksagung

Von Herzen danke ich

Daša Dragnić, der besten Schwester und unerschütterlichsten Aficionada;

Andreas Pohr, dem besten Erstleser und ideenreichsten Lösungsfinder;

Felicitas Igel, der besten Lektorin und engsten literarischen Vertrauten;

Marie Tranvouez, der besten Marktforscherin und kreativsten Bahnbrecherin;

Andreas Kaul, dem besten Internetkenner und zuversichtlichsten Begleiter;

Gregor, dem besten Göttergatten und klügsten Rundumunterstützer;

meinem Leon, weil es ihn gibt.

c/o autorenglück.de
Franz-Mehring-Str. 15
01237 Dresden

Umschlaggestaltung: Andreas Pohr
Lektorat: Dr. Felicitas Igel, www.textweise.net

Druck und Distribution im Auftrag:
tredition GmbH, Halenreie 40-44, 22359 Hamburg, Deutschland

Hardcover ISBN 978-3-384-10622-3
e-Book ISBN 978-3-384-10623-0